프로그래머의 길,
멘토에게 묻다

Apprenticeship Patterns

Authorized translation from the English edition of Apprenticeship Patterns ISBN 9780596518387
ⓒ 2010, David H. Hoover and Adewale Oshineye
Korean language edition copyright ⓒ Insight Press 2010
This Translation is published and sold by permission of O'Reilly Media,Inc., the owner of all rights to publish and sell the same.

이 책의 한국어판 저작권은 에이전시 원을 통해 저작권자와의 독점 계약으로 인사이트 출판사에 있습니다. 저작권법에 의해 한국 내에서 보호를 받는 저작물이므로 무단전재와 무단복제를 금합니다.

프로그래머의 길, 멘토에게 묻다

초판 1쇄 발행 2010년 7월 25일 **8쇄 발행** 2022년 6월 23일 **지은이** 데이브 후버, 애디웨일 오시나이 **옮긴이** 강중빈 **펴낸이** 한기성 **펴낸곳** (주)도서출판인사이트 **편집** 조혜정 **본문 디자인** 디자인플랫 **제작·관리** 이유현, 박미경 **용지** 에이페이퍼 **출력·인쇄** 에스제이피앤비 **후가공** 이레금박 **제본** 서정바인텍 **등록번호** 제2002-000049호 **등록일자** 2002년 2월 19일 **주소** 서울특별시 마포구 연남로5길 19-5 **전화** 02-322-5143 **팩스** 02-3143-5579 **이메일** insight@insightbook.co.kr **ISBN** 978-89-91268-80-7 책값은 뒤표지에 있습니다. 잘못 만들어진 책은 바꾸어 드립니다. 이 책의 정오표는 http://blog.insightbook.co.kr에서 확인하실 수 있습니다.

프로그래머의 길,
멘토에게 묻다

데이브 후버 · 애디웨일 오시나이 지음 | 강중빈 옮김

인사이트

나의 가장 친한 친구이자 아내,
우리 아이들의 어머니인 철의 여인 스테이시에게 바칩니다.
• 데이브 •

내가 컨설팅할 때 열린 마음으로 임해 준 고객과 학생 들에게,
좋았던 때와 좋지 않았던 때를 함께 보낸 소트웍스 시절의 동료들에게,
같이 구글에서 일하게 된 다른 TSE들에게,
항상 이해해 주지는 않았지만 변함없이 나를 사랑해 준 친구들과 가족들에게
이 책을 바칩니다.
• 애디 •

차례

옮긴이의 글 … 9
추천의 글 … 11
지은이의 글 … 15
감사의 글 … 26

소프트웨어 장인정신 선언 … 35

1장 들어가는 글
- 소프트웨어 장인정신이란 무엇인가? … 42
- 견습과정이란 무엇인가? … 52
- 견습과정 패턴이란 무엇인가? … 54
- 패턴들은 어디서 비롯되었는가? … 55
- 여기서 이제 어디로 가는가? … 56

2장 잔을 비우다
- 첫 번째 언어 … 63
- 흰 띠를 매라 … 74
- 열정을 드러내라 … 81
- 구체적인 기술 … 85
- 무지를 드러내라 … 89
- 무지에 맞서라 … 94
- 깊은 쪽 … 98
- 한발 물러서라 … 102
- 장을 마치며 … 106

3장 긴 여정을 걷다

- 긴 여정 ... 112
- 예술보다 기예 ... 117
- 지속적인 동기 부여 ... 121
- 열정을 키워라 ... 127
- 자신만의 지도를 그려라 ... 131
- 직위를 지표로 이용하라 ... 137
- 전장에 머물러라 ... 140
- 또 다른 길 ... 143
- 장을 마치며 ... 146

4장 정확한 자기 평가

- 가장 뒤떨어진 이가 되라 ... 151
- 멘토를 찾아라 ... 158
- 마음 맞는 사람들 ... 163
- 팔꿈치를 맞대고 ... 168
- 바닥을 쓸어라 ... 173
- 장을 마치며 ... 178

5장 끊임없는 학습

- 능력의 폭을 넓혀라 ... 184
- 연습, 연습, 또 연습 ... 189
- 부숴도 괜찮은 장난감 ... 194
- 소스를 활용하라 ... 200
- 일하면서 성찰하라 ... 207
- 배운 것을 기록하라 ... 212
- 배운 것을 공유하라 ... 216
- 피드백 루프를 만들어라 ... 220
- 실패하는 법을 배워라 ... 225
- 장을 마치며 ... 228

6장 학습 과정의 구성

- 독서 목록 ····· 233
- 꾸준히 읽어라 ····· 237
- 고전을 공부하라 ····· 239
- 더 깊이 파고들어라 ····· 242
- 익숙한 도구들 ····· 251
- 장을 마치며 ····· 255

7장 맺는 글 ····· 257

부록 A 패턴 목록 ····· 267
부록 B 견습과정의 개설을 요청하다 ····· 271
부록 C 옵티바 견습과정 프로그램의 첫 일 년을 회고하다 ····· 275
부록 D 온라인 자료 ····· 281

참고 문헌 ··· 283
찾아보기 ··· 286

옮긴이의 글

 연배나 성장 환경에 따라 차이는 있겠지만, 사람들이 프로그래밍에 발을 들여놓은 계기가 된 시절의 얘기를 들어보면 비슷한 부분이 꽤나 있는 듯합니다. 애플II나 MSX, 혹은 조금 뒤의 세대라면 PC XT에서 BASIC 인터프리터를 띄워놓고 책에서 봤던 명령문을 떠듬떠듬 타이핑해 넣은 다음 화룡점정의 기분으로 'RUN'을 칠 때의 알 수 없는 짜릿함, 그리고 이어지던 희열 혹은 좌절.

 세월이 흘러 직업을 선택할 나이가 되면서, 무언가에 끌린 듯 별다른 망설임 없이 소프트웨어 개발의 세계로 그렇게들 발을 디뎠을 겁니다.

 하지만 현실은 그렇게 만만하지만은 않았을 테지요. 프로그램 짜는 것만 잘하면 되는 줄 알았는데, 그것 말고도 신경 써야 할 것들이 왜 그리도 많은지.

 게다가 소프트웨어 개발이란 것이 과학은 아니고 공학이라기에는 아직 어설프고 예술이라고도 할 수 없이 어정쩡한, 아직은 그 중간의 어디쯤에 불안정하게 떠 있는 처지의 분야인지라, 많은 이들이 길을 안내해줄 누군가 혹은 그 무언가를 갈망하며 수많은 자기계발 서적과 기술자료 사이로 오늘도 서성댑니다.

 IT가 3D니 4D니 하는 얘기가 그다지 새롭지 않은 지금, 머릿속에 떠돌던

로직 한 토막이 자신의 손을 거쳐서 전기 배선을 타고 실리콘의 힘을 빌어 가상세계에 현현하고, 마침내 현실의 사람들과 의미 있는 관계를 맺는 존재가 되는 그런 경험, 무엇과도 견줄 수 없는 그 짜릿함을 떠날 수 없어서 개발자들은 오늘도 키보드 앞에 앉습니다.

이렇게 같은 길을 가는 사람들 중에서 먼저 이 길에 대해 진지하게 고민하기 시작한 이들이 있었습니다. 그 고민의 결과는 애자일, 실용주의, 소프트웨어 장인정신 같은 여러 가지 시도로 나타났고, 우리가 걷는 이 길에 의미 있는 이정표가 되고 있습니다.

이 책은 그런 맥락에서 특히 경험이 많지 않은 프로그래머들에게 길잡이가 되기를 희망합니다. 원 제목인 Apprenticeship견습 과정 Patterns에서 보듯이, 이 책은 초심자들이 참고할 만한 여러 가지 조언을 패턴이라는 형식으로 엮어 낸 일종의 조언 모음집이라고 할 수 있습니다. 조언들은 구체적인 상황을 상정한 다음에 그럴 때 어떤 행동을 취하면 좋을지를, 먼저 그 길을 한번 지나간 멘토의 목소리로 들려줍니다.

비록 개발자라는 존재가 '인력'이나 '리소스'로 지칭되는 것이 당연시되는 불유쾌한 현실이지만, 글을 읽는 여러분이 여기 실린 조언을 발판 삼아 아직은 미숙한 우리 업계의 수준을 한 단계 높이는 데 기여할 수 있게 되기를 기원합니다.

책이 좀 더 나은 모습이 될 수 있도록 도와주신 조혜정 님을 비롯한 인사이트의 여러분께 감사하다는 말씀드리며, 일생의 반려 진영과 우리 아이들에게 사랑과 감사를 전합니다.

2010년 6월

강중빈

추천의 글

25년 전, 켄트 벡과 나는 텍트로닉스Tektronix사 기술 센터 안의 카페테리아에 앉아서, 스몰토크-80 Smalltalk-80에 접근할 수 있다는 특권[1]이 바깥 세상에 어떤 영향을 미칠 수 있을까 생각하고 있었습니다.

현실은 신경 쓰지 말아, 하고 내가 켄트에게 조언했지요. 만약 우리가 무엇이든지 할 수 있다면, 이 지식으로 뭘 하는 것이 좋을까?

"나는 사람들이 프로그래밍에 대해서 생각하는 방식을 바꾸고 싶어."

켄트가 말했고, 거기에 나도 동의했습니다. 우리는 우리가 몸담은 이 업계가 발전해 가면서 길을 잘못 들었다고 생각되는 부분들을 뒤집고 싶었지요. 그리고 놀랍게도, 우리는 해냈습니다.[2]

그때 카페테리아에서 내가 사용했던 기법, 즉 '현실은 신경 쓰지 말라'는 것은 일종의 패턴이었고, 대학시절 지도교수님이 쓰셨을 때 처음 보았습니다. 그때 그분은 내가 켄트에게 했던 것처럼 내게 조언해 주셨지요. 지금은

---

[1] (옮긴이) 스몰토크-80 시스템은 초기에 HP, 애플, 텍트로닉스 등 몇몇 회사에만 제한적으로 배포되었다.

[2] (옮긴이) 워드 커닝햄과 켄트 벡은 스몰토크 시스템에서 얻은 경험을 바탕으로 소프트웨어 패턴과 익스트림 프로그래밍 같은 분야에 많은 기여를 했다.

내가 하나의 패턴이라고 인식하는 그때의 행위는, 켄트와 나로 하여금 너무 대담해 보일 수 있는 먼 목표를 감히 상상하도록 해 주었습니다. 그리고 일단 상상할 수 있게 되자, 우리 목표는 조금 더 실현 가능해 보이기 시작했습니다.

나는 그때 그렇게 생각했던 방식을 패턴이라고 부르는데, 그런 식으로 생각함으로써 우리가 종종 부딪히는 문제—스스로 우리의 야망을 검열한다는 문제—가 해결되기 때문입니다. 이 책은 다양한 문제를 해결하는 그런 장치들로 가득합니다. 우리는 패턴이 문제를 해결해 준다고 얘기하지요. 그 당시의 **현실은 신경 쓰지 말라**는 패턴은 켄트와 내가 가지고 있던 문제 하나를 해결했습니다. 그 패턴 덕분에 우리는 줄곧 큰 생각을 품고서 습관적인 자가 검열을 떨치고 나아갈 수 있었으니까요.

아마 당신도 **현실은 신경 쓰지 말라** 패턴을 시도해 본 적이 있을 겁니다. 만약 그렇지 않다면 한번 시도해 보기 바랍니다. 가장 강력한 패턴이란, 거듭해서 생산적인 방향으로 적용되는 그런 것들입니다. 패턴이 유용해지기 위해서 꼭 새로울 필요는 없습니다. 사실은 새롭지 않은 편이 더 낫지요. 이미 정리된 패턴의 이름만 알고 있다 해도 역시 큰 도움이 됩니다. 패턴을 식별함으로써 당신은 매번 똑같은 이야기를 반복하지 않고도 거기에 대해서 논의할 수 있게 됩니다.

이 책을 한번 쭉 훑어보세요. 많은 패턴이 나와 있을 것이고 상당수는 낯이 익을 겁니다. 그중에 어떤 것이 되든 당신은 "저 패턴은 알고 있었는데"라고 할 수 있고, 아마 실제로도 그럴 겁니다. 하지만 여기에 글로 쓰인 패턴에 담긴 해결책이 행여 당신에게 상식적인 수준이라 해도, 두 가지 면에서 도움이 될 수 있습니다.

첫째로, 글로 쓰인 패턴은 더 완전합니다. 누군가 그것을 연구했고, 특징 짓고, 분류했으며, 해설까지 해 놓았기 때문입니다. 그러니 당신은 각각의 패턴마다 예상하지 못했던 금덩이를 찾아낼 수 있을 겁니다. 이 금덩이를 찬찬히 감상하세요. 그렇게 해서 이미 알고 있던 패턴이 더 강력해질 수 있습니다.

두 번째로, 패턴들은 서로 연결되어 있습니다. 각 패턴은 여러 개의 또 다른 패턴으로 이끌어 갑니다. 당신이 이미 알고 있는 패턴 하나를 발견했을 때, 거기서 아직 알지 못하는 패턴으로, 또는 함께 적용될 거라고는 전혀 생각하지 못한 다른 패턴으로 연결된 고리를 따라갈 수 있습니다.

켄트와 나는 스몰토크-80으로 개발하는 과정에서 패턴을 수집하여 상당수를 찾아냈습니다. 우리는 그런 패턴 개념을 동료들에게 홍보했고, 조그만 변혁을 시작했습니다. 우리는 사람들이 프로그래밍에 대해 생각하는 방식을 바꿨습니다. 그 이후로 패턴과 그 사용법에 대한 책들이 수십 권 출간되었습니다.

우리가 시작한 변혁은 끝나지 않았습니다. 조금씩 성장해 가던 패턴 관련 용어 체계는 애자일 소프트웨어 개발 방법론의 기초가 되었습니다. 다시 수십 권의 책이 뒤를 이었지요.

그렇다면 이런 시점에 왜 이 책이 나왔을까요? 음, 우리 분야는 자원이 너무 풍부한 나머지 거기에 짓눌려 있다고 할 수 있습니다. 우리가 이뤄낸 변혁에서 비롯된 정보의 양이란, 한 사람이 흡수할 수 있는 수준을 넘어섭니다. 하지만 여전히 어떤 사람들은 그런 일을 해내고 있습니다. 그 사람들은 쓸모 있는 모든 조언을 내재화해서 늘 자신의 것으로 만드는 것처럼 보입니다. 어떻게 해서 그렇게 숙달된 수준에 이를 수 있었을까요?

이 책은 복잡한 우리 분야를 마스터하기 위한 패턴들로 가득 차 있습니다. 마스터한다는 것은 그냥 아는 것과는 다릅니다. 그것은 당신의 짐을 더는 방식으로 아는 것입니다.

예를 하나 들어 볼까요? 만약 SUBSTR 함수의 인자 순서가 어땠는지 기억이 안 난다면, 인터넷에서 찾아보면 그만입니다. 인터넷이 있어 정말 다행이지요. 인터넷은 그런 식으로 우리의 짐을 얼마간 덜어 줍니다. 하지만 당신이 이 책의 패턴들을 사용하고, 작업을 개선하는 데 열린 태도로 임한다면, 자신이 그 전과는 아예 종류가 다른 코드를 작성하고 있다는 것을 깨닫게 될 겁니다. 그 코드는 인자 순서 같은 것에는 의존하지 않을 것이고 당신은 SUBSTR 너머로 날아오르는 프로그램을 짜게 될 테지요. 이렇게 된다면, 당신은 짐을 많이 덜게 되겠지요.

우리가 이룬 변혁에서 비롯된 모든 조언은, 그걸 제2의 천성처럼 만들기 전까지는 그다지 도움이 되지 않습니다. 기술을 습득하고 수련하는 것은 사람에게 천성은 아니며 그것 자체가 수련해야 할 또 하나의 기술임을, 소프트웨어 분야에서 일어난 장인정신 운동으로 말미암아 우리는 알게 되었습니다. 이 책에 실린 패턴들은 그런 뜻에서 반가운 기여라고 하겠습니다.

— 워드 커닝햄

지은이의 글

알지 못하며 그 사실도 모르는 자, 바보로다 — 그를 멀리하라!
알지 못하나 그 사실을 아는 자, 못 배운 자로다 — 그를 가르치라!
알고 있으나 그 사실을 모르는 자, 잠든 자로다 — 그를 깨우라!
알고 있으며 그 사실을 아는 자, 깨우친 자로다 — 그를 따르라!

— 이자벨 버턴 부인[1](Lady Isabel Burton) (1831-1896)이
저서 『The Life of Captain Sir Richard F. Burton』 중에서 인용한 아랍 속담

이 책의 목표

우리는 경험이 적은 소프트웨어 개발자들이 흔히 마주치는 딜레마에 대한 해결책을 공유하고자 이 책을 썼습니다. 기술적인 딜레마를 얘기하는 것은 아닙니다. 이 책에서 자바 디자인 패턴이나 루비 온 레일스 레시피를 찾아볼 수는 없을 것입니다. 오히려 우리가 집중하는 딜레마들은 더 개인적인 것들이며, 동기부여나 의욕에 관련되어 있습니다. 당신이 전문 소프트웨어 개발이라는 분야의 새내기로서 맞닥뜨리게 될 힘든 결정의 시기에 이 책으로 도움이 되고자 합니다.

---

[1] (옮긴이) 천일야화를 영어로 완역한 영국의 모험가이자 저술가 리처드 F. 버턴 경의 부인.

이 책의 독자

이 책은 소프트웨어 개발이 무엇인지 어렴풋하게나마 알게 되면서 이제 훌륭한 소프트웨어 개발자로 성장하기를 열망하는 사람들을 위해 쓰였습니다. 당신은 웹 개발자이거나 의료기기 프로그래머일 수도 있고, 금융 기관에 쓰일 상거래 애플리케이션을 개발하고 있을 수도 있습니다. 혹은 당신의 미래를 소프트웨어에 두고서 이제 막 고등학교나 대학을 졸업한 사람일 수도 있겠지요.

이 책은 새내기를 위해 쓰기는 했지만, 얼마간 경험 있는 개발자들도 무언가 얻는 바가 있을 것입니다. 수년 정도의 경험이 있는 이들은 이미 겪어봤던 딜레마를 서술한 부분에서 고개를 끄덕일 것입니다. 그리고 그 딜레마에 대한 새로운 통찰을 얻거나, 그렇지 않더라도 최소한은 그 딜레마를 해결하고자 자기 스스로 적용해 보려는, 또는 동료들에게 제안하려는 해법을 기술할 새로운 어휘를 얻을 것입니다. 십 년 혹은 그 이상의 경험이 있는 사람들 — 특히 경력을 어느 방향으로 이끌어갈지 고민하는 사람들 — 조차도, 관리직으로 승진하라고 감미롭게 유혹하는 목소리에 맞설 수 있는 관점과 영감을 얻을 것입니다.

이 책이 만들어진 과정

이 책에 대한 아이디어는 2005년 초반 Stickyminds.com에서 데이브에게 소프트웨어 장인정신에 대한 컬럼을 써 달라고 의뢰해 왔을 때 싹트기 시작했습니다. 당시에는 데이브가 스스로를 (경험 있는) 견습생이라고 생각했기 때문에, 편한 마음으로 글을 쓸 수 있는 주제는 견습과정에 대한 것뿐이었습니다. 이 일을 계기로 데이브는 자신이 '견습과정'에 대해 무엇을 쓰고 싶은지 생각하게 되었습니다. 그 즈음 데이브는 소프트웨어 개발자인 크리스 모리스가 기타리스트 팻 메스니를 인용해서 쓴 블로그 포스트[2]를 읽었는데, 이때 **가장 뒤떨어진 이가 되라**는 개념으로 패턴 언어의 씨앗을 심은 셈입니다.[3] 그 씨앗은 데이브의 블로그[4]에서 시작해 초기 패턴을 정리하는 데 쓰던 개인 위키로 빠르게 성장해 갔습니다. 초기 패턴들은 그 시점(2000-2005)까지 데이브의 경험에서 비롯된 것들입니다.

이런 소위 '패턴'들은 실제로 공통 문제에 대한 일반적인 해결책이 되지 못하면 진정한 패턴이라 할 수 없음을 알았기에, 데이브는 동료들에게서 세 가지 형태로 피드백을 얻기 시작했습니다. 첫 번째로는 자신의 웹사이트에 그 패턴들을 올려놓은 뒤 공개적인 댓글 형식으로 피드백을 받았습니다. 두 번째로는 소프트웨어 개발 분야의 영향 있는 사상가들과 (주로 메일을 통해) 인터뷰를 진행해서 초기 패턴에 대한 의견을 청취했습니다. 세 번째로, 그리고 가장 중요하게, 경험이 많지 않은 실무자들과 인터뷰하고 그 사람들의 최근 경험에 비추어 패턴들을 검증했습니다. 이렇게 경험이 적은 사람들이 들려준 이야기를 바탕으로, 데이브는 아직 그 자신이 마주친 적이 없거나 스스로의 경험 속에서는 인지하지 못했던 새로운 패턴들을 찾아내서 추가하기도 했습니다. 이렇게 견습과정에 대해 인터뷰를 진행하던 도중 데이브가 애디Ade를 만나게 되었고, 서로의 동의하에 애디는 공저자로 이 프로젝트에 참여하

---

[2] http://clabs.org/blogki/index.cgi?page=/TheArts/BeTheWorst

[3] (옮긴이) 4장의 **가장 뒤떨어진 이가 되라** 패턴 참조.

[4] Red Squirrel Reflections: http://redsquirrel.com/cgi-bin/dave

게 되었습니다.

우리(데이브와 애디)는 오스트레일리아에서 인도와 스웨덴에 이르는 다양한 곳에 살며 일하는 사람들을 인터뷰했습니다. 토론은 LiveJournal[5]의 댓글부터 런던 금융가 중심에 위치한 아름다운 교회 건물에서 진행된 인터뷰에 이르기까지 그야말로 아주 다양한 형태로 이루어졌습니다.

같은 때에 로랑 보사비Laurent Bossavit, 다라 패럴Daragh Farrell, 크레이그 파킨슨Kraig Parkinson 같은 사람들은 용감하게도 초기 패턴의 내용을 코딩 도장dojo[6], 워크숍, 신입 훈련소 같은 곳에서 실제로 적용해 보았습니다. 그런 다음에 자신들이 받은 피드백을 우리에게 전해 주었고, 우리는 그 피드백을 우리 노트에 반영하기 위해 최선을 다했습니다.

그 뒤 2005년에 우리는 Pattern Languages of Programs(PLoP) 워크숍에서 우리 패턴을 소개하는 포커스 그룹focus group을 열었습니다.[7] PLoP에서 우리는 '양치기'[8] 역할도 하는 노련한 패턴 저자들에게 우리 작업을 발표할 기회를 얻었습니다. 그들은 패턴 형식에 대해 피드백을 주었고, 프로그래머로서 자신들의 경험에 비추어 우리 주장을 검증해 주었습니다.

거의 같은 시기에 오라일리 미디어의 메리 트레슬러Mary Treseler가 패턴을 책으로 출판하지 않겠냐고 우리에게 제의하면서 계속 글을 쓰도록 격려해 주었습니다. 메리는 글을 편집하면서 우리를 도왔고, 2년 후에 우리는 책을

---

[5] (옮긴이) 미국의 블로그 사이트. http://www.livejournal.com

[6] (옮긴이) 5장의 **연습, 연습, 또 연습** 패턴 참조.

[7] http://hillside.net/plop/2005/group1.html

[8] (옮긴이) PLoP 워크숍에서 발표할 패턴을 리뷰하는 역할을 맡은 사람.

출판하기로 합의했습니다. 글을 쓰는 동안 우리는 셀 수 없이 많은 동료들과 이메일, 사용자 그룹, 컨퍼런스 세션, 점심 식사 자리 등에서 패턴에 대해 이야기를 나눴고, 온라인 사이트 http://apprenticeship.oreilly.com에서도 피드백을 계속 수집했습니다.

그 최종 결과물이 당신 손에 들려 있습니다. 이 책은 실무자들과 진행된 수십 건의 인터뷰는 물론, 학습 이론이나 최적 수행에 대한 심리학처럼 숙달mastery을 주제로 한 광범위한 저작물도 바탕으로 삼고 있습니다. 앞으로 책을 더 읽어 가면서 소프트웨어 분야의 권위자는 물론이고 외과 의사, 안무가, 철학자들의 이야기가 인용되었음을 볼 수 있을 것입니다. 우리는 어떤 분야든지 탁월한 이들을 연구하는 데서 많은 것을 배울 수 있다고 믿습니다.

이 책은 어떻게 구성되었는가

'패턴'이란, 특정한 맥락에서 어떤 문제에 되풀이하여 적용할 수 있는 해결 방안에다 이름을 붙이고 설명을 덧댄 것을 일컫는 말입니다. 그 설명은, 읽는 이들이 거기에 언급된 해법을 자기 상황에 적용할 만하겠다든지 아니면 특정 패턴은 맞지 않는다고 판단하기에 충분할 정도로 깊은 이해를 제공해 줄 수 있어야 합니다.

이 책은 몇 개의 큰 장으로 이루어져 있고, 각 장은 서로 관련된 여러 패턴으로 채워져 있습니다. 패턴 이름은 진한 글자로 구분했고, 관련된 다른 패턴들이 간혹 함께 언급됩니다. 각 장에는 소개되는 패턴들을 함께 엮어 가면서 주제를 개괄해 보는 도입부와 장 전체를 마무리하는 부분도 있습니다. 책 도입부에서는 패턴 언어를 소개하는 무대를 준비하고, 결론에서는 우리가 몸담은 직업에서 역량, 견습과정, 숙달이 어우러지는 '큰 그림'을 그려 볼 것입니다.

패턴의 형태

우리가 제시하는 패턴의 형태는 다소 이례적입니다. 패턴에 대한 다른 책들을 읽은 적이 있다면, 우리가 이 책에서 뭔가 새로운 것을 시도하고 있음을 알 수 있을 것입니다. 대부분의 패턴 언어와 비교했을 때 우리 것은 섹션의 수가 더 적고, 추상적인 힘과 제약사항[9]에 대한 해결책도 더 적게 논의하고 있습니다. 이런 형태는 리뷰어들과 PLoP 워크숍에서 얻은 광범위한 피드백에 기초해서 선택되었습니다. 그 피드백이 바탕이 되어 형성된 이런 단순한 구조가 타깃 독자층으로 하여금 우리 패턴 언어에 더 쉽게 접근하게 해 줄 거라고 믿습니다.

이 책의 패턴은 모두 '상황', '문제', '해결책', '실천 방안'으로 이루어져 있습니다. '상황' 부분은 전반적인 분위기를 설정해 주고, '문제' 서술부는 이 패턴에 의해 해결되는 문제가 무엇인지 알려줍니다. '해결책' 부분은 대개 해법을 한 문장으로 요약한 다음, 해결책을 적용할 때 생기는 이슈에 대해 더 자세히 다룹니다. 그리고 다른 패턴과의 관계, 등장한 내용을 뒷받침하는 이야기나 문헌 등이 따라 붙습니다.

각 패턴의 끝에는 '실천 방안'이 있는데, 여기서는 이 패턴의 효과를 경험하고자 할 때 즉시 실천할 수 있는 구체적인 사항을 담았습니다. 이런 실천 방

---

[9] (옮긴이) 패턴 언어에서는 패턴의 대상이 되는 문제를 대개 서로 충돌하는 여러 힘(forces)과 제약사항(constraints)으로 기술한다.

안은 실제로 패턴이 구현되는 사례라고 할 수 있습니다. 거기서는 당신이 처한 현재의 상황에 이 패턴을 적용할 수 있을지 어떨지 염려하지 않고서도 즉각 실천해볼 수 있는 훈련의 기회를 제공합니다.

중요한 점은, 어떤 패턴이라도 그 각각이 모두 특정 맥락 안에서 일정한 문제에 대해 일정한 해법을 제시한다는 점을 기억하는 것입니다. 패턴은 기계적으로 적용하지 않고 자신의 상황에 맞게 변경해도 됩니다. 그러므로 만약 어떤 패턴이 자기 상황에 정확하게 들어맞지 않거나 실천 방안 중 어떤 내용도 적합하지 않아 보인다면, 우리가 제공하는 원래의 소재로부터 추정해서 뭔가 다른 유용한 것을 스스로 만들 수 있을지 한번 살펴보기를 권합니다.

우리 패턴의 대부분은 '관련 항목'으로 끝나는데, 여기서는 관련된 패턴들이 있는 페이지를 가리켜 두었습니다. 이렇게 해서 직선적인 독서보다는 이리저리 읽어 가면서 서로 다른 패턴 간의 관련성을 더 깊이 이해할 수 있게 했습니다.

이 책의 사용법

> 패턴 언어는 그것을 사용하는 각 사람에게 새롭고 독특한 건물을 무한히 다양하게 창조할 수 있는 힘을 부여한다. 이것은 그가 통상적으로 사용하는 언어가 그에게 무한히 다양한 문장을 창조하는 힘을 주는 것과 마찬가지다.
> ― 크리스토퍼 알렉산더, 『The Timeless Way of Building』, p. 167

이 프로젝트에서 우리 목표는 당신이 자신만의 견습과정을 정의하는 데 보탬이 되는 패턴 언어를 만들어내는 것이었습니다. 우리가 독자 여러분이 처한 개별적인 상황을 알 수는 없으므로, 각 패턴에 명시된 상황과 문제가 자신에게 상황에 적합한지 고려하기 바랍니다. 패턴들은 서로 연관되어 있으며, 함께 사용될 때 더 강력한 경험을 끌어내기도 합니다. 예를 들어, **멘토를 찾아라**는 그 자체가 탁월하고 오랜 경험으로 보증된 패턴이지만, **팔꿈치를 맞대고** 패턴과 결합되었을 때 더욱 강력해집니다. 다른 한편으로 **무지를 드러내라** 패턴은 **무지에 맞서라**나 **한발 물러서라** 같은 보조 패턴에 더 의존하고 있으며, 성공적으로 적용하려면 어느 정도 미묘한 부분에 대한 고려가 필요합니다. 모든 패턴 언어가 그렇듯, 이 패턴들은 남용하지 않도록 주의해야 합니다. 각 패턴을 모두 사용할 구실을 찾기보다는 자신의 상황에 가장 적합한 것만을 면밀히 선택하십시오.

이 책에 실린 패턴들을 앞에서부터 뒤쪽으로 읽어 나갈 필요는 없습니다. 데이브가 크리스토퍼 알렉산더Christopher Alexander의 책 『A Pattern Language』를 읽었을 때 중간부터 시작해서 패턴 사이의 연결을 따라 읽어 갔는데, 이것은 더욱 흥미로운 학습 경험을 가져다주었습니다. 당신은 자신의 현재 상황과 관련 있는 부분을 찾으려고 각 패턴의 '상황'과 '문제' 부분만을 간단히 훑어 볼 수도 있을 것입니다. 모든 패턴을 이런 방식으로 훑어 본다면, 어떤 패턴들이 어느 날 갑자기 당신과 관련 있게 될 장래의 상황에 대비해 당신 마음 속에 일종의 방아쇠를 설치해 둘 수 있을 것입니다.

이 책은 원래 위키에 쓰인 글이기에, 순서대로 읽힐 거라고는 전혀 생각하지 않았습니다. 앞에 나오는 패턴은 뒤의 패턴들을 참조하고 있고, 뒤쪽의 패턴 역시 마찬가지입니다. 이런 체계는 다소 도전적일 수 있어서, 당신은 책과 능동적으로 관계를 맺을 필요가 있을 것입니다. 마치 웹사이트처럼 읽는 중간에 흥미로운 링크를 따라가도 좋고, 내용을 모두 읽었는지 알지 못해도 상관없습니다. 그런 방식으로 읽어도 전혀 문제가 없습니다.

물론 어떤 사람들은 처음부터 끝까지 쭉 읽는 방식을 선호한다는 것도 우리는 알고 있습니다. 그래서 우리는 앞쪽에서 뒤쪽의 패턴을 미리 참조하는 경우를 최소화하려고 노력했습니다.

어떤 사람들은 이 책을 두 번 읽어야겠다고 생각할 수도 있습니다. 처음 읽을 때는 빠르게 훑어서 머릿속에 모든 것을 넣어 두고, 다음번에는 연결고리를 잇기 위해서 읽는 식입니다. 이런 방법 역시 좋습니다. 이 책은 참고도서라기보다는 가끔씩 영감을 얻으려고 펼쳐 보는 예술가의 자료집에 더 가깝다 할 것입니다. 심지어는 우리가 미처 생각지 못한 새로운 사용법을 당신이 개발해 낼 수도 있습니다. 계속 밀고 나가십시오. 세상의 다른 모든 것과 마찬가지로, 이 책도 처음부터 연관성이 명확히 드러나지만은 않을 것이고, 다시 들여다 볼 때마다 뭔가 새로운 것을 얻을 것입니다.

예제 코드를 사용하려면

이 책은 당신이 일을 잘 해내도록 돕기 위해서 만들었습니다. 대개 이 책에 나오는 코드를 당신의 프로그램과 문서에 사용해도 괜찮습니다. 코드의 상당 부분을 복제하지만 않는다면, 사용 허가를 얻으려고 우리에게 연락할 필요는 없습니다. 예를 들어 이 책에 나오는 몇 뭉치의 코드를 써서 프로그램을 작성하는 데는 허가를 받지 않아도 됩니다. 오라일리O'Reilly의 예제가 수록된 CD-ROM을 판매하거나 배포한다면 허가가 필요합니다. 이 책을 인용해서 질문에 답하거나 예제 코드를 인용할 때는 허가를 받지 않아도 됩니다. 하지만 이 책에 나오는 예제 코드를 자신이 만드는 제품 문서에 상당량 반영시키려 한다면 허가가 필요합니다.

꼭 필요한 사항은 아니지만, 저작권 표기를 해 준다면 고맙겠습니다. 여기에는 대체로 책의 제목, 저자, 출판사, ISBN이 포함되는데, 예를 들면 이런 형식입니다. "Apprenticeship Patterns by David H. Hoover and Adewale Oshineye. Copyright 2010 David H. Hoover and Adewale Oshineye, 978-0-596-51838-7".[10]

코드 예제의 사용이 위에 제시된 허가 범위를 벗어난다고 생각되면, 부담 가지지 말고 permissions@oreilly.com으로 문의하기 바랍니다.

저자에게 연락하려면

데이브는 dave.hoover@gmail.com으로 연락하면 되고, 홈페이지 http://redsquirrel.com/dave에서 그의 최근 관심사를 볼 수 있습니다.

애디의 연락처는 ade@oshineye.com입니다. 애디의 웹사이트 http://www.oshineye.com에서 사진과 글, 오픈소스 코드를 찾아볼 수 있습니다.

이 책에 대한 의견이나 문의 사항은 다음 출판사 주소로 보내 주세요.

O'Reilly Media, Inc.

1005 Gravenstein Highway North

Sebastopol, CA 95472

800-998-9938 (미국 또는 캐나다에서 걸 때)

---

[10] (옮긴이) 번역서의 제목도 함께 넣어 주시기를 부탁드린다.

707-829-0515 (국제 전화)

707-829-0104 (팩스)

우리는 이 책의 정오표[11], 예제, 추가 정보를 실은 웹 페이지를 운영하고 있습니다. 그 주소는 다음과 같습니다.

http://oreilly.com/catalog/9780596518387/

이 책에 대한 의견이나 기술적인 문의는 아래 이메일 주소로 보내주세요.

bookquestions@oreilly.com

---

[11] (옮긴이) 한국어판 정오표는 http://insightbook.springnote.com/pages/5959273에서 볼 수 있다.

감사의 글

데이브가 전하는 말

내게 소프트웨어 개발자가 될 최초의 기회를 준 사람들에게 감사하는 것으로 시작해야겠습니다. 에드벤션Edventions의 CEO인 어브 샤피로Irv Shapiro는 나를 2000년 4월에 채용했습니다. 그해 말에 그는 에드벤션의 CTO이자 라이즈타임 테크놀로지Risetime Technologies의 CEO였던 스티브 뷰즈Steve Bunes에게 나를 소개시켜 주었고, 두 사람 모두 내가 펄Perl과 프로그래밍의 세계로 흥분된 첫 걸음을 들여놓는 시기에 나를 지도해 주었습니다. 2001년 4월에 다른 수많은 닷컴 신생기업처럼 에드벤션사가 문을 닫았을 때 스티브는 미국 의사 협회American Medical Association, AMA에 나를 추천해 주었고, 거기서 나는 3년 간 닷컴 붕괴의 여파를 견딜 수 있었습니다. 어브가 나를 채용한 날 밤 그에게 했던 건배를 여기서 되풀이할까 합니다. "고마워요, 어브. 비 유대인인 나에게 기회를 주어서."

AMA의 두 사람은 내가 첫 번째 언어의 장벽을 넘어설 수 있는 기회를 주었습니다. 존 딘코스키John Dynkowski는 내게서 어떤 가능성을 보고 나를 채용해 AMA 최초의 J2EE 프로젝트에서 일할 수 있게 해주었습니다. 그는 어떠한 정치적인 대가도 없이 나를 채용했고, 그의 부서에서 일했던 18개월 동안 나에게 끊임없는 격려의 원천이 되어 주었습니다. 내 직속 상사 더그 페도어책Doug Fedorchak은 내가 상부의 관리층에게 익스트림 프로그래밍Extreme Programming을 홍보하고 AMA의 첫 번째 익스트림 프로그래밍 프로젝트를 추진하도록 자율성을 부여해 주었습니다. 존, 더그, 나처럼 미숙하지만 열의에 찬 프로그래머가 아이디어를 시도해 보고 당신들의 조직에 얼마간의 파도를 일으킬 수 있도록 허락해 주어서 고맙습니다.

만약 나에게 그리고 내 여정에 가장 큰 영향을 끼친 사람을 한 명만 지목해야 한다면, 그 사람은 와이어트 서덜랜드Wyatt Sutherland일 것입니다. 나는 그를 2002년 시카고 애자일 개발자ChAD, Chicago Agile Developers 그룹에서 만났는데, 당시 그는 모임의 리더였습니다. 나는 와이어트에게 다가가서 견습생이 되기를 청했고, 그는 주기적으로 점심이나 아침에 나를 만나주기로 했습니다. 여행이 잦은 애자일 컨설턴트이자 지역 대학의 음악 감독, 네 아이의 아버지로서 엄청나게 바쁜 스케줄을 소화하고 있는데도 내 청을 받아들여 주었습니다. 와이어트, 그 시절 당신의 지도에 감사를 드립니다. 그것은 값을 매길 수 없는 선물이었고, 내가 AMA를 떠나서 오브젝트 멘토Object Mentor와 소트웍스ThoughtWorks 같은 회사에서 일할 포부를 갖도록 확신을 주었습니다.

이 책에 기여하는 데 관심을 가져 준 많은 사람들, 그중에서도 특히 공동 저자인 애디웨일 오시나이를 만날 수 있게 해준 소트웍스사에도 감사해야겠습니다. 소트웍스의 수석 과학자Chief Scientist인 마틴 파울러Martin Fowler, 나에게 얼마간의 시간을 할애해 주고 저술 과정에 대해 당신의 깨달음을 나눠준 것, 고맙습니다. 2005년 애자일 애틀랜타Agile Atlanta에서 견습패턴 Apprenticeship Patterns[1]에 대해 강연해 달라고 오비 페르난데스Obie Fernandez가 나를 초청했을 때 소트웍스사는 고맙게도 여비를 부담해 주었습니다. 오비, 고마워요. 아번힐스Auburn Hills에서 같이 진행했던 프로젝트에서 보여준 우정과 격려에, 애자일 애틀랜타에 초청해 주어서, 그리고 집으로 가는 비행기를 놓쳤을 때 당신 집에서 묵게 해 주어서. :) 2005년 XP 프랑스XP France에서 이 패턴들을 발표하고 나를 위해 영어로 대본을 번역해 준 내 친구 로랑 보사비, 고마워요. 다라 파렐, 패턴들을 2005년 긱나이트 시드니Geeknight Sydney에서 발표하고 토론을 녹화한 비디오를 보내 주어서 고맙습니다. 린다 라이징Linda Rising, 나와 애디를 PLoP 2005에 초청해 주어서 고맙습니다. 거기서 우리는 상당수의 중요한 피드백과, 실제로 대면할 수 있는 (그리고 아직은 유일한) 기회를 얻었습니다(그리고 애디를 PLoP에 참석할 수 있게 런던에서 시카고로 보내준 소트웍스사에 따로 감사인사를 드립니다).

이 패턴들에 대해 연구하기 시작할 때, 나는 소프트웨어 개발 공동체 내에서 잘 알려진 여러 인물과 접촉했습니다. 이 사람들은 전화나 이메일, 또는 둘 다를 통해서 시간을 할애해 주었고, 수십 년의 경험을 바탕으로 한 피드백과 지혜를 전해 주었습니다. 내 저술을 지도하는 데 소중한 시간을 들여 준 켄 아우어Ken Auer, 제리 와인버그Jerry Weinberg, 노엄 커스Norm Kerth, 론 제프리즈Ron Jeffries, 린다 라이징, 데이브 아스텔스Dave Astels, 피트 맥브린Pete McBreen에게 감사합니다. 그와 동시에 나는 (그리고 나중에 애디도) 나처럼 덜 숙

---

[1] (옮긴이) 이 책의 원서 제목

련된 수십 명의 사람들과 접촉해서, 패턴에 대해 조언을 구하고 공통된 주제에 관해서 그 사람들이 들려주는 이야기를 수집했습니다.

Adam Williams, Chris McMahon, Daragh Farrell, Desi McAdam, Elizabeth Keogh, Emerson Clarke, Jake Scruggs, Kragen Sitaker, Ivan Moore, Joe Walnes, Jonathan Weiss, Kent Schnaith, Marten Gustafson, Matt Savage, Micah Martin, Michael Hale, Michelle Pace, Patrick Kua, Patrick Morrison, Ravi Mohan, Steven Baker, Steve Tooke, Tim Bacon, Paul Pagel, Enrique Comba Riepenhausen, Nuno Marques, Steve Smith, Daniel Sebban, Brian Brazil, Matthew Russell, Russ Miles, Raph Cohn에게 큰 감사를 표합니다. 이 분들은 우리와 서신을 주고받으면서 자신의 생각과 이야기를 우리 책의 주제와 관련지어서 얘기해 주었습니다.

2008년 우리는 http://apprenticeship.oreilly.com 사이트를 열었고, 인터넷 커뮤니티로부터 피드백을 얻고자 거기다가 패턴 내용을 올렸습니다. 애써준 모든 사람들, Julie Baumler, Bob Beany, Antony Marcano, Ken McNamara, Tom Novotny, Vikki Read, Michael Rolf, Joseph Taylor에게 감사합니다. 특히 Michael Hunger는 포럼의 적극적인 참여자였고 몇 차례 원고를 리뷰해서 탁월한 피드백을 제공해 주었습니다.

또 Chicago's Loop에서 서쪽 교외 지역까지 운행하는 Metra Union Pacific West Line 열차에서 매일 마주치는 승객들에게 나의 감사를 전하고자 합니다. 이 책의 대부분은 그 열차의 도서관 같은 고요함 속에서 쓰였습니다. 내가 책을 쓸 동안에 혼자 조용히 자신의 책을 즐겨 준 덕입니다. 내일 봅시다!

케빈 테일러Kevin Taylor가 외주 협력업자보다는 네 번째 직원이 되라고 설득했던 2006년, 나는 옵티바Obtiva사에 합류했습니다. 케빈의 이야기는 확실히 좋은 조언이었고, 많은 면에서 보상이 되었습니다. 검증되지 않은 내 아이디어를 지원해 주고, 회사의 일부를 넘겨주고, 내가 거듭해서 일을 엉망으로 만들면 뒷정리를 감당해 주고, 사업상의 수많은, 시시하지만 필수적인 일들을 챙겨주어 감사합니다. 나는 우리 회사의 미래가 어떻게 펼쳐질지 생각하면 흥분을 감출 수 없습니다. 케빈이 내게 허락했던 검증되지 않은 아이디어 중 하나가 옵티바 소프트웨어 스튜디오Obtiva's Software Studio를 열고 견습생들을 받아서 선임 개발자로 육성하는 것이었습니다. 2007년 4월에 스튜디오를 시작한 이래로 우리는 여섯 명의 견습생들을 훈련시켰는데, 나의 부족함과 미숙함을 참아준 우리 첫 견습생 세 명, 브라이언 태트널Brian Tatnall, 조세프 레디Joseph Leddy, 네이트 잭슨Nate Jackson에게 진심 어린 감사를 표하고 싶습니다. 이 친구들이 견뎌 냈던 시행착오는 최근의 견습생인 콜린 해리스Colin Harris, 리어 웰티-리거Leah Welty-Rieger, 터너 킹Turner King 이 세 명의 견습 과정이 점차 개선되는 데 보탬이 되었습니다. 헌신과 열정, 그리고 종종 이상적이지 못한 환경에서도 배움과 성장에 대한 갈망을 보여준 여섯 명 모두에게 감사하다는 말씀을 드립니다.

   메리 트레슬러는 이 프로젝트를 출판하도록 우리를 격려하는 책임을 맡았습니다. 2005년 처음부터 메리는 우리가 정리한 초기 패턴들을 읽었는데, 그녀 자신이 프로그래머가 아님에도 불구하고 그 패턴들이 그녀와 공명한다는 사실을 발견했습니다. 고마워요 메리, 우리가 저술가로서 미숙함에도 우리 주장을 들어주어서. 그리고 이 여러 해 동안 끈기 있게 우리 곁에 머물러 주어서.

나는 아주 안정된 가정에서 성장하는 축복을 누렸습니다. 비록 여러 번 이사를 다니긴 했지만, 나의 어머니 아버지는 부모로서, 배우자로서, 기독교도로서 굳건한 본보기였습니다. 그분들을 역할 모델로 삼은 덕에 내가 성인이 되고 결혼하고 부모가 되는 과정이 비교적 덜 고통스러웠습니다. 마르시아 후버와 릭 후버는 아주 어릴 때부터 작가로서 나를 격려해준 지속적인 원천이었습니다. 어머니 아버지, 저의 글쓰기 재능을 키워 주셔서 고맙습니다.

나는 비록 26세가 될 때까지 프로그래밍을 시작하지 않았었지만, 가정을 갖는 데는 조금도 시간을 낭비하지 않았습니다. 우리 딸은 내가 대학원을 마치기 몇 달 전인 24세 때 태어났습니다. 그런 상황에서 가정을 새로 꾸린다는 것이 상당히 쉽지 않은 일이었지만, 아이들은 나에게 아버지로서 막중한 책임이 있음을 알려 주었습니다. 1999년 로즈가 태어난 이후로 내가 실업 상태로 있을 만한 여유를 가졌던 적은 하루도 없었고, 그것은 새로운 경력을 시작하는 데 있어 굉장한 동기 부여가 되었습니다. 그 아이들이 아기에서 초등학교 나이의 어린이로 성장하면서 자신의 학습 과정을 방해하는 걸림돌을 극복하는 모습은 나에게 영감을 불어넣어 주었습니다. 그 모습은 내가 일생에 걸쳐 나 자신의 배움을 계속해야 하고, 아이들처럼 지식을 집요하게 추구해야 함을 상기시켜 주었습니다. 로즈, 리키, 찰리, 조건 없이 나를 사랑해 주고, 네 번째 형제인 아빠의 노트북을 참고 받아들여 주어서 고맙구나. 이제 이 책이 끝났으니 앞으로는 그 노트북을 아마 좀 덜 보게 될 게다.

내 아내, 스테이시는 대학 풋볼 팀의 주장과 결혼했습니다. 11년 후, 그녀는 두꺼운 테의 검은 안경을 쓰고 프로그래밍 언어 배우기를 좋아하며 여가 시간에 새로운 프로그래밍 사용자 그룹을 개설하는 그런 남자와 결혼 생활을 하고 있지요. 이 사람들은 둘 다 나고, 스테이시는 그 과정의 모든 걸음마다 내가 내 안의 괴짜와 접촉하는 것을 지켜보면서 한결같이 그 자리에 있었습니다. 그녀는 내가 끝도 없이 책과 블로그, 오픈소스 프로젝트, 저술 프로젝트, 고용주들에게로 변덕스럽게 외도하는 것을 참아 주었습니다. 스테이시만큼 나를 잘 아는 사람은 없고, 그녀만큼 내가 우쭐해지지 않게 평소처럼 대해 주는 사람도 없습니다. 고마워, 스테이시 샘슨 후버, 내가 정말 중요한 일에 집중할 수 있도록 해줘서. 당신을 영원히 사랑하겠어.

끝으로, 나를 무조건적으로 사랑해 주시고 내가 쓰러질 때마다 일으켜 주시는 주님 예수 그리스도께 감사합니다. 이 책에 대한 내 작업이 어떻게든 당신을 영광스럽게 할 수 있기를 바랍니다.

애디가 전하는 말

우선 데이브가 앞서 감사한 모든 사람들에게 감사를 드립니다. 그들이 없었다면 데이브는 여기에 없었을 것이고 따라서 나도 없었을 것입니다.

'실용주의 프로그래머들'(앤디와 데이브)에게 감사드립니다. 그들의 영감이 나를 C2 위키[2]와 eXtreme Tuesday Club[3]으로 이끌어 주었습니다. 그런 영향을 받지 못했다면 로랑 보사비의 Bookshelved 위키[4]를 몰랐을 것이고, 데이브가 소트웍스에 합류했을 때 그가 누구인지도 알지 못했을 것입니다.

물론, Old Bank of England 펍에서 열린 XTC 저녁 모임에서 폴 하만트Paul

---

[2] (옮긴이) 위키의 창시자인 워드 커닝햄이 운영하는 위키 사이트. http://c2.com/cgi/wiki
[3] (옮긴이) 영국 런던에서 시작된 익스트림 프로그래밍 관련 커뮤니티. 약칭 XTC.
[4] (옮긴이) http://bookshelved.org

Hammant가 나에게 소트웍스로 합류하기 꺼리는 이유를 정당화해 보라고 하지 않았다면, 그 회사의 컨설턴트가 될 수는 없었을 것입니다. 고마워요, 폴. 소트웍스에 있었던 경험은 내게 많은 문을 열어 주었습니다. 예를 들어서 소트웍스의 이전 혁신담당 임원Innovation Director인 데이브 팔리Dave Farley의 지원 덕분에 나는 PLoP 컨퍼런스가 열리는 알러튼Allerton으로 갈 수 있었고 거기서 데이브와 직접 만날 수 있었습니다.

이 책을 위해서 상세한 경력 사항을 묻는 질문에 답하느라 자기 시간을 포기한 사람들, 그들은 제가 누구를 말하는지 알 것입니다. 여러분 모두의 이름을 여기에 나열할 수는 없지만, 영원히 감사합니다. 우리 리뷰어들에게도 마찬가지로 감사 인사를 드립니다. 책을 더 낫게 만드는 법을 보여주기 위해 시간을 들여 주어서 고맙습니다.

라비 모한Ravi Mohan은 우리와 경험만 공유했던 것은 아닙니다. 그는 우리에게 이 책과 소프트웨어 장인정신이란 개념에 속하는 모든 면에 대해 어려운 질문을 던졌습니다. 그가 기꺼이 참고 도서를 읽고, 생각을 바꾸고, 개념의 정의에 대해 계속해서 물어보았기에 우리는 정직할 수 있었습니다. 고마워요, 라비.

로버트 코닉스버그Robert Konigsberg와 이브 앤더슨Eve Andersson에게도 원고의 초기 버전에 대해 놀라울 만큼 상세한 피드백을 제공해 주어 감사하다는 말을 전합니다.

처음에 OmniGraffle 도표를 만들어 준 엔리케 콤바 리펜하우젠Enrique Comba Riepenhausen에게 감사합니다. 그가 돕지 않았다면 당신은 Graphviz로 자동 생성된 꽤나 못 생긴 도표들을 보고 있을 겁니다.

견습과정에 대한 책을 쓰는 일은 멘토가 없었다면 불가능했을 것입니다. 아이번 무어 Ivan Moore 는 우리가 같이 일할 수 없게 되었다고 나의 멘토링을 그만두지 않았습니다. 거기에 대해 늘 감사할 것입니다. 그때 마신 차와 함께.

지키지 못한 그 모든 마감에도 불구하고 데이브와 나에게 기회를 준 메리 트레슬러에게 감사합니다. 신세 졌어요.

마지막으로 부모님께 감사합니다. 그분들은 내 첫 번째 컴퓨터를 사 주셨고, 내가 깨닫기 여러 해 전에 전문적인 프로그래머가 되어야 한다는 것을 아셨습니다. 내가 나이를 지금보다 덜 먹었을 때 그분들께 귀를 기울였더라면, 내 길은 좀 더 짧고 똑바르게 되었을 것입니다.

소프트웨어 장인정신 선언

비고

2009년 3월, software_craftsmanship 메일링 리스트 내의 오랜 논의 끝에 아래와 같은 선언문의 초안이 도출되었다.

뜻을 품은 소프트웨어 장인으로서, 우리는 소프트웨어 개발을 수련하고 다른 이들의 학습을 돕는 것으로 전문적인 소프트웨어 개발의 기대치를 높이고 있다. 이와 같은 작업을 통해 우리는 아래와 같은 결론에 이르렀다.

> 우리는 동작하는 것을 넘어서 잘 짜인 소프트웨어에,
> 변화에 대응할 뿐 아니라 지속적으로 가치를 더하는 일에,
> 개인들 그리고 그 사이의 상호작용에 더해서 전문가들의 공동체에,
> 고객과의 공동 작업 뿐 아니라 생산적인 파트너십에 가치를 둔다.[1]
> 즉, 우리는 왼편의 항목을 추구함에 있어서 오른편의 내용이 필수불가결함을 알게 되었다.

---

[1] (옮긴이) 이 내용은 애자일 선언(http://agilemanifesto.org)의 연장선상에 있다.

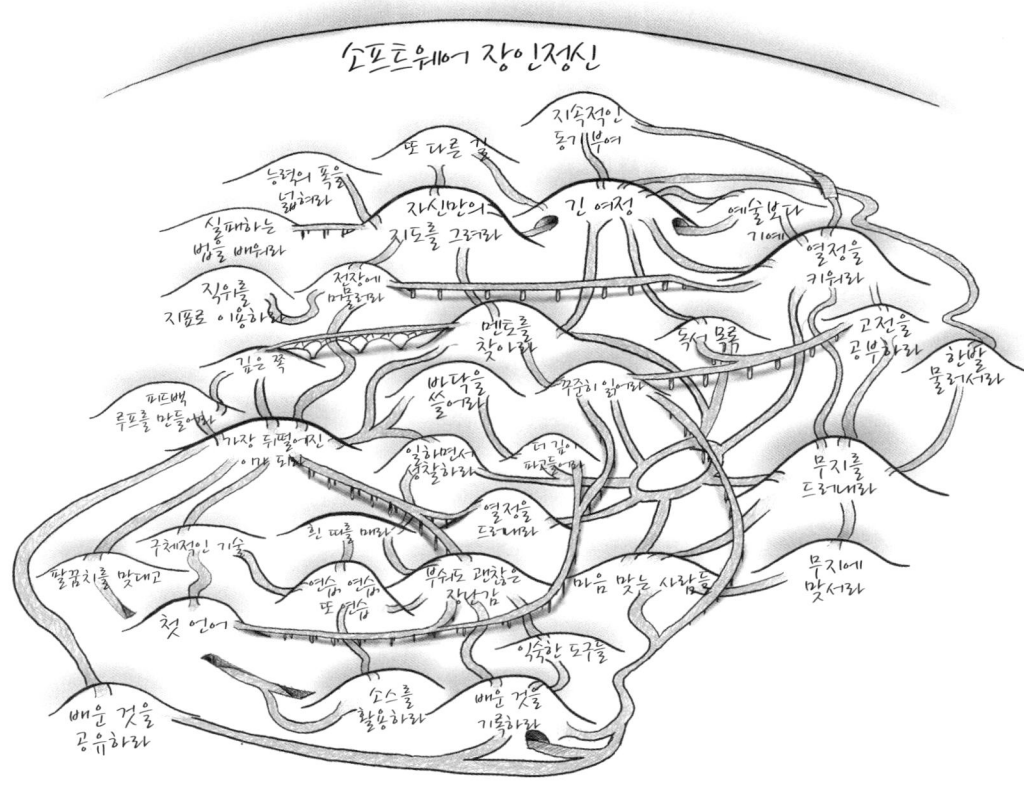

1 들어가는 글

> 견습과정은, 기예를 통달하겠다는 필생의 열정을 서서히 불어넣는다는 점에서 중요하다. 이는 끊임없이 배우고자 하는 열정을 점점 쌓이게 하며, 그런 과정 속에서 견습생은 탁월한 개발자가 될 수 있다.
> – 피트 맥브린, 『Software Craftsmanship』[1]

이 책은 소프트웨어 분야의 견습생을 위해 쓰였다. 견습생들이라 함은, 소프트웨어 개발이 어떤 것인지 조금 경험해 보았고, 거기서 더 나아가고 싶지만 아직 누군가의 지도가 필요한 이들을 가리킨다.

당신이 명문대 전산학과를 졸업했든 완전히 독학으로 공부했든 간에, 이 분야에는 탁월한 개발자들이 있다는 사실을 알게 되었을 테고, 그러면서 당신 역시 그들처럼 되고자 하는 포부를 품었을 것이다. 이 책은 바로 그런 당신을 위해 쓰였으며, 당신 회사의 사장이나 팀장, 혹은 지도 교수를 위해서 쓴 책이 아니다. 그런 위치에 있는 사람들에게는 따로 추천할 책이 많다. 하지만 이 책은 여정journey의 시작에 서 있는 당신 같은 이들을 위한 것이다.

이 책을 쓰는 동안 우리는 '소프트웨어 장인정신'이란 개념에서 비롯된 원칙과 이상에 깊이 영향을 받았는데, 책 제목만 봐도 그 사실을 알 수 있다. 견습과정이라는 개념은, 어떤 분야의 전문가들이 소규모의 팀으로 작업하면서 경험이 적은 견습생들은 숙련공을 돕고 우두머리 장인들은 자신의 일을 해나가던 서양 중세 때의 수공업 모델에 기초한 것이다. 이 책의 목표 중 하나는, 소프트웨어 만들기를 좋아하는 사람들이 자신의 기예에 계속 집중할 수 있도록 격려하는 것이다.

이 책에서 이야기하는 여정은 'Hello, world!'로 시작된다. 그렇다면 그 끝은 어디일까? 대개의 경우 이 여정은 중간관리층으로 승진하면서 끝나버린다. 재능 있는 이들이라도 별다른 생각 없이 그런 승진의 기회를 받아들이고, 불과 몇 년 뒤 일에서 즐거움을 찾지 못한 채 은퇴할 날만 손꼽게 되는

---

[1] (옮긴이) 번역서로 『소프트웨어 장인정신』(2002, 피어슨에듀케이션코리아)이 있다.

일이 허다하다. 하지만 소프트웨어를 만드는 데 소질이 있고 학습의 과정을 즐기는 사람들에게는, 소프트웨어 개발이란 평생을 함께 할 직업이며 그 과정은 멋진 여행이 될 것이다.

여행을 시작하기 전에, 우선 우리는 데이브의 경험담을 들려주면서 몇 가지를 명확히 정의하고자 한다. 데이브의 이야기는 당신이 소프트웨어 개발자로 성장하는 데 패턴이 어떻게 결합되어 강력한 힘이 되는지 보여주는 한 예다. 그리고 개념들을 명확히 정의함으로써, 소프트웨어 장인정신의 바탕에 있는 여러 개념들을 한곳에 그러모으고, 그 개념들에 대해 흔히 하는 질문에도 답해보고자 한다.

데이브의 이야기(견습 패턴을 드문드문 넣어서)

내가 처음 익힌 언어는 펄Perl이었다. 하지만 이것은 프로그램 짜는 법을 배우려는 시도가 두 번이나 실패한 다음의 일이었다. 열두 살 때 'Tron'[2]이라는 영화를 보고, 컴퓨터 속에 또 하나의 완전한 세계가 있다는 아이디어에 고무되어서 애플IIe 컴퓨터로 베이직 언어를 독학하려고 했었다. 나는 애플사에서 출판한 베이직 매뉴얼을 샀는데, 어떻게 해야 그 언어로 뭔가 그럴싸한 일을 할지 알 수 없었다. 텍스트 기반 게임 같은 것 이상은 만들 수가 없겠다는 사실을 깨달았을 때 나는 결국 그만두었다. 다음으로 25살 때는 바보들을 위한Dummies 시리즈로 천천히 연습 문제를 풀고 애플릿을 만들기도 하면서 자바 언어를 배워보려 했었다. 하지만 책을 다 읽고 나니 정말로 바보dummy가 된 듯한 기분이 들었고, 모든 것이 너무나 어렵게 느껴져서 결국 포

---

[2] (옮긴이) 1982년에 월트디즈니사에서 제작한 SF 영화. 컴퓨터 그래픽을 대규모로 도입한 초기 영화 중 하나이며, 주인공이 적대적인 컴퓨터 프로그램에 의해 컴퓨터 세계로 들어가서 모험을 벌이는 이야기를 담고 있다. http://en.wikipedia.org/wiki/Tron_(film) 참조.

기하고 말았다. 내 첫 언어에 마침내 정착하게 된 것은 26살이 되던 해, 두 명의 멘토를 만나고 나서였다. 나는 이 멘토들을 닷컴 버블이 한창일 때 일리노이 주 스코키Skokie에 소재한 에드벤션사Edventions LLC에서 만났다. 그 회사의 창립자였던 어브 샤피로Irv Shapiro는 내가 프로그래머가 되고 싶어 한다는 것을 알고는 펄을 공부하도록 했다(나는 원래 온라인 콘텐츠 편집자로 입사했었다). 그는 『Programming Perl』이라는 책을 내 책상에 던져주며, 내가 공부하면서 연습 삼아 만들 수 있는 **부숴도 괜찮은 장난감**에 대해 얘기해 주었다. 나 같은 초보자에게는 꽤나 벅찬 책이었지만, 그 후로 며칠간 나는 『Programming Perl』에 열중하였다. 그 다음으로는 내 독서 목록에 있던 『Visual QuickStart Guide』라는 좀 더 쉬운 책을 보기 시작했다. 내 다른 멘토는 에드벤션의 CTO이던 스티브 뷴즈Steve Bunes였다. 그는 주기적으로 나와 어울려 주면서 강력한 디버깅 기법 몇 가지를 보여주었는데, 나는 요즘도 그 기법을 사용하고 있다. 부숴도 괜찮은 장난감의 첫 버전을 완성하는 데 가장 적용하기 힘들었던 패턴은, 근처 개발자들 자리로 가서 숙련된 펄 프로그래머와 시스템 관리자들에게 나의 무지를 드러내는 것이었다. 그렇게 창피를 무릅쓸 가치는 충분했다. 내 프로그램의 짜임새와 유닉스 파일 권한에 대해 몇 가지 간단한 조언을 들을 수 있었기 때문이다. 그 조언 덕에 나는 내 장난감을 신속히 마무리했고, 어브와 스티브는 아주 흡족해 했다.

2년 뒤, 나는 애용하던(하지만 점점 싫증령해지던) 펄 이외에 뭔가 새로운 기술을 습득할 기회를 찾고 있었다. 당시 그 열기가 한창 최고조에 달해 있던 XP와 애자일 개발 방법론에 몰두하면서 나는 내 능력의 폭을 넓혔다. 그리고 가까운 곳에서 개최된 XP/Agile 유니버스XP/Agile Universe 컨퍼런스에서 며칠을 보내며 새로운 정보를 호스로 물 마시듯이 빨아들였다. 론 제프리즈Ron Jeffries[3], 마틴 파울러Martin Fowler[4], '엉클' 밥 마틴Bob Martin[5], 알리스터 코번

Alistair Cockburn[6], 켄트 벡Kent Beck[7] 같은 사람들과 직접 만나서 이야기를 듣는다는 것은 압도적인 경험이었고, 거기서 나는 객체 지향과 XP의 공인된 열혈 팬이 되었다. 그때 조슈아 케리에브스키Joshua Kerievsky가 왠지 인상적인 제목이었던 『Refactoring to Patterns』[8]를 집필 중이라는 것을 알게 되어서, 같이 그 책을 스터디할 마음 맞는 사람을 물색했다. 우리는 곧 그 책이 우리 수준을 넘어선다는 것을 알게 되었는데, 나는 리팩터링이나 패턴이 무엇인지조차도 몰랐기 때문이다. 그래서 나는 좀 더 수준에 맞는 책들을 찾았고, 결국은 『Object-Oriented Software Construction』과 『A Pattern Language』를 읽게 되었다. 『Refactoring to Patterns』는 나중에라도 읽고 싶었으므로, 독서 목록에 추가해 두었다.

나는 앞서 얘기했던 그 스터디 친구와 함께 2002년에 루비를 공부하기 시작했는데, 루비 온 레일스http://rubyonrails.org가 나오기 전까지는 일상적인 작업에서 어떻게 활용해야 좋을지를 찾지 못하고 있었다. 그리고 2005년, 일상적인 작업에서 사용해 볼 요량으로 루비를 다시 꺼내 들었다. 나는 부숴도 괜찮은 장난감을 루비로 만들고 있었지만, 아직도 너무 펄 프로그래머처럼 생각하고 있음을 깨달았다. 자신의 첫 언어에 능숙할지라도, 새로운 언어를 배울

---

[3] (옮긴이) 미국의 컴퓨터 전문가이며 켄트 벡, 워드 커닝햄과 함께 익스트림 프로그래밍(XP) 개발 방법론을 주창하였다. 『Extreme Programming Installed』(공저) 등의 저작이 있다.

[4] (옮긴이) 영국 출신 프로그래머 겸 작가로, 객체 지향 설계, UML, 애자일 개발 방법론 등의 전문가로 알려져 있다. 『Refactoring』(공저) 등을 지었다.

[5] (옮긴이) 원 이름은 Robert C. Martin으로 흔히 Uncle Bob이라는 애칭으로 불리고 있다. 미국의 프로그래머이자 컨설턴트. 애자일 개발 방법론과 소프트웨어 장인정신 운동에 주도적인 인물 중 하나다. 『Clean Code』 등의 저작이 있다.

[6] (옮긴이) 애자일 운동의 주창자 중 한 명으로, 『Agile Software Development』 등을 지었다.

[7] (옮긴이) 익스트림 프로그래밍과 테스트 주도 개발(TDD)을 주창한 소프트웨어 전문가. 『Test-Driven Development』 등의 저작이 있다.

[8] (옮긴이) 번역서로 『패턴을 활용한 리팩터링』(2006, 인사이트)이 있다.

때는 익숙한 기존 언어의 표준과 관용적인 기법으로 뒷걸음치려는 유혹을 받게 마련이다. 루비는 코드의 우아하고 단순함으로 이름이 높았지만 정작 내가 짠 코드는 보기 흉하며 어색했기에, 나는 뭔가 잘못하고 있음을 알았다. 나는 다시 흰 띠를 매기로 했고, 펄에 대한 전문 지식을 한편으로 밀어 두고 루비 문서에 파고들었다. 그리고는 곧 필요로 했던 것을 찾았고, 내가 짰던 뒤엉킨 코드는 멋지고 표준적인 메서드 호출로 리팩터링되었다[9]. 이 모든 새로운 정보를 단단히 머릿속에 새겨두기 위해서, 누구든 볼 수 있는 내 개인 웹사이트에 배운 것을 기록하여 무지를 드러내기로 마음먹었다.[10]

소프트웨어 장인정신이란 무엇인가?

기예, 장인정신, 견습생, 숙련공, 마스터 같은 간단한 단어에 대한 사전적 정의는 이 책에서 쓰기에는 미흡하다. 그런 정의들은 흔히 순환적이고 (예를 들어 '기예'를 '장인이 가진 기술'로 정의하면서, '장인'을 '장인정신을 보여주는 사람'으로, '장인정신'을 '기예에 입각한 전통에 따라 일하는 장인들을 한데 묶어주는 특징'으로 정의하는 식이다), 역사에 실재했던 길드 제도에 기초하지 않거나, 솜씨 좋게 만들어진 물건을 설명하는 용도로 일반화되기도 한다. 요컨대, 이런 정의들은 도무지 뭔가 배제하지를 않아서 결국 모든 것을 다 포함해 버린다. 우리는 그런 정의 이상의 것이 필요하다.

구글에서 '소프트웨어 장인정신'으로 검색하면 61,800건이나 되는 결과가 나오지만,[11] 그중에서 진로 지도가 필요한 사람에게 유용한 정의를 제공하

---

[9] 궁금해 할 루비 프로그래머들을 위해 밝히자면, 그 메서드는 String#scan이었다

[10] http://redsquirrel.com/cgi-bin/dave/craftsmanship/ruby_white_belt.html

[11] http://www.google.co.uk/search?q=%22software+craftsmanship%22

는 경우는 별로 없다. 선의의 프로그래머들이 그렇게 서로 얽힌 개념들 속에 무엇인가 있다는 생각으로 이런 글들을 썼지만, 안타깝게도 대부분은 그 속에서 유용한 뭔가를 끄집어내지는 못했다.

피트 맥브린Pete McBreen의 책 『Software Craftsmanship』은 대안적인 소프트웨어 개발 방식에 대한 선언manifesto을 종합하려는 시도인데, 소프트웨어 개발을 공학이나 과학으로만 생각하지는 않는 사람들을 대상으로 하고 있다. 하지만 맥브린의 이런 고무적인 작업도 완전하지는 못했다. 거기서는 그가 추구하는 소프트웨어 장인정신과 지금 현실에서 볼 수 있는 장인정신의 모습을 구분하지 않고 있다. 또, 폐쇄적이고 중세적인 수공예craft 개념과 그의 비전에 등장하는 기예craft 사이에 명확한 구별을 짓지 않고 있다. 게다가 그는 소프트웨어 장인정신을 소프트웨어 공학과 상반된 것으로 정의하면서, 독자에게 둘 중 하나를 선택하도록 요구하는 실수를 했다. 우리는 소프트웨어 공학이라는 분야를 확립하려는 시도가 가치 있다고 생각하는 이들을 배척하지 않는, 그런 긍정적인 방식으로 장인정신 모델이 정의될 수 있다고 본다.

우리가 영감을 얻은 이 모델은 산업 혁명이 일어나기 전까지 중세 유럽에서 보편화되어 있었다(『The Craftsman』, pp. 52-80). 그 모델 내에서 장인 조합은 마스터들을 지배했고, 마스터들은 그들의 작업장에서 생활하며 일하는 이들을 지배했다. 마스터는 작업장을 소유했고 절대적인 권위를 지니고 있었다. 이렇게 엄격한 계층제도 하에서 마스터 밑으로는 숙련공들이 있었는데, 그들은 대개 마스터로 인정받을 만큼 충분히 숙달되었음을 보여주는 '걸작'을 만드는 것을 목표로 하는 장인들이었다.

숙련공들은 이리 저리 떠돌아다녔으며, 새로운 기술이 도시에서 도시로 전해지는 유일한 수단이었다. 새로운 기술을 도입하는 역할 외에도 그들은 견습생의 일상적인 작업을 감독했다. 그 분야의 기본적인 기술과 가치를 이해했음을 증명하여 숙련공 단계로 나아갈 때까지 견습생들은 한 마스터 밑에서 몇 년씩 일하고는 했다. 장인 조합의 위계에 속하지 않은 사람은 제도적으로 아예 기술을 익힐 수가 없었다.

당신이 생각하듯이 이러한 체계는 오용될 여지가 많으며 요즘 세상에서 설령 불법은 아니라 하더라도 도무지 현실성이 없다. 우리는 이런 모델을 현대 사회의 변두리로 밀려나게 한 그런 실수를 반복하고 싶지는 않다. 과거를 단지 모방하기보다는, 자유롭게 개선할 수 있는 현대적인 작업장 개념을 추구함으로써 중세시대 작업장에 대한 막연한 환상을 버릴 수 있으리라 믿는다.

우리가 애자일 개발 운동으로부터 얻은 한 가지 교훈은, 사람들에게 이런 저런 일을 하라고 얘기하는 것만으로는 영구적이고 지속 가능한 변화를 일으키지 못한다는 사실이다. 당신이 조언해 주었던 사람들은 그 조언의 규칙에 들어맞지 않는 상황에 처하면 이내 갈피를 잡지 못할 것이다. 그러나 그들이 조언에 담긴 규칙을 이루는 근본적인 가치를 제대로 이해했다면, 어떤 상황에서라도 대처할 수 있는 새 규칙을 찾아낼 것이다. 여기서 우리 목표는 사람들에게 규칙서를 한 권 건네주는 것이 아니며, 새로운 상황에서 새로운 실천을 이끌어 내어 그것으로 소프트웨어 개발이라는 분야를 더 발전시켜 나가는 능력을 갖게 하는 것이다.

소프트웨어 장인정신에 대한 우리의 비전은, 일부는 우리가 이 책을 만들면서 인터뷰했던 고도로 숙련된 개인들에 내재된 가치의 정수精粹이고, 또 일부는 우리가 장차 출현하기를 고대하는 공동체에 대한 표현이다. 이 책에 담긴 사상은 그런 비전에 대한 출발점이다. 그러므로 우리가 소프트웨어 장인정신이라는 말을 쓸 때는, 어떤 가치 기준에 의해 정의되어서 하나로 묶일 수 있는 실무 공동체에 대해 이야기하는 것이다. 이러한 가치 기준들은 다소간 중복되는 면이 있으며, 아래와 같은 항목이 포함된다.

- '성장 마인드세트'라 부르는 캐롤 드웩Carol Dweck의 연구에 대한 믿음. 여기에는 자연스럽게 '당신은 더 나아질 수 있으며 당신이 제대로 할 준비가 되어 있다면 모든 것이 개선될 수 있다'는 믿음이 따른다. 캐롤의 말에 의하면 "당신을 영리하고 재능 있게 만드는 것은 노력"(『Mindset』[12], p. 16) 이며, 실패란 단지 다음번에 다른 방법을 시도해 볼 수 있도록 하는 보상이다. 이런 생각은 우리가 정해진 만큼의 재능을 가지고 태어났고, 실패란 재능이 부족하다는 표시라는 통념과는 정반대다.
- 당신을 둘러싼 세계로부터 얻는 피드백을 바탕으로 항상 적응하고 변화해 갈 필요성. 아툴 가완디Atul Gawande는 이것을 "자신의 행위에서 적합하지 못한 면을 깨닫고 그 해결책을 찾으려는"(『Better』[13], p. 257) 자발성이라고 언급하고 있다.
- 독단적이기보다는 실용적이려는 욕구. 여기에는 오늘 일을 잘 마무리하기 위해서라면 이론적인 순수함이나 앞날의 완벽함을 준비하는 일은

---

[12] (옮긴이) 번역서로 『성공의 심리학』 (2006, 부글북스)이 있다.
[13] (옮긴이) 번역서로 『닥터, 좋은 의사를 말하다』 (2008, 동녘사이언스)가 있다.

기꺼이 양보하는 태도가 따른다.
- 우리가 가진 지식을 쌓아두기만 하여 희소하게 만들기보다는 서로 나누는 편이 더 낫다는 신념. 이 신념은 흔히 자유 소프트웨어나 오픈소스 소프트웨어 공동체에 대한 참여로 이어진다.
- 결과적으로 자신이 틀렸다고 증명될지라도 기꺼이 실험해 보고자 하는 자세. 이 말은 우리가 일단 뭔가를 시도해 본다는 의미다. 우리는 흔히 실패하지만, 거기서 얻은 교훈을 다음 실험에 활용할 수 있다. 버지니아 포스트렐이 얘기하듯이, "모든 실험이나 아이디어가 다 훌륭하지는 않겠지만, 새로운 아이디어를 시험함으로써만 우리는 진짜 개선점을 발견할 수 있다. 개선의 여지란 언제나 존재한다. 모든 개선점은 더욱 개선될 수 있으며, 모든 새로운 아이디어는 훨씬 더 많은 새로운 조합을 가능하게 한다." (『Future Enemies』[14], p. 59).
- 심리학자들이 '내적 통제위치'[15] internal locus of control라고 부르는 것에 대한 헌신. 이것은 자신의 운명에 대해 누가 답을 주기를 기다리기보다는 스스로 운명을 지배하고 책임지고자 하는 태도를 갖게 한다.
- 그룹보다는 개인에 초점 맞추기. 우리는 지금 지도자와 따르는 이들이 있는 그런 운동 movement을 이야기하는 것이 아니다. 우리는 자신의 역량을 향상시키기 원하고, 자칭 '권위자'에 대한 맹종보다는 토론과 이의 제기와 의견 차이가 향상에 이르는 길이라는 사실을 알게 된 개인들의 모임이다. 우리는 우리 모두가 같은 여정을 걷고 있으며, 우리가 추

---

[14] (옮긴이) 번역서로 『미래와 그 적들』 (2000, 모색)이 있다.
[15] http://en.wikipedia.org/wiki/Locus_of_control

구하는 변화는 세상이 아니라 우리 안에 있음을 믿는다. 이 책에서 당신의 팀이 아닌 당신 개인의 역량을 향상시키는 방법에 초점을 맞추고 있는 것은 이런 이유 때문이다.

- 우리와 다름을 끌어안고 가겠다는 서약. 우리는 기업용 소프트웨어 개발, 컴퓨터 과학, 소프트웨어 공학을 배척하지 않는다(사실 애디의 현재 직함에는 '엔지니어'라는 단어가 들어 있다). 대신 우리는 유용한 체계라면 소프트웨어 개발 커뮤니티에서 나오는 모든 구성 요소들로부터 가장 좋은 아이디어를 식별하고 흡수해 나갈 수 있어야 한다고 생각한다.

- 우리는 프로세스 중심적이기보다는 역량 중심적이다. 우리에게는 높은 역량을 보유하는 것이 '올바른' 프로세스를 적용하는 것보다 더 중요하다. 이런 사고방식에 따르는 귀결이 있다. 가완디가 다음과 같이 물었다. "의술은 기예인가 아니면 산업인가? 의술이 기예라면, 산부인과 의사에게 여러 가지 장인적인 기술을 가르치도록 해야 할 것이다. (중략) 사람들은 새로운 기법을 얻기 위해서 연구를 하지만, 그렇다고 모든 사람이 항상 새로운 기법을 써서 성공시키는 것은 아니다." (『Better』, p. 192). 이는 어떠한 프로세스나 도구라도 모든 사람을 똑같이 성공적으로 만들 수는 없음을 시사한다. 우리 모두가 더 진보할 수는 있겠지만, 각자의 역량에는 항상 차이가 있을 것이다.

- 에티엔 웽거Etienne Wenger가 '상황 학습'[16]이라고 칭하는 것에 대한 강한 선호. 이것은 '지척에 있는 전문가Expert in Earshot'[17]와 같은 패턴을 가지

---

[16] http://c2.com/cgi/wiki?LegitimatePeripheralParticipation
[17] http://c2.com/cgi/wiki?ExpertInEarshot

고 소프트웨어 커뮤니티가 포착하고자 했던 개념이다. 상황 학습의 핵심은, 어떤 기술을 배우려면 그 기술을 사용해서 자기 목표를 이루려고 하는 사람들과 같은 방 안에 있는 것이 제일이라는 점이다.

이러한 가치 체계는 아래에 나오듯이 서로 다른 책임을 지니는 여러 역할을 낳게 된다.

견습생이 된다는 것

견습생이 되는 것이 어떤 의미인지는, 우리가 인터뷰했던 마튼 구스타프슨 Marten Gustafson이 다음과 같이 잘 얘기해 주고 있다.

"기본적으로 견습과정이란, 내가 지금 하고 있는 일을 항상 좀 더 좋고 세련되고 빠르게 해결하는 방법이 있을 거라고 생각하는 태도가 아닐까요. 견습과정은 당신이 발전해 가면서 더 나은 방법을 찾아 가는, 그리고 더 좋고 세련되고 빠른 방법을 배우도록 만드는 사람, 회사 혹은 상황을 찾는 상태이자 과정이라고 봅니다."

해답을 건네줄 누군가에게 의존하지 않으며 문제를 해결하는 건설적인 방법을 찾도록 하는 이런 내적인 추진력을 갖는다는 것은 실로 커다란 가치가 있을 것이다. 드웩이 자신의 책에 썼듯이, "그것은 손쉽게 성공해 올라가거나 실패하여 내려가는 데서 얻어지는 내부적인 수치는 아니다. (중략) 우리가 당신 참 지능이 높군요, 하고 얘기함으로써 갖게 하는 그런 무언가가 아니다. 그것은 우리가 사람들에게 스스로 해 나갈 수 있도록 채비시켜주는 그런 어떤 것이다. 그러기 위해서 우리는 세련된 겉모습보다 배움에 더 가치를 두고, 도전을 즐기고, 실수를 숙련에 이르는 수단으로 이용하도록 가르친다." (『Self-theories』[18], p. 4).

이상적인 상황이라면 동료 견습생들과 숙련공들, 그리고 마스터로 이루어진 작은 팀에 있는 편이 좋겠지만, 우리가 생각하기에 견습과정이 꼭 그래야 할 필요는 없어 보인다. 당신의 견습과정은 어쨌거나 당신이 통제할 테고, 결국 그 결과는 당신의 책임이 되기 때문이다. 견습과정의 방향이나 진도는 당신이 정하겠지만, 멘토가 있는지 여부와 멘토의 수준 역시 당신의 장인정신에 영속적인 영향을 미칠 것이다.

견습과정은 소프트웨어 장인으로서 걷게 되는 여정의 첫 시작이다. 이 기간 동안은 주로 내적인 면에 집중하여 당신의 장인정신을 성장시키는 데 주력하게 될 것이다. 동료들이나 더 경험 있는 개발자들이 배려해 주면 도움이 되기는 하겠지만, 당신이 어떻게 배워 나가고 있는지 알려면 무엇보다도 스스로를 키우는 법을 배워야 할 것이다. 이처럼 당신 자신과 성장의 필요성에 집중하는 것이 곧 견습생이 된다는 것의 요체다.

견습생은 계속 배우는 것 말고는 별다른 일이 없는 위치에서 시작해서, 나중에는 책임질 범위도 더 넓고 자기 자신 외의 일도 고려해야 하는 위치로 진급하게 된다. 하지만 우리에게는 이런 변화란 나중에 돌이켜 볼 때에야 비로소 알게 된다고 믿는 경향이 있다. 어느 시점에서는, 마스터나 숙련공 한 사람이 견습생에게 가서 이제부터 숙련공의 일과 역할을 맡으라고 얘기하기도 할 것이다. 이런 경우에 견습생은 그 전부터 조금씩 책임을 더 맡아서 일

---

[18] (옮긴이) 번역서로 『학습동기를 높여주는 공부원리』 (2008, 학지사)가 있다.

해 왔을 테고, '끓는 물속의 개구리'처럼 점진적이면서 뚜렷한 경계가 없는 그런 변화를 겪어왔던 셈이다. 어떤 이들에게 이러한 변화는 다른 사람들보다 시간이 더 걸리는 일일 수 있겠고, 또 어떤 경우에는 자신의 직업 경력 내내 변화의 시기를 맞이하지 못할 수도 있다.

숙련공이 된다는 것

당신이 장인정신에서 말하는 여러 단계를 거쳐 발전해 간다 해도, 지난 단계에서 지녔던 특성들은 그대로 계속 당신에게 남아 있다. 따라서 견습생들과 마찬가지로 숙련공과 마스터도 자기 분야에서 배우고 성장하기 위한 내적 집중은 계속 유지할 것이다. 숙련공에게는 거기에다 집중해야 할 사안이 하나 더 추가된다. 그것은 이 분야 전문가들을 잇는 연결, 팀 내부에서 그리고 팀 바깥쪽으로 오고 가는 커뮤니케이션 통로다. 전통적으로 숙련공은 여러 마스터들 사이를 옮겨 다녔고, 그러면서 다양한 팀들 사이로 아이디어를 퍼뜨렸다. 지금 소프트웨어 개발 분야의 현실에서는 대체로 한 팀에서 상당히 오래 머물기 쉽다. 그런 상황이라면 현재 소속된 팀 내의 관계를 개선해 가는 데 초점을 맞추어야 할 것이다. 이렇게 초점을 맞추는 일이 나중에는 당신 주위 사람들에 대해 멘토링하거나 업계의 다른 사람들과 소통하는 책임감으로 확장될 것이다.

숙련공이 되면 자신의 진전을 보여줄 더 큰 규모의 애플리케이션 포트폴리오를 작성하는 데 집중하게 된다. 숙련공은 포트폴리오를 다양화하고 심화시키려고 여러 프로젝트와 마스터들 사이로 옮겨 다닌다. 또한 공동체 내의 자기 위상을 높이고자 하며, 마스터가 될 준비를 갖추기 위해 애쓴다.

숙련공의 책무는 견습생의 경우보다 더욱 폭넓다. 이 사실만으로도 그의 실패는 더 많은 해를 끼칠 수 있다. 숙련공이라면 그를 멘토로 생각하고 있을 다른 이들에게 더욱 큰 책임이 있는데, 바로 그런 이유로 인하여 여기 실은 몇몇 패턴은 숙련공에게는 적합하지 않다.

마스터가 된다는 것

이 분야의 마스터라고 하면, 견습생이나 숙련공이 맡던 역할은 물론이고, 소프트웨어 개발 분야 전체를 발전시켜 나가기 위한 일에 초점을 맞추게 된다. "절정의 기술과 테크닉의 습득"(『The Creative Habit』[19], p. 167)은 단지 시작일 뿐이다. 마스터는 그런 기술을 다른 이들의 역량을 몇 배 향상시킬 수 있는 확대경으로 변화시켜야 한다. 이것은 소프트웨어 개발의 핵심을 꿰뚫는 새로운 도구의 발명일 수도 있고, 장차 자신과 동등하거나 자신을 뛰어넘을 만한 숙련공들을 훈련을 통해 양성하는 것일 수도 있다. 또는 우리가 아직 상상하지 못하는 그런 모습으로 나타날지도 모르겠다. 요약하자면, 마스터들은 우수한 기술을 습득하고 사용하고 공유하는 것을 소프트웨어 장인에게 가장 중요한 일로 여긴다.

여기에서 논의하는 견습공, 숙련공, 마스터의 정의는 어느 사전에서도 찾아보기 힘든, 다소 새로운 개념이다. 하지만 소프트웨어 장인정신에 대한 우리 비전에 담긴 이런 가치들이, 당신이 바라는 성공의 길로 가는 데 도움이 되리라고 믿는다. 당신이 그것을 기꺼이 받아들이든, 더 낫게 만들든, 배척하든, 아니면 전혀 다른 길을 택해서 가든 간에 말이다.

---

[19] (옮긴이) 번역서로 『천재들의 창조적 습관』(2006, 문예출판사)이 있다.

견습과정이란 무엇인가?

> 학습 상황이란 본질적으로, 자기가 무엇을 하고 있는지 정말로 알고 있는 누군가를 도우면서 배워 가는 상황이다.
>
> — 크리스토퍼 알렉산더 외, 『A Pattern Language』, p. 413

견습과정에 대해 1945년 판의 『Fifteen Craftsmen On Their Crafts』(p. 69)를 비롯한 여러 책에서 대중화한 다소 상투적인 묘사를 보자면, 대장간에서 얼굴에 온통 검댕을 묻힌 채 일하고 있는 십대 소년의 이미지일 것이다. 우락부락하며 경험 많은 장인인 대장장이는 소년의 도움을 받아서 자신의 일감을 벼려내고 있다. 소년은 가끔은 작업 과정에 적극적으로 참여하기도 하고 가끔은 가게를 청소하기도 하지만, 작업 중인 마스터를 지켜보는 주의 깊은 시선은 한결같다. 전형적으로 소년의 견습과정은 몇 년 정도 계속되고, 지식과 경험, 음식과 잠자리 외에 소년이 보수로 받는 것은 거의 없다시피 한다. 마침내 소년은 자기 일감을 스스로 구할 수 있을 정도의 기술을 습득하게 될 것이고, 때로는 다른 가게에서 좀 더 책임 있는 역할을 맡기 위해 첫 번째 마스터를 떠나기도 할 것이다. 소년은 견습기간이 끝나면 스스로의 기술로 잠자리와 음식과 연장을 얻어서 한 사람의 대장장이로 생계를 이어갈 것이다. 그러나 현대 세계에서는 숙달된 소프트웨어 개발자와 초보자가 이런 식의 견습과정을 밟아 가지는 않을 것이다. 그렇다면 우리가 이해하는 견습과정이란 무엇이며, 그것은 어떻게 이런 전형적인 양상을 뛰어넘는가?

명확히 하면, 우리는 이 책에서 소프트웨어 초보자를 위한 이상적인 견습과정을 제안하고 설명하려는 것이 아니다. 만약 팀의 리더나 프로젝트 관리자를 대상으로 책을 쓴다면, 그런 이상적인 견습과정에 대한 지침을 제공하는 일은 의미가 있을 것이다. 왜냐하면 그 사람들이야말로 실제로 그런 종류의 경험을 촉진시킬 수 있는 권력을 지니고 있기 때문이다. 하지만 이 책은 (더 나은) 일자리, 프로젝트 끝내기, 훌륭한 개발자 되기와 같은 목표를 달성하려면 무엇을 어떻게 배워가야 좋을지 알기 위해 애쓰며 전장에 나가 있는 사람들인, 소프트웨어 개발의 초심자들을 위한 것이다. 대부분 초심자들의 경험이란 것이 '이상적인' 견습과정과는 거리가 멀기 때문에, 현대적인 개념의 견습과정은 주로 사고방식을 다룬 것이라 할 수 있다. 당신이 비록 몇 해 동안 프로그래밍을 해왔다 할지라도 여전히 출발선에 있음을 깨닫는, 그리고 당신이 처한 상황에서 벗어나서 자신의 견습과정을 시작할 준비가 되었다는 사고방식 말이다.

대다수 초심자에게는 경험 있는 소프트웨어 장인들로부터 조언을 받으며 일하는 정식 견습과정을 거칠 기회가 없을 것이다. 현실에서는 많은 견습생들이 별로 이상적이지 못한 상황에서 자신의 견습과정을 가까스로 보내고 있다. 그런 이들은 거만하고 무능한 관리자, 의욕을 상실한 동료들, 불가능한 마감 시한, 초보 개발자들을 사역마使役馬 취급하며 PC 한 대와 버벅거리는 인터넷 회선이 전부인 조그만 외양간 같은 방에 처박아 두는 작업 환경과 맞닥뜨릴 수도 있다. 이 책에 나오는 모든 교훈들은 더 높은 단계로 올라서기 위해서 이런 종류의 상황을 (우리처럼) 극복해야 했던 이들의 경험에서 나온 것이다. 우리 업계가 다음과 같은 피트 맥브린의 충고에 귀 기울이게 될 때까지, 초보자들은 이 책처럼 스스로 배울 기회를 만드는 책들이 앞으로도 계속 필요할 것이다.

> 우리는 견습 개발자들을 양성하는 데 필요한 시간을 감수해야 한다. 왜냐하면 우리가 당면한 문제는 희소함이 아니라 풍부함에 있기 때문이다. (중략) 오늘날 개발자들은 필요 이상으로 많지만, 좋은 개발자는 부족하다.
>
> — 피트 맥브린Pete McBreen, 『Software Craftsmanship』, p. 93

견습과정은 전문적인 소프트웨어 개발자가 되는 법을 배우는 길이며, 이는 곧 당신이 찾을 수 있는 가장 숙련된 소프트웨어 개발자처럼 되는 법을 배우는 길이다. 그러려면 좋은 교사를 찾고 그 곁에서 일하면서 배울 수 있는 기회를 잡아야 한다. 이것이야말로 어딘가 다른 소프트웨어 전문가, 단순히 유능함을 넘어서고자 하는 프로페셔널이 되기 위한 여정의 첫 걸음이다.

견습과정 패턴이란 무엇인가?

'견습과정 패턴'은 경력을 발전시키기 위해 소프트웨어 장인 모델을 적용하고자 하는 이들에게 길잡이가 되고자 한다. 여기 제시되는 모든 패턴들은 우리 자신의 경험과 우리가 인터뷰했던 사람들의 경험에서 얻어졌다. 다른 훌륭한 패턴 모음과 마찬가지로 이 패턴들은 독창적이지 않다는 느낌을 줄 텐데, 그것은 당신 주변의 사람들이 이미 그런 패턴을 사용하고 있기 때문이다. 이 패턴들에 공통적인 다른 특징은 생성적generative이라는 점이다. 당신이 패턴을 적용하면 그때마다 다른 결과가 나올 것이고, 적합한 상황에서 사용되었다면 그 패턴이 당신을 둘러싼 업무 환경을 개선시킬 것이다. 이런 패턴들은 실행할 때마다 동일한 결과를 보장해 주는 알고리즘 같은 것이 아니다. 오히려 한 다발의 문제를 해결하면서 또 다른 새로운 문제를 발생시키는 도구들이라고 할 수 있겠다. 그러므로 이런 경우에는 패턴을 적용할 때 당신이 선호하는 종류의 문제들을 선택하게 만드는 것이 요령이다.

이 책은 '패턴 언어'의 틀로 구성되어 있다. 패턴 언어란 특정한 분야에서 흔히 발생하는 문제를 다루는 한 묶음의 서로 연관된 해법들을 일컫는 말이다. 패턴 언어의 기원은 크리스토퍼 알렉산더Christopher Alexander가 쓴 『A Pattern Language』라는 책인데, 거기서 그는 부엌, 집, 도시, 심지어는 사회 체계에 이르기까지 어떤 것이든지 설계할 때 참고할 수 있는 250여 개의 패턴들을 기술하였다. 1990년대에 워드 커닝엄과 켄트 벡이 이런 패턴 언어를 소프트웨어 업계로 도입하였는데, 그 결과로 디자인 패턴에 대한 수많은 글과 책이 쏟아져 나왔고, 컨퍼런스들이 개최되었다. 소프트웨어 디자인 패턴에 대한 책 중 가장 유명한 것은 'The Gang of Four'가 쓴 『Design Patterns』[20]이지만, 패턴 '언어'의 예로는 마틴 파울러의 『Refactoring』[21]이 더 나은 것 같다. 분명, 당신이 지금 읽고 있는 이 책은 소프트웨어 설계에 대한 책은 아니다. 이 책은 당신이 소프트웨어 개발 분야에서 어떻게 경력을 시작할지 설계하고 이 분야에서 탁월한 개발자가 될 수 있도록 자기 자신을 세우는 일에 관한 책이다.

패턴들은 어디서 비롯되었는가?

좋은 소프트웨어 프레임워크를 설계하는 원칙 중 하나는 실제로 작동 중인

---

[20] (옮긴이) 번역서로 『GoF의 디자인 패턴』(2002, 피어슨에듀케이션코리아)이 있다.
[21] (옮긴이) 번역서로 『리팩토링 - 나쁜 디자인의 코드를 좋은 디자인으로 바꾸는 방법』(2002, 대청)이 있다.

시스템에서 그 구조framework를 얻어내는 것이다. 이와 유사하게, 소프트웨어 디자인 패턴은, 비슷한 문제를 해결하는 데 동일한 해법을 적용한 수많은 실제 시스템에서 얻어낸다. 이 책은 원래 데이브의 견습과정 경험에서 비롯되었고, 애디의 경험에 비추어 검증되고 보충되었으며, 최종적으로 수년에서 수십 년에 이르는 다양한 경력을 지닌 서른 명 가량의 실무 경험자들에 의해 다시 검증되었다. 우리는 이 패턴들이 정말로 흔한 문제에 대한 공통적인 해결책인지 시험하고자 실무 경험자들을 인터뷰했고, 그러면서 우리가 아직 알아채지 못했을지도 모르는 다른 패턴도 찾아보았다. 그리고 우리가 견습과정에 대한 패턴이라 믿는 것들의 구조와 엄밀함을 집중적으로 개선하기 위해 워크숍에도 몇 군데 참석하였다(PLoP 2005, 애자일 애틀랜타 모임, 소트웍스사의 내부 회의 등). 마지막으로, 우리는 커뮤니티로부터 피드백을 얻고자 이 책의 많은 부분을 온라인상에 올려두었다.

여기서 이제 어디로 가는가?

당신은 이제 패턴을 하나씩 배워가기 시작할 것이다. 패턴을 선택하고 조합해서 자신이 처한 유일한 상황에 무한히 많은 방식으로 적용할 주체는 결국 자신임을 기억하기 바란다. 이 패턴들은 각기 특정한 상황에 처한 특정한 사람을 대상으로 쓰였음을 알아야 한다. 앞으로 다가올 몇 년 내에 어떤 패턴이 갑자기 당신과 밀접한 연관성을 갖게 될 수도 있고, 마찬가지로 그러다가 어느 날 갑자기 더 이상 적절하지 않다는 느낌이 들 수도 있을 것이다. 견습과정은 당신의 경력에서 다른 무엇보다도 자신의 성장에 초점을 맞추게 되는 시기다. 이 시기는 자신의 학습 기회를 최대화하기 위해 금전적인 욕망은 잠시 접어두어야 하는 때다. 그렇기 때문에 이 때는 어느 정도의 이기심은 납득된다. 그리고 언젠가 이 시기가 끝나면, 무엇이 중요한지 다시 정리할 필요가 있다. 공부할 것이 여전히 많기는 하겠지만 당신은 더 이상 견습생이 아니며, 당신의 우선순위는 이제 자신이 아닌 다른 이들을 향해야 할 것이다. 당신의 고객, 당신의 동료, 그리고 당신이 속한 커뮤니티에게로.

2

잔을 비우다

잔이 가득 차서 넘치고 있지 않습니까?
– 젊은 철학자

고명한 선사를 뵈려고 먼 곳에서 젊은 철학자가 찾아왔다. 스승들의 적극적인 추천이 반영된 추천장을 가지고 왔기에 선사는 방문을 허락하였다. 둘은 나무 아래에 앉아서 대화를 나누었고, 화제는 금세 선사가 그 젊은 철학자에게 어떤 가르침을 줄 수 있겠는가 하는 것으로 옮겨 갔다. 젊은이의 열정을 알아보고, 선사는 따스하게 웃으며 자신의 명상법에 대한 이야기를 시작했다. 하지만 이내 철학자가 말을 끊었다.

"예, 말씀하시는 것이 무엇인지 알겠습니다! 사원에서 저희들이 비슷한 방식을 썼거든요. 집중하는 데에 그림을 이용하기는 했지만 말입니다."

철학자가 명상에 대해 자신이 어떻게 교육받았고 어떤 수행을 했는지 모두 설명한 다음에야 선사는 다시 이야기를 계속했다. 이번에는 젊은이에게 어떻게 자연과 우주와 조화를 이루는지에 대해 이야기를 하려 했다. 하지만 두 문장도 끝내기 전에 다시 철학자가 말을 끊고 들어와서는 자신이 명상에 대해 어떤 가르침을 받았는지 등을 이야기하기 시작했다.

이번에도 선사는 그가 신이 나서 늘어놓는 설명이 끝나기를 인내심 있게 기다렸다. 철학자가 다시 잠잠해지자, 선사는 모든 상황에서 해학적인 면을 찾는 것에 대해 얘기를 꺼냈다. 젊은이는 때를 놓치지 않고 자기가 어떤 농담들을 즐겨 하며 이런 농담이 어떤 상황에 알맞을 거라 생각하는지 침을 튀기며 말했다.

철학자가 얘기를 마치자, 선사는 안으로 들어가서 차 한 잔 하지 않겠느냐고 권했다. 선사가 다도에도 이름이 높다고 들었던 철학자는 기꺼이 초대에 응했다. 선사가 베푸는 이런 기회는 항상 특별한 기회로 받아들여졌다. 안으로 들고 나서 선사는 차를 따르기 전까지는 흠 잡을 데 없는 예법으로 임

했다. 차를 따르는 도중, 철학자는 잔이 통상적인 경우보다 더 채워지고 있다는 것을 눈치 챘다. 선사는 계속 차를 따랐고 잔은 거의 가장자리까지 차오르고 있었다. 무슨 말을 해야 할지 모르게 된 젊은이는 경악에 찬 눈으로 선사를 바라보았다. 선사는 아무 일도 없다는 듯이 계속하여 차를 따랐고, 잔은 이내 넘쳐서 바닥은 물론이고 선사의 옷자락까지 적시기 시작했다. 눈앞에 벌어진 일을 믿지 못하겠다는 듯 철학자가 마침내 소리쳤다.

"그만 따르세요! 잔이 가득 차서 넘치고 있지 않습니까?"

그러자 선사는 찻주전자를 불 위에 다시 가만히 올려두고 예의 그 온화한 미소로 젊은 철학자를 바라보면서 말했다.

"그대가 이미 가득 차 있는 잔을 가지고 내게 온다면, 어찌 그대에게 마실 것을 드릴 수가 있겠소?"

이 이야기는 미셸 그랑몽Michel Grandmont의 'Tasting a New Cup of Tea'[1]를 각색한 것이다. 우리는 이 이야기를 성공적인 견습과정에 어떠한 마음가짐이 필요한지 설명하려고 여기에 실었다. 이미 많은 경험을 쌓았을수록, '잔을 비우기' 위해서는 더 많은 노력이 필요하다. 그럴수록 나쁜 습관을 떨쳐내는 일, 자기 역량에 대한 자부심을 접어 두는 일, 경험 많은 동료들의, 뭔가 다르지만 종종 직관에 반하는 듯 보이는 접근 방식에 대해 마음을 열어두기가 더 힘들게 느껴질 것이다.

이 장에서 설명할 패턴들은 견습과정을 올바른 걸음과 열린 마음으로 시

---

[1] http://www.ironmag.com/archive/ironmag/2000_mg_reality_of_learning.htm

작하도록 해줄 것이다. **흰 띠를 매는** 것은 당신이 어떤 전문적인 기술을 익혔든지 간에 초심으로 돌아감을 나타낸다. **열정을 드러냄**은 초보자가 흔히 맞닥뜨리는 좌절, 혼란, 의욕 상실과 같은 장애물을 뚫고 전진할 수 있게 해주며, 또한 **첫 번째 언어**를 과감하게 파고들 수 있도록 할 것이다. 특정한 분야에서 **구체적인 기술**을 익히는 일은 당신에게 그쪽 분야의 문을 열어 주어, 뒤에서 소개될 심화 패턴들을 탐색할 기회를 부여할 것이다. 그렇지만 편안함에 너무 **빠지지** 않도록 주의하기 바란다. 마지막으로 나오는 네 가지 패턴을 함께 잘 활용해서, 점점 더 광범위한 분야의 기술들을 체계적으로 습득할 수 있도록 해야 한다. 다음에 학습할 내용에 집중하기 위해서, 그 분야에 대한 당신의 **무지를 드러내라**. 그리고 **무지에 맞섬**으로써 지식을 습득해 나가는 모습을 당신 팀과 고객이 지켜보도록 하라. 마침내 당신에게는 큰 일을 맡을 기회가 주어질 텐데, 그 기회를 통해서 **깊은 쪽**으로 뛰어든다면, 수영을 할 수 있게 되거나 바닥으로 가라앉거나 둘 중 하나가 될 것이다. 왠지 두려운 생각이 들 수도 있겠지만, 당신이 경력을 쌓는 동안 이런 종류의 위험을 감수하는 데는 이보다 더 나은 시기가 없다. 만약 이 모든 것이 너무 압도적으로 다가온다면, **한발 물러서서** 당신이 얼마만큼 전진해 왔고 그 동안 어떤 역량을 개발했는지 돌아보는 일이 중요하다. 그런 다음에 다시 기운을 내어 다음 고지로 올라야 하니까 말이다.

첫 번째 언어

훌륭한 표기법은 두뇌로부터 모든 불필요한 일을 덜어줌으로써 좀 더 높은 수준의 문제에 자유롭게 집중할 수 있도록 해주며, 실제로 인류의 지적 능력을 고양시킨다. 어떤 업계든 그 속에서 쓰이는 기술적인 용어들은 사용법을 훈련 받은 사람들이 아니면 이해하기 힘든데, 이 용어들이 어렵기 때문에 그런 것은 아니다. 오히려 그런 용어들은 언제나 일을 더 쉽게 만들 목적으로 고안되어 왔다.
— 알프레드 노스 화이트헤드(Alfred North Whitehead), 『An Introduction to Mathematics』[2]

---

[2] (옮긴이) 번역서로 『화이트헤드의 수학이란 무엇인가』(2009, 궁리)가 있다.

상황

당신은 완전히 새내기이며 한두 가지 프로그래밍 언어를 대략만 아는 정도다.

문제

어떤 특정한 프로그래밍 언어를 써서 팀의 다른 동료들과 동일한 품질 수준으로 결과물을 낼 수 있느냐에 내 일자리가 달려 있는 것 같다. 또는, 첫 일자리를 얻을 수 있을지 여부가 특정한 프로그래밍 언어에 얼마나 능숙하느냐에 달려 있는 상황이다.

해결책

언어를 하나 선택하고, 그 언어에 능숙해져라. 이 언어가 앞으로 몇 년 동안 당신이 문제를 해결할 때 쓸 주력 언어이며 실제로 쓰면서 연마하는 기본 기술이 될 것이다. 이 선택이 쉽지만은 않으며 여러 가지를 주의 깊게 고려해야 한다. 이제 이 언어를 기초로 삼아 당신의 초반 경력이 쌓일 것이기 때문이다.

문제가 주어지고 프로그래밍 언어를 선택할 여지는 없는 경우라면, 그 상황에 당신의 학습 방향을 맞추는 것이 좋다. 또 특정한 언어를 꼭 사용해야 하는 일자리를 찾는 중이라면, 그 언어로 장난감 같은 프로그램이라도 만들어보라. 이런 프로그램을 만들 때는 장차 고용주가 될 사람에게 당신의 작업 결과물을 쉽게 보여 줄 수 있다는 점에서 오픈소스 프로젝트가 적절할 것이다. 어떻게 하든지, 일단 당신이 알고 지내는 가장 경험 많은 프로그래머에게 도움을 청하라. 즉시 도와줄 수 있는 누군가가 있다는 사실은 문제 해결에 몇 분이 걸리느냐 며칠이 걸리느냐의 차이를 가져올 수 있다. 그렇더라도 그 사람에게 당신의 문제를 전부 해결해 달라는 듯이 의지해서는 안 된다는 것을 유념해야 한다.

첫 번째 언어를 배우는 과정을 더욱 향상시킬 수 있는 방법 하나는, 실제 문제에 그 언어를 적용하는 것이다. 이렇게 해서 당신의 학습은 현실에 기초하게 되고 당신에게 비교적 큰 첫 번째 피드백 루프를 제공하게 된다. 책 같은 데 수록된, 규모가 작고 미리 잘 고안해둔 그런 예제만 가지고 공부하는 것은 어차피 한계가 있다. 게다가 실무에서 언젠가 마주치게 될 문제에 당신이 배운 것을 적용할 때 얻는 이점을 잃어버리게 된다. 이런 과정을 개선하는 기본적인 방법은 피드백 루프를 만드는 것이다. 특히 길이가 짧은 피드백 루프를 만들면 자신의 진척 상황을 측정할 수 있다. 어떤 언어에는 다른 언어에 비해 더 나은 피드백 도구가 있기도 하지만, 언어에 상관없이 이것저것 실험해볼 수 있는 학습 용도의 샌드박스sandbox를 세팅해 두고 활용하는 방법도 괜찮다.

루비Ruby에는 irb라는 명령줄 도구가 있으며 레일스Rails에는 script/console이 있다. 유사하게 얼랭Erlang에는 erb가 있고, 파이어버그Firebug는 파이어폭스Firefox 웹 브라우저에서 대화식 셸을 비롯하여 자바스크립트를 실험해 볼 수 있는 여러 가지 방법을 제공한다. 다른 많은 언어들에도 비슷한 도구가 있다.

가끔은 이런 도구로 충분치 않아서 더 큰 샌드박스가 필요할 때도 있을 것이다. 데이브는 익숙하지 않은 API나 언어의 기능을 가지고 놀아볼 필요가 있을 때, IDE에다 빈 자바 클래스를 하나 열어 놓기를 좋아한다.

```
public class Main {
    public static void main(String[] args) throws Exception {
        System.out.println(/*갖고 놀 거리를 여기에 두자*/);
    }
}
```

일단 코드 작성을 시작할 수 있을 정도로 배우게 되면, 테스트 주도 개발 방식을 써서 한 걸음씩 나아가며 당신의 가정을 검증하는 데 집중할 수 있다. 최근에는 테스트 주도 개발이 상당히 대중화되어 테스트에 필요한 프레임워크를 갖추지 않은 언어를 찾아보기가 어려울 정도다. 언어를 얼마나 이해하고 있는지 점검해 보거나 그냥 테스트 프레임워크에 익숙해질 목적으로라도 간단한 테스트 프로그램을 한번 만들어 보라.

우선은 아주 조금씩 전진하는 것으로 시작하라. 차차 배워 나가면서 보폭을 넓힐 수 있을 것이다. 예를 들면 루비 언어에는 리스트 내의 모든 요소에 어떤 동작을 적용하고 그 결과를 새로운 리스트로 받아오는 기능이 있다. 이럴 때 아래와 같은 코드를 작성해 보면 그 기능을 잘 이해했는지 명확하게 알 수 있을 것이다.

```
require "test/unit"

class LearningTest < Test::Unit::TestCase
    def test_my_understanding_of_blocks_and_procs
        original = [1, 2, 3]
        expected = [2, 3, 4]
        p = Proc.new { |n| n + 1 }
        assert_equal expected, original.map(&p)
    end
end
```

이런 식으로 테스트 코드를 만들면서 배워 가는 방식은, 단지 언어를 배울 때뿐만 아니라 다른 사람들이 만든 라이브러리가 어떻게 동작하는지 알아보는 데도 활용할 수 있다. 시간이 지남에 따라 이런 벤더 테스트vendor test 코드는(애디가 런던 테스트 자동화 컨퍼런스London Test Automation Conference의 라이트닝 토크lightning talk에서 얘기했듯이[3]) 라이브러리를 최신 버전으로 업그레이드 했을 때 시스템에 문제를 발생시키는지 검사하는 용도로도 쓸 수 있다. 테스트 코드의 기능이라 해봐야 라이브러리에 있는 기능이 전부이므로, 시스템에 이상이 발생했다면 새로 적용된 그 라이브러리가 문제의 원인임이 드러날 것이다. 구성 요소별로 잘 분리된 시스템에서라면, 이런 테스트는 동일한 라이브러리 기능을 여러 가지로 다르게 구현했을 때 그 기능들이 각각 올바르게 동작하는지 검증하는 데에도 활용할 수 있을 것이다.

처음에는 언어 구조나 API를 잘 이해하고 있는지 스스로 검사할 용도로 학습용 테스트 코드를 작성하겠지만, 나중에는 실제 코드를 검사하는 테스트 코드를 작성하게 될 것이다. 시간이 지나면서 당신은 자기 작업을 검사할 목적의 간단한 단위 테스트뿐 아니라 팀의 다른 멤버들과 의사소통하기 위해 컴퓨터를 활용하는 많은 기법들이 있음을 알게 될 것이다.

다음은 새로운 언어를 배우면서 어떻게 '다르게 생각하는 법'을 배우는지 토론하는 대화인데, 랄프 존슨Ralph Johnson(『Design Patterns』의 공저자)의 충고는 첫 번째 언어에도 마찬가지로 적용된다.

> 질문 : 누군가가 다르게 생각하는 법을 배우고 싶어 한다면, 당신은 어떤 언어를 추천하시겠어요? 루비? 파이썬Python? 스몰토크Smalltalk?

---

[3] Ade Oshineye, 'Testing Heresies', http://www.youtube.com/watch?v=47nuBTRB51c#t=23m34s

대답 : 저는 스몰토크를 선호합니다. 하지만 제가 뭘 좋아하는지는 중요하지 않지요. 당신이 언어를 선택할 때는 당신 주변에 누가 있는지를 보고 골라야 합니다. 주변에 어떤 언어의 팬이라고 할 만한 사람을 알고 있나요? 그 사람과 정기적으로 얘기를 나눌 수가 있습니까? 더 낫게는, 그 사람과 같이 프로젝트를 진행할 수 있나요?

어떤 언어를 배우는 최상의 방법은, 그 언어에 정통한 사람과 함께 일을 하는 겁니다. 자신이 알고 지내는 사람들이 누구냐에 기초해서 언어를 고르세요. 단지 한 사람의 전문가, 당신에게는 그 사람이 필요합니다. 가장 좋은 경우는 그 언어를 사용해서 전문가와 함께 정기적으로 프로젝트를 진행하는 겁니다. 비록 그게 매주 화요일 밤에만 가능하다 할지라도 말이죠. 당신이 그 프로젝트에서 혼자 작업을 진행하더라도 주 2회 정도 점심 때 코드 샘플을 그에게 갖고 가서 보여줄 수 있으면, 그것도 꽤 괜찮다고 할 수 있습니다.

언어를 혼자서 배울 수는 있겠지만, 전문가들과 교류하지 않으면 그 언어의 진수를 깨우치는 데 오랜 시간이 걸리게 됩니다.

— 언어를 배우는 것에 대한 랄프 존슨의 이야기[4]

랄프의 충고는 **멘토를 찾아라** 패턴, 그리고 멘토가 당신의 학습에 미칠 수 있는 영향과 직접 연관되어 있다. 이처럼 첫 번째 언어를 선택할 때는 가까운 전문가에게서 피드백을 얻을 수 있는지를 주요한 판단 기준으로 삼아야 한다. 한 가지 더 언급해야 할 것은 어떤 언어를 선택함으로써 당신은 각종 관용적인 표현, 친목 단체, 그 나름의 의사소통 메커니즘이 존재하는 가

---

[4] http://groups.yahoo.com/group/domaindrivendesign/message/2145

상적인 커뮤니티에 가입하게 되는 셈이라는 것이다. 그러므로 언어를 배우는 데 그치지 말고 **마음 맞는 사람들**의 첫 공동체에 참여할 수 있도록 그런 네트워크를 십분 활용해야 한다. 처음에는 그 공동체의 방식, 경계선, 편견, 신념 같은 것이 당신이 가진 전부일 것이다. 언어를 배우기로 했다면 그 언어에 열성적인 사람들이 모이는 지역 모임이나 인터넷 포럼을 방문해서 참여할 만한 곳인지 가늠해 보아라.

코드를 공유하는 커뮤니티에 소속됐을 때의 장점은 뻔해 보이는 문법적 구조를 넘어서 좀 더 관용적인 방식으로 표현하는 법을 배운다는 것이다. 하지만 이런 배움은 시작일 뿐이다. 모든 언어에는 다른 사람의 코드를 읽는 것만으로는 포착하기 어려운, 그 언어 나름의 미묘한 점들이 있기 때문이다.

예를 들자면 XSLT[5]에는 민츠 기법Muenchian method[6]이 있고, 펄에는 슈바르츠 변환Schwartzian Transform[7], C 언어에는 더프 디바이스Duff's Device[8]가 있는 식이다. 이런 모든 기법을 코드만 보고 배울 수야 있겠지만, 그게 왜 중요하고 어떨 때 쓰이는지 제대로 알려면 공동체 내에 축적된 경험이 필요하다. 어떤 때는 이런 내용이 입에서 입으로 전해질 뿐이어서, 해당 지식을 얻으려면 특정 인물과 이야기하는 수밖에 없는 경우도 있다. 때로는 이런 지식이 메일

---

[5] (옮긴이) XSL(Extensible Stylesheet Language) Transformations의 약자. XML 문서를 다른 XML 문서(흔히 HTML 문서)로 변환할 때 쓰는 XML 기반의 언어다.

[6] (옮긴이) XSLT 1.0 환경에서 요소를 key 값에 따라 그루핑하는 기법. http://durl.kr/22w8o 참고.

[7] (옮긴이) 펄 언어에서 정렬할 때 두 요소를 비교하는 함수 호출의 수를 줄이는 방법. http://durl.kr/22w95 참고.

[8] (옮긴이) 루프 실행의 성능 향상을 위해 어셈블리 프로그래밍에서 종종 쓰이는 루프 언와인딩 기법을, C 언어에서 switch문의 case fall-through로 구현한 방식. http://durl.kr/22w9o 참고.

링 리스트의 아카이브나 온라인 문서로만 존재하기도 해서, 앞뒤 문맥을 몰라 왜 중요한지 알기 어려울 때도 있다. 이런 상황에서 언어를 새로 배우고자 하는 사람들은 그런 지식의 저장소에 다가가기 위해서 몇 년 정도 커뮤니티에 열중할 필요가 있다. 그렇지만 요즘에는 이런 미묘한 부분들을 책에서도 다루는 경우가 흔히 있는데, 예를 들면 『Effective Perl Programming』『Effective Java』[9] 『Effective C++』[10] 등이 있겠다. 기본적인 구문을 통달하고 나서 가급적 빨리 이런 책들을 읽는다면, 학습 속도도 빨라지고 흔한 실수를 피하는 데도 도움이 될 것이다.

당신이 첫 번째 언어를 더 깊이 파고드는 데에는 이 모든 것들이 도움이 된다. 앞으로 몇 년 동안은 이 첫 번째 언어가 다른 언어를 배우는 기준점이 될 것이다. 첫 번째 언어에 대해 더 잘 알수록 그 다음 언어를 배우는 일이 수월해진다. 첫 언어는 일상적인 업무에서 주로 사용하겠지만, 주기적으로 시간을 내서 일반적인 범위를 벗어나도록 사용해 보아라. 관습에 구애됨 없이 자유롭게 이런 저런 방식으로 사용하다 보면, 여러 언어의 강점과 약점을 파악하는 데 도움이 될 것이다.

프로그래밍 언어가 어떻게 당신의 문제 해결 역량에 지대한 영향을 미치는지는, 에릭 메리트Eric Merritt가 'The Shape of Your Mind' 라는 블로그 글에서 심도 있게 언급하고 있다.

프로그래밍 언어는 여러 가지 면에서 파라카스Paracas[11] 사람들이 유아의 머

---

[9] (옮긴이) 번역서로 『Effective Java (이펙티브 자바)』(2009, 대웅출판사)가 있다.
[10] (옮긴이) 번역서로 『Effective C++ (이펙티브 C++)』(2006, 피어슨에듀케이션코리아)가 있다.

리 모양을 잡을 때 썼던 도구, 또는 중국 한족 여인의 전족纏足이나 카렌Karen Paduang족[12] 여인의 긴 목을 만들 때 쓰이던 도구들과 상당히 유사하다. 프로그래밍 언어의 경우는 두개골 모양보다는 우리가 문제를 생각하는 방식이나 아이디어를 구체화하는 방식, 그리고 이런 아이디어를 특정한 문제에 적용하는 방식을 형성한다. 예를 들어 당신이 오로지 포트란 77이나 그 이전 버전만으로 코드를 작성했다면, 아마도 당신은 재귀 용법recursion이라는 것이 있다는 사실조차 알지 못할 것이다. 또 해스켈Haskell로만 코딩을 했다면 아마도 명령문 형태의 루프에 대해서는 별로 아는 바가 없을 것이다.

— 에릭 메리트, 'The Shape of Your Mind'[13]

첫 번째 언어를 깊이 파고 들 때 생길 수 있는 한 가지 위험은, 거기에 그대로 붙잡혀 버리는 것이다. 첫 번째 언어는 아마도 당신 경력 전체에서 모국어처럼 남을 것이다. 하지만 그 언어에 너무 익숙해져서 다른 언어를 배우지 못하게 되는 일은 없도록 해야 한다. 소프트웨어 개발에서 치우침 없는 이력을 쌓으려면 다양한 언어를 접하는 편이 좋다. 모든 언어들은 각기 다른 패러다임으로 문제를 해결할 기회를 제공한다. 당신이 첫 번째 언어를 넘어서서 나아갈 때는, 이미 알던 언어와는 급진적일 정도로 상이한 접근 방식을 취하는 언어를 배울 기회를 찾아보라. 객체 지향 언어에 익숙한 사람이라면

---

[11] (옮긴이) 페루의 남부 해안 지역에서 대략 기원전 600년부터 기원후 150년경까지 발달했던 문명. 계층 구분 등을 목적으로 어릴 때부터 머리에 작은 판을 대서 두개골의 모양을 인위적으로 변형시키는 풍습이 있었다. http://en.wikipedia.org/wiki/Paracas_culture 참고.

[12] (옮긴이) 미얀마에 거주하는 소수 민족으로, 여성들의 목에 금속으로 된 고리를 여러 개 두르는 전통이 있다. http://en.wikipedia.org/wiki/Kayan_(Burma) 참고.

[13] http://erlangish.blogspot.com/2007/05/shape-of-your-mind.html

함수형 프로그래밍 언어를 탐구해 보고, 서버 프로그래밍을 주로 했던 경우라면 UI 설계 분야를 들여다보는 것도 좋을 것이다. 그러면서 당신은 자신이 선호하는 언어와 문제 해결 방식을 점점 명확히 잡아 갈 수 있을 것이다. 하지만 한 가지로 모든 문제를 다 해결할 수 있다는 식의 독단적이고 종교적인 분위기의 하위 문화는 멀리해야 한다. 이렇게 언어의 범위를 넓히는 것은 마스터에게 요구되는 다양한 전문성으로 가는 첫 걸음이다.

> 특정한 기술 분야에 집착하지 말고, 개별 상황에 알맞은 해법을 고를 수 있도록 광범위한 배경 지식과 경험을 충분히 쌓아두어야 한다.
> — 데이브 토머스Dave Thomas와 앤디 헌트Andy Hunt,
> 『The Pragmatic Programmer』[14], p. xviii

실천 방안

자신이 선택한 언어의 명세를 찾아서 읽어 보라. 어떤 언어는 잘 정리되어 있어서 이미 출판된 책을 한 권 고르는 정도의 일이 될 수 있고, 또 어떤 경우에는 문법만 알려진 상태일 수도 있다. 때로는 그 언어가 구현된 모습 외에는 이렇다 할 명세가 존재하지 않을 수도 있다. 만약 이런 경우라면, 언어 명세를 작성하는 일에 한번 도전해 보라.

　자신이 쓰는 언어의 표준 라이브러리가 오픈소스 형태라면, **소스를 이용하라** 패턴에 설명된 기법을 써서 그 소스를 통독해 보라. 소스가 별로 훌륭해 보이지 않아서 다소간 실망할 수도 있겠지만, 그 코드를 작성한 사람들

---

[14] (옮긴이) 번역서로 『실용주의 프로그래머』(2005, 인사이트)가 있다.

은 도움 받을 커뮤니티 같은 것도 없이 모든 것을 새로 만들어 내야 하는 처지였음을 잊지 말아야 한다. 소스를 보다가 버그를 발견했다면, 수정 패치를 만들어서 제작자에게 보내 보라.

언어에 대한 지식을 쌓을 수 있는 또 다른 방법은, 같이 일하는 사람들에게 첫 번째 언어를 어떻게 선택했는지 묻는 것이다. 그리고 그 사람들이 선택 기준으로 삼았던 것들을 당신이 첫 언어를 선택하면서 적용했던 조건에 추가해 두어라. 이렇게 하면 다음 언어를 선택할 때 도움이 될 것이다.

마지막으로 앞서 언급됐던 민츠 기법, 슈바르츠 변환, 더프 디바이스 같은 관용적인 기법에 대해서 좀 더 알아보아도 좋을 것이다. 그 기법들의 명칭은 실제로 일어나는 문제를 해결해야 했던 프로그래머들의 이름을 딴 것이다. 이런 기법들이 원래 해결하려고 했던 문제가 어떤 것이었는지 한번 따라가 보고, 당신이라면 같은 문제에 맞닥뜨렸을 때 자신의 주력 언어를 써서 어떤 식으로 해결하려 했을지 자문해 보라.

관련 항목

부숴도 괜찮은 장난감(194쪽), 더 깊이 파고들어라(242쪽), 멘토를 찾아라(158쪽), 긴 여정(112쪽), 소스를 활용하라(200쪽)

흰 띠를 매라

대개 발걸음 하나하나마다 새로 시작한다는 느낌이 들어야 한다.
이것이 초심이며, '되고 있음'의 상태다.
– 순류 스즈키(Shunryu Suzuki), 『Zen Mind, Beginner's Mind』[15]

상황

당신은 첫 번째 언어를 심도 있게 이해하게 되었고 어느 정도의 수준에 오른 것 같아 다소 느긋해졌다. 동료들은 당신의 능력을 인정하고 있으며, 당신의 전문 분야쪽 문제가 생기면 도와달라고 요청하는 정도가 되었다. 당신은 자기 역량에 대해 자부심을 가지고 있다.

문제

새로운 것을 배우려고 애를 써 보지만, 이전에 비해서 새 기술을 익히는 일이 왠지 더 힘들어진 것 같다. 최선을 다해 노력해 보아도 자기 학습의 속도는 점점 더뎌지는 듯하다. 당신은 자기 개발이 교착 상태에 빠진 것이 아닌가 두려워진다.

해결책

새로운 상황에 들어설 때는, 학습을 통해 얻은 자신감은 그대로 두면서 이

---

[15] (옮긴이) 번역서로 『스즈키 선사의 선심초심』(2007, 물병자리)이 있다.

전에 얻은 지식은 한편으로 밀어두어라. 〈스타워즈〉 시리즈 중 '제국의 역습'에서 요다Yoda가 현명하게 지적했듯이, "배웠던 것은 잊어버려야 한다."

흰 띠를 맨다는 것은, 검은 띠라면 방법을 알지만 흰 띠는 배우는 것 말고는 다른 선택이 없다는 깨달음에 근거를 둔 행위다.

데이브가 가족 심리 치료사로 일할 때 사용하던 접근법 중에는 '알지 못함'의 태도를 취하는 것이 있었다. 어려운 상황에 빠진 가정들은 데이브가 그동안 받은 교육으로도 완전히 파악하기 힘든 저마다의 독특한 현실에 직면해 있었다. 비록 건설적인 질문과 대화를 촉진하는 기술을 익히고 있었지만, 데이브는 그런 가정들이 당면한 현실에 대해 자기가 무언가 전문적인 지식을 갖고 있다고 생각하지 않도록 배웠다. 직관에 반하는 듯이 보일지 모르지만, 이런 태도는 현실에서 그로 하여금 존중과 호기심 어린 태도를 갖게 하여 뜻하지 않은 가능성과 해결책에 열려 있도록 해 주었다. 어떤 특정한 해법을 가족들에게 강요하기보다는 '알지 못하는' 태도를 취하는 것이 그 사람들과 한 팀이 되어 해결책을 찾는 데 더 도움이 되었다.

새로운 기술 분야를 배울 때 이런 접근법을 취하면 학습 과정이 엄청나게 가속화 된다. 습관적인 프로그래밍 방식을 잠시 보류하도록 자신을 훈련시키면 새로운 가능성이 발견된다. 하지만 높은 수준의 전문 역량을 성취하여 마침내 자부심을 느끼는 한 사람의 프로그래머로서, 알지 못하는 영역으로 발을 들여놓고 스스로 어리석게 보여야 한다는 것은 고통스러운 일이 될 수 있다. 그러나 조지 레너드George Leonard가 『Mastery』[16]의 마지막 페이지에서

---

[16] (옮긴이) 번역서로 『달인-천 가지 성공에 이르는 단 하나의 길』 (2009, 여름언덕)이 있다.

하는 이야기를 들어 보자.

어리석게 여겨짐을 두려워하여 새로운 일을 시도해 보지 못했던 적이 얼마나 많았던가? 유치하다고 여겨질까봐 내 자발성을 자체 검열한 적은 또 얼마나 많았던가? … 심리학자 에이브러햄 매슬로Abraham Maslow는 이례적으로 높은 잠재력을 지닌 사람들에게 어린아이와 같은 면이 있음을 발견했다. 애쉴리 몬태규Ashleigh Montagu는 모차르트나 아인슈타인 같은 천재들을 설명하는 데 neonate(신생아)로부터 만든 neotany라는 단어를 사용했다. 우리가 친구들이나 우리 자신의 유치함에 대해 바보 같다고 못마땅해 하지만, 세계적으로 유명한 천재들이었다면 그냥 좀 별스럽네, 하며 미소 짓는 정도로 넘어갈 것이다. 그렇게 바보 같을 수 있는 자유가 바로 그 천재들의 성공에 핵심적인 요인 중 하나일거라고는 전혀 생각하지 못하고 말이다.

다음을 보자. 업계 10년차 베테랑이 열린 마음으로 새로운 것을 배우는 사례다.

나는 10년 동안 꽤 성공적으로 프로페셔널한 소프트웨어를 만들어 왔고 TDD도 수년 간 해왔습니다. 그러다가 『Working Effectively with Legacy Code』라는 불운한 이름이 붙은 마이클 페더스Michael Feathers의 책을 발견했습니다. 이 책은 나의 코드 작성 방식에 즉각적이고도 깊은 영향을 끼쳤고, 나는 내가 일하는 작은 회사의 모든 개발자에게 그 책을 한 권씩 사 주면서 읽으라고 했습니다. 그 이후 내가 작성한 코드는 점차로 테스트가 잘 되고 느슨하게 결합되며 더 융통성 있는 시스템으로 발전해 갔고, 그 코드를 가지고 일하기도 더욱 재미있어졌습니다.

— 스티브 스미스Steve Smith가 보내 온 이메일에서

스티브가 배운 것처럼, 새로운 지식을 받아들이려면 우리는 우선 과거의 경험과 선입견을 한 켠으로 밀어 둘 수 있어야 한다. 두 번째 프로그래밍 언어를 배울 때 이렇게 하기가 특히 어려운데, 당신에게는 기술을 향상시키기 위해 생산성을 희생하는 일이 처음일 것이기 때문이다. 그 전에는 문제에 접근할 때 '빈 잔'과 같았을 것이고, 문제를 해결할 '올바른 방법'에 대해 그다지 뭔가를 예상하고 있지도 않았을 것이다. 이제 새로운 지식이 충분히 흡수될 때까지는 새 지식과 옛 지식이 섞이는 것을 피해야 하며, 이 새로운 지식에 초보자의 마음가짐으로 접근해야 한다. 이것은 새로운 접근법에 통달한 다음 도약하기 위해서 당분간은 생산성이 다소 저하되는 것을 감수해야 한다는 의미다.

> 위로 오르기 위해서는 당신이 이미 잘 하는 것을 내려놓아야 한다. 그리고 골짜기로 미끄러져 내리기도 하면서 단단히 디디고 선 곳을 떠나야 한다. 만약에 이미 잘 하는 것을 내려놓지 않는다면, 꾸준히 진전할지는 몰라도 고지에는 결코 오를 수 없을 것이다.
>
> — 제리 와인버그Jerry Weinberg, 『Becoming a Technical Leader』, p. 42

새로운 언어나 도구, 비즈니스 분야를 배우면서 이와 같은 마음가짐을 가질 때 얻는 이점 중 하나는, 관용적인 표현을 배우는 데 열려 있으면 기존 커뮤니티와 소통하기가 수월해진다는 것이다. '어떤 언어를 가지고도 포트란처럼 코딩하기'와 같은 오래된 문제들을 피해감으로써 당신은 새로운 지식에 대해 더 깊이 이해할 수 있게 된다. 따라서 나중에 새로운 지식과 오래된 지식을 잘 융화시켰을 때, 양쪽 분야 모두로부터 생산적인 통찰력을 이끌어

낼 수 있을 것이다.

아래의 자바 코드를 예로 들어 보자. 이 코드는 복권 발행을 위해 1부터 49 사이의 숫자 중 중복되지 않는 여섯 개를 임의로 골라서 출력한다.

```java
public class Lottery {
    private static final int NUMBER_OF_RANDOM_NUMBERS = 6;
    private static final int MAX_RANDOM_NUMBER = 49;

    public static void main(String[] args) {
        SortedSet randomNumbers = new TreeSet();
        Random random = new Random();
        while (randomNumbers.size() < NUMBER_OF_RANDOM_NUMBERS) {
            Integer randomNumber = new Integer(random.
            nextInt(MAX_RANDOM_NUMBER) + 1);
            randomNumbers.add(randomNumber);
        }
        System.out.println(randomNumbers);
    }
}
```

만약 당신이 이오(Io) 같이 조금 다른 언어(이오는 주류 프로그래머들이 접근하기에 그다지 무리가 없으면서도 매우 미니멀한 구문을 갖도록 설계된 언어다)로 이것을 다시 구현해야 한다면, 자바에 대한 지식을 상당 부분 재활용하여 아래와 같은 코드를 작성할 수 있을 것이다.

```
list := List clone

while (list size < 6,
    n := Random value(1 50) floor
    list appendIfAbsent( n )
)
list sort print
```

하지만 이 코드를 J[17]와 같이 근본적인 차이가 있는 언어로 구현해야 할 때는 위와 같은 방법이 통하지 않음을 알게 될 것이다. 오로지 **흰 띠를 매야**만 — 즉, 이 경우에는 루프를 제공하지 않는 언어에도 완전히 다르지만 여전히 유효한 해결법이 있다는 것을 받아들임으로써만 — 일은 해결될 것이다. J에서 답은 아래와 같다.

```
sort 1 + (6 ? 49)
```

연습할 때나 토이 프로그램을 만들 때, 그리고 지금 하고 있는 일을 의식적으로 돌이켜볼 때 도움이 되는 패턴들을 나중에 소개할 것이다. 이런 패턴들은 당신이 가진 서로 다른 지식들 간의 공통점을 더 깊이 인식하도록 하며, 생산성을 떨어뜨려서는 안 된다는 부담 없이 자신의 기술을 연마할 수 있는 상황을 만들게 해줄 것이다.

실천 방안

배운 것을 잊어버릴 수 있는 기회를 찾아보라. 이전의 경험을 일시적으로 잊어야 하는 상황이라면 이상적일 것이다.

예를 들면, 특정 프로그래밍 패러다임(명령적(imperative), 객체 지향적, 함수형, 배열/벡터 지향적 등)으로 작성했던 프로그램을 하나 골라서 다른 패러다임에 속한 언어로 다시 구현해 보라. 새로 구현한 코드는 당연히 새 언어의 관용적 표현법을 따라야 한다. 만약 당신이 아는 언어가 모두 한 패러다임(예를 들어 객체 지향)에 속한다면, 이것은 새로운 패러다임을 배울 좋은 기회가 될 것이다.

---

[17] (옮긴이) 1950년대에 발명된 수학용 프로그래밍 언어인 APL에 함수 레벨(function-level) 언어인 FP, FL을 접목해서 만든 언어로, 행렬 계산 같은 수학 분야에 주로 쓰인다.

이 패턴은 프로그래밍 언어에 한정되지는 않지만, 잘 모르는 분야이므로 쉽게 오해가 발생할 수 있는 부분이기도 하다. 그러므로 우선 당신에게 익숙하지 않은 프로그래밍 언어나 기술을 쓰는 사람을 찾아보라. 그리고 당신과 같은 배경을 가진 사람들이 그쪽 분야의 커뮤니티에 대해 흔히 갖는 오해에는 어떤 것들이 있는지 설명해 달라고 부탁하라.

관련 항목

부숴도 괜찮은 장난감(194쪽), 연습, 연습, 또 연습(189쪽), 일하면서 성찰하라(207쪽)

열정을 드러내라

장인들은 소프트웨어 개발이라는 기예를 기꺼이 배우고자 하는 열성적인 견습생만 채용한다.
(중략)
견습생들은 소프트웨어 장인정신 개념에서 필수적인 부분이다. 그들은 일에 대한 의욕과 배움에 대한 추진력을 가지고 와서는 다른 모든 이들에게 퍼뜨리기 때문이다.

— 피트 맥브린, 『Software Craftsmanship』

상황

당신은 소프트웨어 개발이라는 기예에 대해 만족할 줄 모르는 열정과 호기심을 지녔다.

문제

당신이 동료들에 비해서 얼마나 더 큰 열정을 지녔는지 의식하면서, 스스로 열정을 숨기고 지내게 되었다.

해결책

미숙함에도 불구하고(그리고 미숙하기 때문에!) 당신은 '전염되는 의욕' 같은 독특한 속성을 팀으로 가지고 온다. 기예를 향한 당신의 열정을 어느 누구도 꺾지 못하게 하라. 그것은 소중한 것이며 당신의 학습을 촉진시킬 것이다.

   소프트웨어 개발자로서, 당신은 불가피하게 팀의 일부로 일해야 한다. 조직이란 그 구성이 어떠하든 간에 평균 수준으로 회귀하려는 경향이 있는데, 특히 새내기들이 그러기 쉽다. 대부분의 팀은 테크놀로지에 대해 엄청나게 열정적이거나 의욕적이지는 않다. 예상할 수 있듯이 그런 보통의 팀은 진행 중인 프로젝트를 완료해서 납품하거나 개발 주기에서 그들을 괴롭히는 면을 개선하는 일 같은 것에 관심이 집중되어 있다. 그러므로 열성적인 견습생들은 종종 레이더 망 아래로 날고자 하는 충동[18]에 굴복하게 된다. 그들은 자기 의욕을 아예 억누르거나 일상적인 업무를 벗어났을 때만 내보인다.

물론 이미 구성된 팀 내에서 열의를 내보이는 것은 어느 정도 위험성이 있다. 팀의 사기가 낮거나 신참들을 별로 반기지 않는 분위기라면, 등 뒤에서 곱지 않은 시선을 느껴야 할 것이다. 또한 학습 능력보다 실무적인 역량을 더 중요시하는 사람들이라면 당신은 별로 좋은 인상을 주지 못할 텐데, 특히 당신이 무지함을 드러낼 때 더욱 그럴 것이다. 다른 패턴과 마찬가지로 이 패턴 역시 무턱대고 적용해서는 안 된다. 팀 내 역학이라는 요소는 항상 고려되어야 한다. 만약 팀이 당신의 열정을 받아주지 못한다고 생각되면, 당신의 열정을 키워 나갈 방법을 달리 찾을 필요가 있다.

하지만 견습생들의 열의와 기여에 대해 열린 팀에서라면, 자유로운 상상력이나 열정 같은, 경험이 더 많은 개발자들이 기대하는 독특한 기질을 팀에 가져올 수 있을 것이다. 당신의 경력 중에서 이 시기가 위험을 감수하고 속내를 털어놓기에 가장 적당한 때다. 당신은 잃을 것이 별로 없다. 자신이 가진 아이디어와 열정은 팀에 지성과 다양함을 더할 것이다. 제임스 서로위키 James Surowiecki는 『The Wisdom of Crowds』[19]에서 집단 지성의 핵심 요소로 '생각의 다양성'을 거듭 지목하고 있다.

---

[18] (옮긴이) 다른 팀원들에 비해 튀어 보이지 않으려는 태도를 말한다.
[19] (옮긴이) 번역서로 『대중의 지혜 : 시장과 사회를 움직이는 힘』(2005, 랜덤하우스코리아)이 있다.

항공모함 승무원들의 집단정신을 주제로 한 흥미로운 연구에서 신참자의 역할에 대해 밝혀낸 사실이 있다. 전투기들이 계속해서 오가는 거대한 함선을 안전하게 움직이려면 복잡하고 잘 조화된 그룹 활동이 필수적인데, 여기서 신참들이 중요한 역할을 한다는 것이다. 연구자들은 경험 수준이 다양한 사람들로 구성된 팀이 실제로 더 건강하다는 사실을 발견했다.

> 전반적인 이해력은 서로 다른 여러 수준의 경험이 상호 연관될 때 더욱 높아질 수 있다. 그 무엇도 당연하게 여기지 않는 신참들과, 알 것은 다 안다고 생각하는 고참들이 더 자주 밀접하게 소통할 때가 거기에 해당된다.
>
> — 칼 와익Karl Weick, 칼린 로버츠Karlene Roberts,
> 『Collective Mind in Organizations』, p. 366

궁극적으로는, 열정을 드러내는 것이야말로 견습생이 맡아야 하는 몇 안 되는 책무 중 하나다. 심도 있는 지식이나 엄청난 생산성으로 기여하지는 못하더라도, 팀에 열정을 불어 넣고 모든 것에 대해서 질문하는 것이야말로 당신의 본분이라 할 수 있다. 당신은 지금 팀의 발전을 위해 유용한 제안을 할 수 있는 신선한 관점을 지닌 독특한 (그리고 일시적인) 위치에 있는 것이다.

> 견습생은 장인들로부터 배움을 얻지만, 장인도 견습생에게서 배운다. 열정이 있는 초보자는 장인을 스스로 일신하게 할 뿐 아니라 외부에서 들여온 새로운 아이디어로 장인의 의욕을 불러일으킨다. 잘 선택된 견습생은 마스터마저도 더욱 생산적이 되게 할 수 있다.
>
> — 피트 맥브린, 『Software Craftsmanship』

실천 방안

어떤 아이디어가 있었지만 실제로 제안하지는 않았던 가장 최근의 기억을 떠올려 보라. 제안할 대상으로 생각한 사람을 찾아가서 그 아이디어를 설명하라. 그 사람이 미흡한 점을 지적한다면, 그런 점을 개선할 수 있게 도와달라고 설득해 보라.

관련 항목

무지를 드러내라(89쪽), 열정을 키워라(127쪽)

구체적인 기술

지식을 가진 것, 그리고 그 지식을 써서 소프트웨어를 만들어 내는 역량과 실무 능력을 갖춘 것은 다르다. 여기에 장인정신의 역할이 있다.
- 피트 맥브린, 「Software Craftsmanship」

상황

당신은 현재보다 더 나은 학습 기회를 얻고자 재능 있는 장인들이 모인 팀에 들어가서 할 수 있는 역할을 찾고 있다.

문제

유감스럽게도 그 팀은 업무에 직접적인 도움이 되지 않을 사람을 고용하는 위험은 감수하고 싶어 하지 않는다. 더구나 그 팀에서는 단순 작업을 자동화했다든지 해서, 당신이 간접적으로 기여하는 것마저도 여의치 않을 수 있다.

해결책

구체적인 기술을 습득해서 유지하라. 견습생은 그 열정만으로도 팀 내에 빨리 배우는 능력을 가져다주겠지만, 만약 당신이 특정한 도구와 기술 분야에 대해 뚜렷하고 입증할 만한 역량을 지녔다면, 일정 수준으로 성장할 때까지 팀에 간접적으로나마 기여할 수 있으리라는 신뢰를 얻기가 더 쉬울 것이다.

당신이 습득해야 하는 구체적인 기술 중 어떤 것은, 엉성한 인사 기준을 통과하거나 아무 생각 없이 팀을 꾸리는 관리자들에게 보여주기 위한 요령의 수준은 넘어야 할 것이다. 또 어떤 기술은 장래 팀 동료가 될 사람들이 당신에 대해서 쓸모 있겠다, 뒤치다꺼리 같은 것은 필요 없겠다는 확신을 줄 것이다(『Organizational Patterns of Agile Software Development』, p. 88). 구체적인 기술의 예를 들자면 여러 가지 대중적인 언어로 빌드 파일 작성하기, 하이버네이트Hibernate[20]나 스트럿츠Struts 같이 잘 알려진 오픈소스 프레임워크에 대한 지식, 기초적인 웹 디자인, 자바스크립트, 그리고 당신이 선택한 언어의 표준 라이브러리 등이 있을 것이다.

요점은 채용 담당자들이 당신을 선택하면서 이 정도라면 더 볼 것도 없겠다는 생각이 들게 해야 한다는 것이다. 구체적인 기술이 있다면 절반은 된 것이나 마찬가지다(여기에 면접 때 직접 작성한 토이 프로그램을 들고 갈 정도라면 더할 나위 없겠다). "우리가 당신을 채용한다면 출근 첫 날 회사에 어떤 기여를 할 수 있나요?" 라는 질문에, 당신이 가진 구체적인 기술은 좋은 대답이 될 수 있을 것이다. 첫 번째 언어에 대해 깊이 있는 지식을 갖추었다면 당신이 회사로부터 신뢰를 얻고 팀에 매우 유용함을 입증하는 데 많은 도움이 될 것이다.

당신이 숙련공의 역할로 옮겨가면서는 이런 기술들에 점차 덜 의존하게 될 터인데, 그 시기에는 당신의 평판, 이전에 작업한 포트폴리오, 팀에 가져다 줄 수 있는 한층 심도 있는 자질을 바탕으로 채용이 이루어지기 시작할 것이다. 그때까지는 당신의 장점들을 조금 더 명백하게 드러낼 필요가 있다.

---

[20] (옮긴이) 객체지향적 데이터 모델과 관계형 DBMS를 매핑해 주는 자바 기반의 ORM(Object-Relational Mapping) 라이브러리.

데이브가 간극을 메우다

인생에서 뒤늦게 프로그래밍 세계로 뛰어든 사람이라면 대부분 마찬가지겠지만, 나는 별다른 경험 없이 사회인이 된 평균적인 프로그래머보다는 훨씬 많은 인생 경험을 가지고 이 생활을 시작했습니다. 이전 경력에서 나는 온갖 종류의 대인 관계 기술과 심리학적 통찰력을 계발했었지요. 프로그래머로 지내면서 나는 내 과거에 대해 굉장히 흥분하는 사람들을 만나곤 했는데, 이 때문에 종종 이런 소프트 스킬soft skill[21]을 과대평가하거나 기술하고는 무관한 주제를 지나치게 추구하게 되었습니다. 엄밀히 말해서 그런 소프트 스킬은 많은 경우에 큰 도움이 되었습니다. 하지만 나는 기술적인 역량을 계발하는 데 집중하기 위해서 그런 수완들을 어느 정도 위축시킬 수밖에 없었습니다. 그 이유는 내게 가장 부족한 부분이 기술적인 역량이었기 때문이었지요. 나는 프로그래머를 위한 치료사가 되기 위해서가 아니라, 소프트웨어 만드는 것을 좋아했기 때문에 직업을 바꾼 것이니까요.

— 데이브 후버

실천 방안

당신이 우러러보는 역량을 가진 사람들의 이력서를 모아 보라. 한 부 달라고 부탁하거나 개인 웹사이트가 있다면 거기서 다운로드해도 좋겠다. 각 사람들의 이력서에서 다섯 가지 정도 대표적인 역량을 뽑아 보고, 그중에서 어떤 역량이 지금 들어가고 싶어 하는 팀과 유사한 환경에서 바로 쓸모가 있을지 판단해 보라. 그런 기술들을 습득했음을 보일 수 있는 토이 프로젝트에 대한 계획을 세우라. 그리고 그 계획을 실행하라.

---

[21] (옮긴이) 조직 내에서 대인관계, 리더십, 협상력 등을 활성화시킬 수 있는 능력. 그와 대비해서 프로그래밍 기술과 같은 전문적인 지식은 하드 스킬(hard skill)로 부른다.

자기 이력서를 정기적으로 손보는 습관을 들여라. 그렇게 해가면서 구체적인 기술을 나열한 별도의 목록을 만들어라. 많은 채용 담당자들이 나열된 그 모든 경력사항보다 이런 목록에 있는 항목만 볼 거라는 사실을 알게 되면 당신은 마음 편할 수 있겠는가?

관련 항목

첫 번째 언어(63쪽)

무지를 드러내라

> 내일 나는 더 어리석게 보일 필요가 있으며, 거기에 대한 느낌도 더 나아질 것이다. 가만히 있으면서 일이 어떻게 돌아가나 살피는 것은 별로 효과가 없는 것 같다.
> — 제이크 스크럭스(Jake Scruggs), 'My Apprenticeship at Object Mentor'[22]

상황

당신을 소프트웨어 개발자로 채용한 사람들은, 자신이 하는 일이 무엇인지 잘 알고 있을 거라고 믿고 있다.

문제

관리자나 팀의 사람들은 당신이 잘 해 낼 거라는 확신을 갖기 원하지만, 실제로 당신은 몇몇 필수적인 기술에 대해 그다지 익숙하지 않다. 이런 일은 컨설턴트뿐 아니라 누구에게나 일어날 수 있다. 당신이 팀에 합류하게 된 이유는 아마도 해당 비즈니스 영역이나 팀이 사용하는 기술 분야를 깊이 이해하고 있었기 때문일 것이다. 아니면 그 일을 할 사람이 당신밖에 없었을지도 모른다.

해결책

당신을 믿고 있는 사람들에게 학습 과정도 소프트웨어 납품의 일부분임을

---

[22] http://www.jikity.com/Blah/apprentice.htm

보여주어라. 그들에게 당신이 성장하는 모습을 보여 주어라.

사회심리학자 캐롤 드웩의 연구에 따르면, 대부분의 산업화된 사회에서는 유능하게 보이려는 욕구가 사람들의 마음 깊은 곳에 뿌리내리고 있다고 한다. 이런 사회에서는 소프트웨어가 일상생활에 더 깊이 파고 들어감에 따라 개발자라면 유능할거라는 기대도 점점 커져 간다. 그렇지만 당신은 아직 미숙하기 때문에 모르는 영역이 상당히 많다. 말하자면 오도 가도 못하게 된 셈이다. 당신을 둘러싼 많은 사람들―관리자, 고객, 동료, 그리고 물론 당신 자신―은 모두 소프트웨어를 납품해야 한다는 엄청난 압박에 시달리고 있다. 어떤 기능을 끝내려면 얼마나 걸리냐고 물어보는 사람들의 눈에서, 확신을 얻고자 하는 간절함을 읽을 수 있다. 그런 사람들을 진정시키고, 뭘 원하는지 잘 알겠으니 이렇게 저렇게 해서 언제까지 해 볼게요, 라며 안심시키는 일은 엄청난 부담으로 다가온다.

소프트웨어 장인은 고객이나 동료와 맺은 튼튼한 관계를 통해서 자기 평판을 쌓아 간다. 무언의 압력에 굴복해서 사람들이 듣고 싶어 하는 얘기를 해 주는 것은 튼튼한 관계를 쌓는 데 좋은 방법이 아니다. 사람들에게 진실을 말하라. 그들이 무엇을 원하는지 이제 당신이 이해하기 시작했고, 그것을 해낼 방법을 배워 가는 중이라고 알려주어라. 그 사람들을 안심시켜야 할 때는, 아는 척 하기보다는 당신이 얼마나 잘 배울 수 있는지를 가지고 안심시켜라. 이렇게 해서 당신의 평판은 어떤 지식을 알고 있느냐가 아니라 학습하는 능력이 얼마나 좋은지를 기반으로 쌓여갈 것이다.

무지를 드러내는 가장 확실한 방법은 질문하는 것이다. 이것은 말처럼 쉽지 않은데, 특히 질문 받는 쪽에서 당신이라면 당연히 알 거라고 생각하는 경우에는 더욱 그렇다. 거기에 굴하지 마라! 물론 당신은 자존심에 상처 입지 않고 어느 정도 우회해서 필요한 지식을 얻을 수도 있다. 하지만 가장 가깝게 질러가는 길을 택함으로써 숙련공으로 가는 여정이 단축될 수 있다. 시간을 들이고 연습하다 보면, 팀 내에서 제일 잘 알 것 같은 이에게 물어보는 일이 당신에게 또 다른 천성처럼 되었음을 깨달을 것이다. 무지함을 드러내면서, 당신은 팀 사람들에게 자신의 학습 능력도 보여주게 되는 것이다. 그리고 그 사람들도 가끔은 질문에 대답하는 과정에서 자기가 가진 지식을 새로이 명확하게 할 수도 있다.

'알지 못함'의 태도

가족 심리 치료사로서 나는 다른 이들의 삶에 대한 전문적인 지식을 가졌다는 표를 내지 않고 '알지 못함'의 태도로 사람들에게 다가가도록 배웠습니다. 이처럼 알지 못하는 듯 행동하는 것은 당신이 초보 치료사이건 초보 프로그래머이건 받아들이기 힘든 일입니다. 당신의 본능은 당신에게 무지를 숨기고 아는 척하라고 시키지만, 그렇게 하면 당신의 성장은 방해 받으며 성취해야 할 일도 가로막히게 될 뿐입니다. 직업을 바꾸면서 이 가르침은 내게 많은 도움이 되었습니다. 나는 사실 매일매일 스스로 무지하다는 느낌을 몸에 붙이도록 교육받았고, 그렇게 함으로써 내가 바른 길로 가고 있음을 알 수 있었습니다. 나는 성장하고 있었지요.

— 데이브 후버

이러한 학습 과정에 익숙해져라. 이것이 장인정신이다. 이런 과정을 불편하게 느끼는 사람들도 있다. 이런 사람들은 장인이 되기보다는 한 가지 플랫폼이나 한 분야에서 전문적인 기술을 익힌 다음에 거기에 천착하는 전문가expert가 된다. 관심 분야가 좁기 때문에 이런 사람들은 특정한 상황에서는 누구보다도 뛰어난 역량을 보여 준다. 전문가들은 우리 업계에서 중요하고 필수불가결한 존재이지만, 이들이 견습생의 목표라고 할 수는 없다.

전문성은 우리 모두가 걸어가는 긴 여정에서 생기는 부수적인 결과이지 우리의 목적지는 아니기 때문이다. 긴 여정 동안 장인들은 수많은 기술이나 전문 분야와 마주칠 것이다. 필요하거나 흥미가 생길 때 그들은 이런 기술 분야를 **더 깊이 파고들어서** 전문적인 지식을 얻을 것이고, 깊이가 깊을수록 좋을 것이다. 이것은 당연한 일인데, 마라톤에 대비해서 훈련하는 선수의 다리 근육이 튼튼한 것과 같은 이치다. 그 선수는 다리를 튼튼히 하려는 것이 아니라 달리기 훈련을 하는 것이다. 파이썬 프로젝트를 오랫동안 수행하면서 파이썬에 대해 깊은 지식을 얻게 된 의욕 있는 개발자처럼, 마라톤 선수의 튼튼한 다리는 수단일 뿐 종착지는 아니다.

어떤 전문가들은 특정한 분야에 계속 머물 수 있다면 무엇이든 하려고 하며 자신의 학습, 실무, 프로젝트의 범위를 점점 좁혀만 간다. 하지만 장인이라면, 익숙하지 않은 기술 분야나 새로운 업무 영역을 배울 때 자신의 전문 기술을 옆으로 밀어 두고 **흰 띠를 매는** 용기와 겸손을 가질 필요가 있다.

장인에게 가장 중요한 특성 중 하나는 학습하는 능력, 즉 무지의 영역을 파악해서 이 영역을 줄이려 애쓰는 것이다. 정원 한쪽에 드러나 있는 맨땅처럼 무지의 영역은 지식이라는 씨를 뿌리고 키움으로써 줄여갈 수 있다. 실험하고 연습하고 읽어서 이 씨앗에 물을 주어라. 당신은 그 맨땅의 크기에 당혹감을 느낀 나머지, 보이지 않게 숨겨두는 편을 택하고 자존심을 지킬 수도 있을 것이다. 아니면 자신과 자신을 믿는 사람들에게 정직하게 그것을 드러내 놓고 도움을 요청하는 편을 택할 수도 있다.

견습과정이 끝날 때쯤 당신은 몇몇 기술 분야에서는 상당히 깊이 있는 지식을 얻게 될 것이다. 그것을 실마리 삼아 소수의 플랫폼과 업무 영역 내에서라면 튼실한 소프트웨어를 엮어낼 수 있을 것이다. 마스터 장인은 무수한 실가닥을 가지고 태피스트리를 엮어낸다. 의심할 여지없이 그에게도 가장 선호하는 실의 종류나 배합 같은 것이 있을 테지만, 그간 얻은 많은 실가닥은 마스터로 하여금 광범위한 기술적 환경에 적응하도록 해준다. 여기가 **긴 여정**이 당신을 이끌어 갈 곳이다. 무지를 드러내고 그에 맞섬으로써, 아는 척 속일 때보다도 훨씬 신속하게 누락된 실 가닥들을 자아낼 수 있을 것이다.

실천 방안

업무에 관해서 정말로 이해되지 않는 것 다섯 가지를 적어 보라. 그 목록을 다른 사람들이 볼 수 있는 곳에다 붙여 두어라. 그리고 당신의 업무가 바뀔 때마다 그 목록을 갱신하는 습관을 들여라.

관련 항목

무지에 맞서라(94쪽), 더 깊이 파고들어라(242쪽), 긴 여정(112쪽)

무지에 맞서라

만일 우리가 독립성을 가치 있게 여긴다면, 현재 체제의 지식, 가치, 사고방식에 내 생각을 맞추려는 경향이 점점 늘어가는 것이 불안하다면, 우리는 자신의 유일함에 대해, 스스로 방향을 잡아가는 법에 대해, 자발적으로 학습하는 법에 대해 배울 수 있는 환경을 조성하고자 할 것이다.
— 칼 로저스(Carl Rogers), 『On Becoming a Person』[23]

상황

당신이 보유한 기술 목록에 일상 업무와 관련이 있는 기술이 빠져 있음을 알게 되었다.

문제

숙달해야 할 도구나 기법들이 있기는 하지만 어떻게 시작해야 좋을지 모르겠다. 그중 몇 가지는 이미 모두가 다 알고 있는 듯하고, 다른 사람은 당신도 당연히 알거라 기대하는 것 같다.

해결책

도구나 기법을 하나 고른 다음에 그것과 관련된 지식의 빈틈을 능동적으로 메워라.

이렇게 할 때는 자신에게 가장 효과적인 방법을 택하라. 어떤 사람들에게는 구할 수 있는 모든 튜토리얼과 FAQ를 먼저 읽고 개요부터 파악하는 것

---

[23] (옮긴이) 번역서로 『진정한 사람되기 : 칼 로저스 상담의 원리와 실제』(2009, 학지사)가 있다.

이 가장 좋은 방법일 것이다. 그리고 또 어떤 사람들은 일단 **부숴도 괜찮은 장난감**부터 만들기 시작하는 것이 무언가를 이해하는 데 가장 효과적이라고 느낄 수도 있다. 어떤 방법이 당신에게 맞든 간에, 주위의 **마음 맞는 사람**들과 멘토들에게 혹시 그 기술을 이미 보유하고 있는지, 또 배운 것을 공유해 줄 수 있는지 물어보기를 잊지 마라. 때로는 다른 사람들 역시 그 기술을 익히려고 할 것이며, 그들과 같이 작업하면서 더 나은 진전을 볼 수 있을 것이다. 어떤 시점에서 당신은 이 새로운 분야에 대해 만족할 만한 수준의 능력을 갖추게 될 것이다. 그때는 이제 더 깊이 파고드는 것이 나을지, 아니면 기술 목록에 있는 또 다른 공백으로 관심을 돌리는 것이 생산적일지 정하면 된다. 당신이 보유한 기술 전부를 연마할 시간이 있지는 않을 테니, 그 안에서 절충하는 법을 배울 필요가 있다.

이 패턴은 **무지를 드러내라**와 밀접하게 연관되어 있지만, 비교적 자존심을 덜 상하면서 실행에 옮길 수 있다. 이 패턴은 당신이 알지 못했다는 사실을 그 누구도 모르도록 은밀히 진행할 수 있기 때문이다. 하지만 당신이 마스터의 경지를 바라보는 견습생이라면, 기꺼이 무지를 드러내는 일도 필요하다. 이 패턴을 단독으로 적용하게 된다면(즉 무지와 맞서기는 하되 드러내지 않으면), 모든 이들이 몰래몰래 공부하기 때문에 실패와 학습이 용납되지 않는 문화를 장려하는 폐단을 가져올 수 있다. 공개적인 학습은 견습생이 숙련공 단계로 발전해 가는 길 중 하나임을 기억해야 한다. 그렇게 배우는 입장에서 가르치는 입장으로 바뀌는 것은 단 몇 걸음의 차이일 뿐이다.

이 패턴을 성공적으로 적용했다 해도 좋지 않은 부작용이 있을 수 있다. 만약 복잡한 병렬 시스템의 구축 방법을 공부하다가 결국에는 기성 제품 대신 자체적인 메시징[24] 시스템을 스칼라Scala[25]로 작성하기에 이르렀다면, 당신의 코드를 유지보수 해야 하는 프로그래머들은 그다지 달가워하지 않을 것이다. 그리고 만약 당신이 컨퍼런스에 가 있는 바람에 그 코드에 대해 아무것도 물어볼 수가 없다면 더더욱 당황스러울 것이다. 마지막으로, 교육을 받고자 하는 당신의 요구가 프로젝트를 성공적으로 완수하는 데 방해물로 작용한다면, 당신의 고용주 또한 별로 이해해 주려는 생각이 들지는 않을 것이다. 요컨대, 당신의 견습과정이 팀에 문제가 되지 않을 정도의 세심함은 갖추고 있어야 한다는 것이다. 개인적인 성장을 위해서 팀이나 고객을 이용하려 하기보다 공동체의 다양한 관심사를 기꺼이 더 우선시하는 것은, 장인정신에 바탕한 접근 방식의 특징적인 면 중 하나다.

한편으로는 무지를 드러내면서 그에 맞서지는 않을 수도 있다. 이런 부류의 사람들이 자신의 무지와 맞닥뜨리게 되면, '뭐 다 그런 거 아니겠어'라고 변명하듯 어깨를 한번 으쓱할 뿐이다. 이와 같은 태도는 평생 보잘것없고 무지하며 다른 사람들에게 지나치게 의존하는, 그런 인생을 가져올 뿐이다. 이런 부류의 사람들이 모인다면, 얼마 되지도 않는 각자의 지식을 지키면서 자기 외의 다른 사람 영역에 걸친 문제가 생기면 그저 어깨나 으쓱하는, 그런 팀이 되어 버린다.

그러므로 이 패턴과 **무지를 드러내라** 패턴 사이에는 미묘한 균형을 유지하는 것이 중요하다. 무지에 맞서는 것만을 강조한다면 아무것도 제대로 해

---

[24] (옮긴이) 병렬 시스템이나 객체지향 프로그래밍 환경에서 스레드 또는 객체 사이에 메시지 형태로 이루어지는 커뮤니케이션의 한 형태.

[25] (옮긴이) 객체지향 패러다임과 함수형 패러다임을 통합할 목적으로 만들어진 프로그래밍 언어. 자바 가상 머신 위에서 돌아간다.

내지는 못하면서 건방만 떠는 정보탐식가infovore[26]로 엇나갈 위험이 있고, 무지를 드러내고서도 그 무지를 해결해야 할 문제라고 인식하지 못한다면 지나친 자기 비하와 무력감에 빠지게 될 것이다.

실천 방안

무지를 드러내라 패턴의 실천 방안에서 언급된 항목들 각각에 대해서 학습하도록 노력하고, 학습이 진행된 다음에는 목록에서 하나씩 지워 나가라. 이렇게 해서 얻은 새 지식은 그 전까지 알아채지 못했던 빈틈을 드러낼 수도 있다. 그 빈틈을 자신의 목록에 잊지 말고 추가하여라.

관련 항목

부숴도 괜찮은 장난감(194쪽), 무지를 드러내라(89쪽), 마음 맞는 사람들(163쪽)

---

[26] (옮긴이) 정보를 활용하기보다 수집하고 해석하는 행위 자체에 탐닉하는 사람.

깊은 쪽

무참한 실패를 맛본 적이 한 번도 없다면, 당신은 뭔가 가치 있는 일을 시도했던 적이 한 번도 없었다고 봐야 한다.

— 크리스토퍼 호킨스(Christopher Hawkins), 'So You Want To Be a Software Consultant?'[27]

상황

당신은 조금씩 안전하게 걸음을 옮겨 가는 것이 불만족스럽다. 당신은 안정된 상태가 아니라 판에 박힌 관습에 빠져 있을지 모른다는 두려움이 들기 시작한다. 안정된 상태라면 더 높은 단계로 오르기 위해서 부지런히 연습하며 역량을 강화하고자 할 것이다. 하지만 판에 박힌 듯한 상태에서는 무난한 수준의 능력일지라도 결국은 평범함으로 퇴보하게 된다.

문제

당신은 기술과 자신감, 성공적인 업무 포트폴리오를 키워가야 한다. 또한 더 큰 일을 통해 스스로 도전할 필요가 있다고 느낀다. 그것은 더 큰 규모의 프로젝트나 더 큰 팀, 더 복잡한 과제, 새로운 사업 분야, 또는 새로운 장소와 관련될 수도 있다.

해결책

깊은 쪽으로 뛰어들어라. 다 준비될 때까지 기다리다가는 아무 일도 못 할

---

[27] http://www.christopherhawkins.com/08-30-2006.htm

수가 있다. 그러므로 당신에게 두드러지는 역할이나 어려운 문제가 주어진다면, 그 기회를 놓치지 말고 두 손으로 꽉 잡아라. 두렵게 생각되는 일을 맡고, 능력을 넘어서는 듯한 일을 실제로 함으로써만 당신은 성장할 수가 있다.

여기에는 위험이 따른다. 만약 엉터리로 해서 결국 수면 위로 올라가지 못한다면 당신은 물에 빠질 것이다. 다행히 IT 분야에는 실패한다고 해도 경력을 망치지 않고 위험을 감수해 볼 수 있는 기회가 많은 편이다. 위험이란 두려움으로 반쯤 감은 눈에 비친 기회의 다른 모습이다. 이 말이 당신에게 버거운 일자리를 얻기 위해 이력서를 조작한다거나 합당한 준비 없이 어려운 일에 도전하라는 의미는 아니다. 오히려 실패가 눈앞에 뻔히 보인다 할지라도 승진이나 해외 발령 같은 제안이 들어왔을 때 그것을 받아들이라는 말이다. 실패를 준비하고 그 실패로부터 일어설 때, 소심한 자들은 결코 볼 수 없는 문이 당신에게 열릴 것이다.

두 발로 뛰어들다

나는 전기통신 서비스 배송 플랫폼을 취급하는 이 스페인 회사에 입사하게 됐습니다. 핵심 부서에 있었는데, 일은 평이했고 도전적이라고 할 만한 것은 없었습니다. CTO가 한번 바뀌고서는 전체적인 방향성이 상당히 불만스러워졌습니다.

나는 점점 지겨워졌고, 회사에서 나이지리아에 컨설턴트를 보낼 거라는 얘기를 듣고는 마침내 회사를 떠나기로 마음먹었습니다. 그리고 휴게실에서 동료들과 이런 저런 얘기를 하면서 이제 그만둘 거라고 했지요.

CTO와 CEO를 만나서 그런 뜻을 전했더니, 나에게 변화를 한번 줄 의향이 있느냐고 물어보더군요. 고용 계약은 변경되고 더 이상 정규직은 아닐 거라고 했습니다.

그들은 내가 회사 제품을 판매하기를 바랐는데, 나는 영업 사원은 아닌데다 라고스Lagos가 왜 세계에서 세 번째로 위험한 도시인가에 대해 쓴 겁나는 보고서를 읽고 나자 정말로 두려워졌습니다.

하지만 나는 그토록 위험하다면 무슨 일이 생겼을 때 그 당일로 비행기를 타고 돌아올 수 있을 거라고 스스로 타일렀습니다. 2주 후에 나는 나이지리아로 갔습니다. 떠나기 전에 거기에 이미 가 있는 동료와 얘기를 나눈 것이 도움이 되었어요. 아마 내가 대담하거나 멍청해서인지는 몰라도, 그 전에 느꼈던 두려움은 사라졌습니다. 하루 이틀 만에는 아니었지만, 몇 주쯤 지난 뒤에는 그곳에 완전히 적응이 되었습니다.

애초에는 3개월짜리 단기 계약이었는데, 나는 고객을 도우면서 거의 2년여 동안 머물렀습니다. 그리고 거기서 우리 플랫폼을 판매할 도리가 없음을 깨닫게 되었는데, 그 사람들에게는 다른 무엇인가가 필요했기 때문이었지요. 기존 플랫폼은 소용없었기에 나는 직접 뛰어들었고, 고객의 서비스를 수정해서 필요에 딱 맞는 플랫폼을 구축했습니다.

나이지리아를 시작으로 나는 거의 모든 서아프리카 나라를 돌아다녔고, 지금은 런던에서 일하고 있습니다.

— 엔리케 콤바 리펜하우젠이 보낸 이메일에서

당신이 할 수 있는 가장 도전적인 과업을 찾으라는 것이 우리 주장이기는 하지만, 수면이 당신 머리 위에 있다는 것은 물속으로 가라앉는 중이라는 신호임을 기억해야 한다. 인생에서 큰 전환을 겪은 엔리케였지만, 아는 사람이 한 명이라도 있으며 말도 통하는 나라로 갔던 것이다. 도움이 필요할 때

도와줄 수 있는 멘토와 **마음 맞는 사람들**을 찾음으로써 이런 접근법이 가져오는 위험을 상쇄시키는 것은 다른 사람이 아닌 당신이 할 일이다.

피드백 루프를 만드는 것 역시 당신의 책임인데, 도전적인 프로젝트가 통제를 벗어나서 헛돌기 시작할 때 그 프로젝트를 붙들고서 즉시 도움을 받을 수 있어야 하기 때문이다. 이 패턴을 적용할 때는 무모하다기보다는 용감한 느낌이 들도록 해야 한다.

실천 방안

당신이 참여했던 프로젝트 중에서 코드의 라인 수나 개발자의 수로 봐서 가장 규모가 크고 성공적이었던 프로젝트는 무엇인가? 당신이 단독으로 작업한 것 중 가장 규모가 큰 코드는 무엇인가? 이 질문들에 대한 답을 적고, 프로젝트의 복잡도를 나타내는 다른 척도가 있을지, 프로젝트를 평가할 수 있는 또 다른 방법이 있을지 한번 찾아보라. 그 척도로 당신이 이때껏 참여했던 모든 프로젝트를 평가해 보라. 이제 다음 프로젝트가 시작되면, 당신은 모든 프로젝트를 망라한 차트를 그려 놓고 새 프로젝트가 어디쯤에 위치하는지 점찍어 볼 수 있다. 얼마 후에는 이 차트에서 당신의 경력이 어떤 방향으로 가고 있는지 알 수 있을 것이고, 여기에 기초해서 선택을 하기 시작할 수도 있을 것이다.

관련 항목

피드백 루프를 만들어라(220쪽), 멘토를 찾아라(158쪽), 마음 맞는 사람들(163쪽)

한발 물러서라

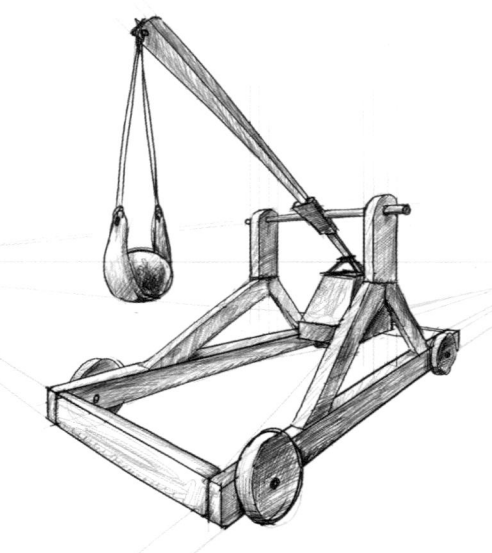

당신이 가려는 곳을 바라본 다음에 지금 어디쯤 있는지를 보면, 항상 터무니없다는 생각이 들 겁니다. 그러고 나서 당신이 걸어왔던 길을 돌아보고 있노라면 그 속에서 어떤 패턴 같은 것이 드러날 거예요. 그 패턴으로 당신의 앞길을 비추어 본다면, 가끔은 그 무엇인가를 찾아낼 수 있을 겁니다.
— 로버트 퍼식(Robert Pirsig), 「Zen and the Art of Motorcycle Maintenance」[29]

상황

당신은 자신이 얼마나 보잘것없는 지식을 가졌는지 깨닫기 시작한다. 또는 새로운 도전을 시작했지만 별로 잘 되어가지 않는다. 또는 둘 다 해당된다.

[29] (옮긴이) 번역서로 『선을 찾는 늑대』(1991, 고려원)가 있으며, 현재는 절판되었다.

문제

너무나 광대한 자신의 무지에 직면하면서 당신은 압도되어 버린다.

해결책

한발 물러섰다가 투석기로 쏜 돌처럼 앞으로 나아가라. 평정을 되찾기 위해 자신이 지닌 익숙한 능력 속으로 잠시 후퇴하라. 어떻게 만들어야 하는지 잘 아는 무언가를 만들어보는 시간을 가져라. 그리고 그 경험을 바탕으로 당신이 얼마만큼의 길을 왔고 지금 현재 역량은 어느 정도인지 깨달아라.

견습과정은 롤러코스터를 타는 것과 같다. 당신은 새로운 기술 분야를 배울 때나 지식과 창의성을 활용해서 고객에게 가치를 제공할 때 느끼는 짜릿함을 경험하게 될 것이다. 하지만 그런 중에 만나게 되는 장인이나 전문가들에 비해 자신이 얼마나 보잘것없는 지식을 가졌는지를 깨닫는, 숨 막히는 두려움의 시간도 경험할 것이다. 이런 경험은 특히 마감 시한이 다가오거나 당신이 제품화 이슈에 관련되어 있을 때 압도적으로 다가오게 된다. 마음을 다잡아라. 이것은 **긴 여정**에 따르는 정상적이고도 회피할 수 없는 현상이다. 무능함에 대한 두려움을 극복하는 것은 **무지를 드러냄**과 **무지에 맞섬** 사이를 이어주는 다리와 같다.

이 패턴은 자신의 능력을 벗어난 데까지 뻗어 보려고 한 사람들과 관련이 깊다. 만일 책임과 기술적 복잡도를 점진적으로 늘려가면서 적당한 보폭으로 견습과정을 걸어가고 있다면, 이 패턴으로 피난처를 구할 일은 없을 것이다. 하지만 당신이 정말로 고군분투하고 있거나, **깊은 쪽**에서 간신히 물 위로 머리만 내밀고 있는 경우라면, 잠시 뒤로 물러설 기회를 찾아라. 때로는 두 걸음 전진하기 위해서 한 걸음 후퇴할 필요도 있는 법이다. 그럴 때는 가능한 한 빨리 그 뒷걸음질을 전진하기 위한 동력으로 바꾸는 것이 중요하다. 그 동력은 당신에게 이전보다 더 많은 지식과 더 훌륭한 기술이라는 자산으로 드러날 것이다.

뒤로 간다는 것은 이 패턴을 위험한 것으로 만든다. 얼마나 오래, 얼마나 멀리 후퇴해 있을지 의식적으로 한계를 지어두지 않으면, 두려움이나 실패에 굴복해 버린 자신을 발견하게 될지도 모른다. 어떻게 하면 잘 하는지 아는 일을 계속 더 깊이 파고드는 것은 아주 큰 위안이 된다. 이렇게 파고들어서 얻어지는 전문성이 주는 보상은 실제적이고 즉각적이지만, 전문성이 내포하고 있는 위험은 어떻게 해볼 도리가 없을 때까지 드러나지 않을 수도 있다. 당신의 전문적인 지식이 언젠가 쓸모없게 될 때면 또다시 자신의 광대한 무지에 직면할 것이다. 그때 가서는 새로운 것을 배우는 습관에서 멀어졌을 수도 있으며, 처음부터 다시 시작하기가 더욱 고통스러울 것이다. 이런 시나리오에서는 압도되는 느낌을 해결하는 일 자체가 원래 문제보다 더 심각한 것이 되어 버린다.

그렇게 되지 않으려면, 이 패턴이 다시 튀어 오르는 힘을 모으는 동안 필요할 뿐인 단기적인 처방책이라는 점을 받아들여야 한다. 예를 들면 '데이터 공급용 SQL 쿼리를 최적화하기 전에, 다음 10분은 이 페이지의 자바스크립트 검증 코드를 리팩터링하는 데 쓰겠다'처럼 스스로 시한을 정해 두어라. 또는 '이 서드파티 SOAP API 호출 방법을 배우기 전에, 다음 4시간은 이 도구에 대한 명령 라인 인터페이스를 구현하겠다'든지, '파이썬의 전역 인터프리터 락에 영향 받는 우리 코드를 최적화하기 전에, 오늘 남은 시간 동안은 테스트 커버리지를 개선하겠다'와 같은 식이다.

이 해결책에는 중요한 측면이 또 있다. 바로 그런 일시적인 휴지기를 당신 주위의 멘토나 **마음 맞는 사람들**의 지원을 얻는 데 사용한다는 것이다. 그들의 지원과 응원에 힘입어, 다음에 다시 도전할 때는 길 위에 놓인 피할 수 없는 장애물을 더 잘 극복할 장비를 갖추고 있을 것이다.

실천 방안

당신이 정말 잘 알고 있는 독립적인 주제를 하나 선택해서 다시 구현해 보라. 예를 들면 애디는 캐싱 알고리즘을 구현하기 좋아하는데, 뻔한 수준부터 아주 복잡한 것에 이르기까지 다양하게 만들 수 있기 때문이다. 애디는 또한 그런 작업을 통해서 설계와 알고리즘 복잡도에 대한 직관을 강화할 수 있는 기회도 얻었다.

관련 항목

무지에 맞서라(94쪽), 무지를 드러내라(89쪽), 마음 맞는 사람들(163쪽), 긴 여정(112쪽)

장을 마치며

이 장에서 언급된 무지, 깊은 쪽, 드러냄, 물러서기와 같은 이야기들은 얼핏 부정적으로 들릴지도 모른다. 무지란, 인지해서 맞선다면 나쁜 것은 아니다. 가장 나쁜 경우는 자기 무지에 대해 신경조차 쓰지 않는 것이다. 하지만 만약 자신에게 무엇이 부족한지 알고서 그 부족함을 메우고자 노력한다면, 당신은 한 발짝 더 전진한 것이다. 탄탄한 견습과정을 이루는 토대 중 하나는 **정확한 자기 평가**다. 그로 인해 당신이 이 길을 따라서 얼마나 왔는지 어림해 볼 수 있으며, 자신에게 있는 지식의 빈틈에 주목할 수 있다. 지금 자기가 잘 하는 것, 즉시 습득해서 능숙해질 필요가 있는 기술, 그리고 장기적으로 어떤 지식에 관심을 둘지에 대해서 당신 스스로 충분히 익숙해질 필요가 있다. 곧 소개될 **일하면서 성찰하라**와 **배운 것을 기록하라** 같은 패턴들은 이러한 익숙함을 유지하는 데 보탬이 될 것이다. 무엇보다도 **긴 여정** 중의 이 시기를 잘 활용하라. 당신이 경력을 쌓으면서 지금처럼 내면에 집중하고 개인적인 발전에 전념할 수 있는 때는 달리 없기 때문이다.

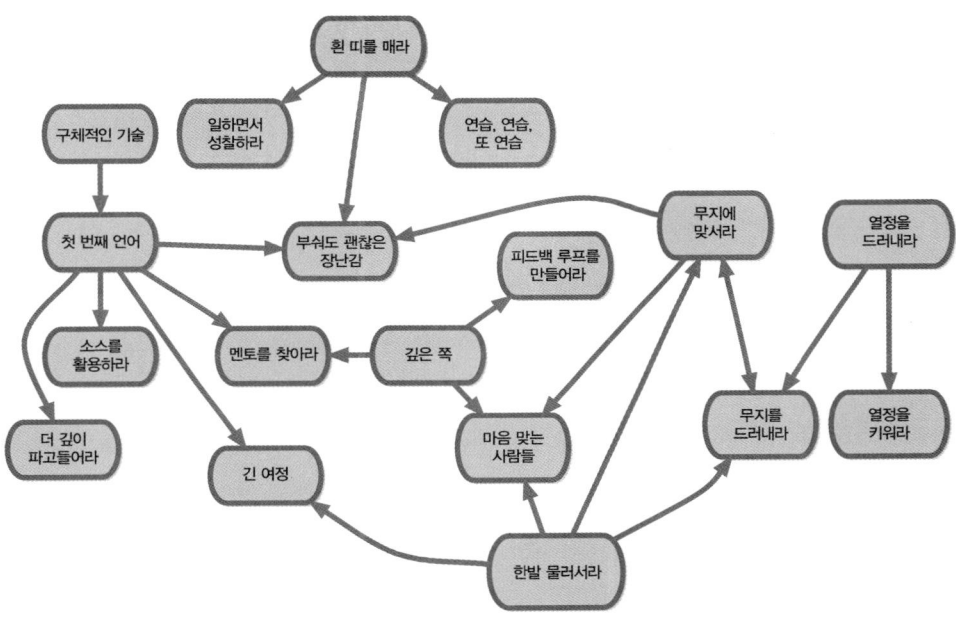

3

긴 여정을 걷다

그것은 이전까지 알려지지 않았던 봉우리를 정복하는 것만이 아닌,
그 봉우리에 이르는 새로운 길을 한 걸음 한 걸음 따라가는 문제다.

– 구스타프 말러(Gustav Mahler), 작곡가

혹시 당신은 사무실 자리에다가 이런 저런 훈련 수료증이나 인증서 같은 것을 붙여두고 있는가? 데이브에게 자기 자리가 생기고 지금보다도 더 미숙했던 때, 그는 책상 근처에 한 무더기의 인증서를 눈에 잘 띄도록 쌓아두었다. 거기에는 브레인벤치Brainbench[1]의 펄 언어 '마스터' 인증서를 시작으로 C, J2EE, 비네트Vignette[2], ATG 다이나모ATG Dynamo[3] 따위의 교육 수료증들이 쌓여갔다. 이런 서류 더미는 자기가 무슨 일을 하는지 알고 있는 거라고 그 자신을 (그리고 조직도) 안심시켰다. 그는 이미 '훈련되어' 있었다.

그러는 동안 데이브는 http://perlmonks.org 사이트와 comp.lang.perl.* 뉴스그룹을 통해서 폭넓은 개발자 커뮤니티에 발을 담그기 시작했다. 몇몇 특출한 펄 해커들을 발견한 것은 이때쯤이었다. 그 해커들의 전문성은 데이브를 기죽게 했는데, 특히 그들이 아직도 배우는 중이라는 것, 그것도 빠르게 배운다는 사실을 알게 됐기 때문이었다. 그 자신은 이제 막 훌륭한 소프트웨어 개발자가 어떤 것인지 감 잡기 시작한 정도라는 자각이 서서히 그에게 생겼다. 그 이후로 몇 달 간, 훈련 수료증들은 메모 용지와 책의 초벌 출력물과 튜토리얼 더미 아래로 서서히 사라져갔다.

그 몇 명의 특출한 해커들을 관찰하고 그들과 교류하면서, 데이브는 배움의 과정에 사로잡혔다. 그는 주기적으로 그 해커들의 지식이 얼마나 깊고 폭넓은지 어렴풋이 엿볼 수 있었고, 그때마다 기가 죽거나 고무되고는 하였다. 그는 자신의 이해가 얼마나 보잘것없는가 하는 생각에 기가 죽었고, 그 해

---

[1] (옮긴이) 온라인 시험을 통해 자격증을 발급해 주는 미국의 웹사이트.
[2] (옮긴이) 비네트(Vignette)사의 콘텐트 관리 플랫폼.
[3] (옮긴이) 아트 테크놀로지 그룹(Art Technology Group)사의 웹 애플리케이션 플랫폼.

커들의 능력이 보여주는 힘에 고무되었다. 그는 사이드 프로젝트에 뛰어들었고 구할 수 있는 것은 뭐든지 읽기 시작했다.

    데이브가 더 많이 배워 가면서, 그가 가야 할 길이 얼마나 먼지 더 잘 알게 되었다. 그 후 몇 년에 걸쳐서 그는 몇 명의 걸출한 소프트웨어 개발자들과 얼굴을 맞대고 같이 일하는 행운을 누리게 되었다. 그런 예외적인 인물들이 비록 자신보다 한참 앞서 있기는 했지만, 그 사람들 역시 자신과 같은 길을 걷고 있음을 데이브는 알 수 있었다.

긴 여정

"합기도를 마스터하려면 얼마나 걸리나요?" 수련 지망생이 묻는다. 여기에 대한 훌륭한 대답은 이것 뿐이다. "자네 얼마나 오래 살 것 같나?"
— 조지 레너드, 「Mastery」

정말로 프로그래밍을 잘 하게 된다는 것은 일생의 과업이며, 지속적인 배움과 연습으로 이루어가는 대담한 계획이다.
— 론 제프리즈 외, 「Extreme Programming Installed」[4]

달인의 경지로 이르는 길을 한 걸음 딛을 때마다 당신의 목적지는 두 걸음 멀어진다. 그 경지는 평생의 노력이 필요함을 받아들이고, 거기에 이르는 여정을 사랑하는 법을 배우라.
— 조지 레너드, 「Mastery」

상황

우리는 하룻밤에 유명해진 사람들, 떠오르는 스타들, 물질적인 부유함, 신속한 결과를 숭앙하는 문화 속에 살고 있다. 소프트웨어 개발이 옛날에는 어땠는지 말해줄 수 있는 프로그래머를 주위에서 찾기는 상당히 어렵다. 그런 노장들과 얘기해 보면, 그들이 젊었을 때 보던 실수를 다시 똑같이 반복하고 있는 요즘 업계의 유행에 머리를 절레절레 흔들곤 한다. 개발자들의 세대 간에는 아주 적은 지식만이 전해졌고, 옛 교훈은 모두 잊힌 듯하다.

---

[4] (옮긴이) 번역서로 『Extreme Programming Installed』 (2002, 인사이트)가 있다.

문제

당신에게는 마스터 소프트웨어 장인이 되고자 하는 포부가 있다. 비록 그 포부가 다른 사람들이 당신에게 기대하는 바와 대립되기는 하지만 말이다. 세상사는 법대로 하자면, 당신은 가장 돈이 되는 일을 해야 하고, 될 수 있는 대로 빨리 승진의 기회를 잡아야 하며, 차분히 기술을 쌓기보다는 프로그래밍을 그만두고 더 중요한 일에 착수해야 할 것이다.

해결책

첫째로, 당신의 바람으로 인해 주위 사람들이 당신을 좀 이상하게 여길 것이라는 사실을 받아들이라. 두 번째로, 길게 보아라. 견습기간 동안에는 급여나 통상적인 리더십 같은 것보다 학습과 장기적인 성장에 더 가치를 두어라.

마스터 소프트웨어 장인이 되려는 이들은 장기적인 계획을 세울 필요가 있다. 이 길고도 빛나는 여행을 통해 당신은 다채로운 역량을 얻게 될 것이다. 배움과 문제 해결, 고객과 긴밀한 관계를 구축하는 법에 능숙해질 것이다. 사무라이가 긴 칼과 짧은 칼을 차듯이[5], 당신은 지식과 테크놀로지로 무장하게 될 것이다. 그리고 소프트웨어 개발의 더 심오한 진실을 이해하고 올바르게 인지하게 될 것이다. 하지만 이렇게 되는 데는 시간이 필요하다.

이 여행이 얼마나 길어질지에 대해서는 준비가 되어 있어야 한다. 당신이 **자신만의 지도를 그릴 때**는 중년의 나이가 되어서도 여전히 현역 소프트웨어 개발자일 것이라는 점을 마음에 새기고 있어야 한다. 이것을 염두에 두고

---

[5] (옮긴이) 일본 봉건 시대의 무사인 사무라이는 대개 한 쌍의 칼로 무장했는데, 긴 칼은 주 무기, 짧은 칼은 보조 무기나 호신용으로 썼다.

서 일자리를 선택하고 야망의 범위를 정하도록 하라. 당신이 앞으로 20년은 더 일할 생각이라면, 그 어떤 일이든 해낼 수 있을 것이다. 당신이 기예를 연마해 나갈 수십 년의 세월을 생각한다면, 당신이 따라잡기 어려울 정도로 앞서 있는 사람은 없을 것이다. 당신에게는 어떤 비즈니스 영역이나 기술 분야라도 열려 있을 것이다. 당신의 경력 전부를 바쳐서 기예를 연마한다면, 도널드 커누스Donald Knuth나 리누스 토발즈Linus Torvalds 같은 이들을 능가하는 일이 허황되기보다는 오히려 현실적이라 할 수 있다. 여행은 길지만, 그렇기에 당신에게 열린 가능성의 수는 몇 배가 된다(물론, 당신이 따라잡을 동안 커누스나 토발즈 같은 사람들이 제자리에 머물러 있을 리는 없다!).

이 패턴은 CIO 또는 프로젝트 관리자를 지망하거나 엄청나게 돈을 벌려는 이들을 위한 것은 아니다. 이 길을 가는 중에 당신은 권력과 책임이 따르는 역할을 맡거나 물질적인 풍요를 누릴 수도 있을 것이다. 하지만 그런 것들이 성공적인 견습과정의 주된 동기는 아니며, 일생이 걸리는 여행에서 얻어지는 부산물일 뿐이다. 그리고 장인이라면 은퇴할 날을 손꼽기보다는 일할 수 있을 때까지 기꺼이 즐겁게 일할 것이다.

우리는 모든 사람이 같은 길을 가야 한다거나(자신만의 지도를 그려라 참조), 이것만이 모든 소프트웨어 개발자에게 올바른 길이라고(또 다른 길 참조) 주장할 생각은 없다. 어떤 이들은 개발에서 완전히 손을 떼고서 경영진, 테스터, 영업사원, 프로젝트 관리자가 되기도 한다. 또 어떤 이들은 아예 기술 쪽을 떠나서 전혀 다른 분야로 가기도 한다. 그런 길은 모두 정당하고 유익한 길이지만, 이 책과 이 패턴은 그런 사람들을 위한 것은 아니다.

정확한 자기평가가 성공적인 견습과정의 주춧돌이라면, **긴 여정**은 토대라

할 수 있다. 견습생에서 숙련공이 되는 것은 숙달의 경지에 이르기 위한 많은 단계 중 첫 번째일 뿐이다. 검은 띠를 매게 된 무예가처럼, 새로 숙련공이 된 사람은 가야 할 길이 얼마나 더 먼지 깨닫게 될 것이다.

소프트웨어 개발자들은 운이 좋다. 우리가 가는 길은 복잡하고도 심원한 길이며, 본질적으로 계속해서 변화하는 길이다. 무어의 법칙[6]은 해가 변해도 수그러들지 않으며, 정기적으로 새로운 플랫폼을 탐구하거나 기존 프로그램의 특성을 재조정할 기회를 장인들에게 부여한다. 하지만 그 밖의 다른 변화들은 종종 피상적인 수준에 머무른다. 새 기술이 낡은 기술을 대체하지만, 여전히 동일한 기본 문제를 해결하고 있다. 배워야 할 새 소프트웨어와 더 좋은 하드웨어가 언제나 눈앞에 있겠지만, **긴 여정**은 기예에 숨은 더 심오한 진실을 장인들에게 가르치고, 마스터들로 하여금 특정한 기술을 초월해서 문제의 핵심을 짚을 수 있도록 해 준다.

실천 방안

눈을 감고, 앞으로 10년 동안 당신이 맡을 거라 생각되는 역할 중에서 가장 기묘한 것을 떠올려 보라. 가장 엉뚱해 보이는 자신의 미래를 상상하며 즐기는 것도 좋을 것이다. 그리고 나서 지금부터 20년, 30년, 40년 뒤를 생각해 보라. 그때 당신이 어떤 종류의 경험을 쌓아왔다면 좋겠는가? 40년 후, 당신의 경력에 대한 간단한 설명과 인생행로에 가장 큰 영향을 끼쳤던 일에 대해서 글을 써 달라는 요청을 받았다고 상상해 보라. 이런 사고실험thought

---

[6] (옮긴이) 집적회로(IC)의 성능이 18개월마다 두 배씩 좋아진다는 법칙으로, 인텔사의 공동 창업자인 고든 무어(Gordon E. Moore)가 1965년에 제시했다.

experiment의 결과를 가지고, 당신의 장래 이력을 선택하고 계획하는 데 활용하라.

관련 항목

또 다른 길(143쪽), 자신만의 지도를 그려라(131쪽)

예술보다 기예

나는 프로그래밍을 일종의 공예로 본다. 공예는 예술의 일종이긴 하나 순수 예술은 아니다. 장식적인 면이 가미될 수는 있겠지만, 공예는 어쨌거나 쓸모 있는 물건을 만드는 작업이다. 하지만 순수 예술은 오직 아름다움을 목적으로 하는 무엇인가를 만드는 일이다.
– '예술과 프로그래밍'[7]에 대한 리처드 스톨만(Richard Stallman)[8]의 견해

상황

당신은 고객의 문제를 해결하기 위해 고용되어 있다.

문제

고객이 당면한 문제는 이미 검증된 해법이 존재하지만, 이번 기회에 동료들에게 깊은 인상을 심어줄 아름다운 무언가를 만들어낼 수 있을 것 같다.

해결책

장인정신은 튼튼한 상호관계에 기초한다. 이기심을 좇지 말고 고객에게 가치를 제공하는 데 집중하라.

한 사람의 장인으로서, 예술적 표현에 탐닉하기보다는 다른 이들의 필요를 충족시키는 무언가를 만드는 것이 먼저다. 일단 장인이 굶주린다는 사실

---

[7] John Littler, 'Art and Computer Programming'. http://www.onlamp.com/pub/a/onlamp/2005/06/30/artofprog.html

[8] (옮긴이) GNU 프로젝트와 자유 소프트웨어 재단의 창시자.

자체가 말이 되지 않는다. 우리 친구 로랑 보사비가 얘기한 것처럼, "자신의 기술로 생계를 꾸려야 할 장인에게 굶주림이란 실패다."[9] 그러므로 자기 솜씨를 뽐내거나 이력서에 한 줄 추가하려 하기보다는 고객의 관심을 우선해서 최선을 다해야 할 것이고, 그러면서도 소프트웨어 개발 공동체에서 통하는 최소한의 기준은 지켜야 할 것이다. **긴 여정**을 걸어간다는 것은 이렇게 상충하는 두 조건을 잘 조화시켜야 함을 의미한다. 만약 당신이 만든 것이 너무 아름다워서 실제로 쓰기는 어렵다는 이유로 끼니를 굶는다면, 당신은 장인의 길에서 벗어난 것이다. 아름다운 작품을 만들고자 하는 열망이 너무 큰 나머지 프로페셔널한 소프트웨어 개발에서 멀어지고 현실의 사람들에게 유용한 무언가를 만들지 못하게 된다면, 당신은 장인의 길에서 벗어난 것이다.

우리가 고객을 위해 만드는 그 무엇인가가 아름다울 수는 있겠지만, 반드시 쓸모 있어야 한다. 이 패턴으로 인해 당신은 실리를 위해서 미적인 면을 희생할 수 있는 능력을 개발하는 성숙함을 갖출 것이다.

아름답지만 실용성 없는 물건을 만드는 일에 탐닉하는 것은 장인정신이라 할 수 없다. 모름지기 장인이라면, 컴퓨터 과학의 최첨단을 달리지만 정작 플레이하기는 힘든 백만 라인 규모의 게임보다는, 누군가를 미소 짓게 만드는 50줄짜리 게임을 더 높이 평가할 것이다.

예술보다 공예에 가깝다는 말이 내포한 또 다른 면은, 비록 당신 마음에 차지는 않더라도 고객들이 만족할 만한 품질을 지닌 결과물이라면 내놓아

---

[9] 로랑 보사비와 나눈 사적인 대화.

야 한다는 것이다. 장인이라면 고객이 만족할 물건을 만들어 내기에 앞서 영감이 번뜩이며 찾아오기를 기다리지는 않을 것이다. 여기에는 긍정적인 면도 있고 부정적인 면도 있다. 장인은 자기가 바라는 대로 작품을 만들면서 보수를 받는 그런 멋진 동네에는 낄 수가 없게 된다. 그러나 다른 한편으로 장인과 그의 고객은, 지금 당장 가치를 주는 소프트웨어를 만들고 쓴다는 데 대해서 만족할 것이다.

켄이 말하는 장인정신

스스로 만족하기 위해서가 아니라 현실 사람들이 당면한 현실적인 문제와 씨름할 때 기량은 연마되는 것입니다.

— 켄 아우어Ken Auer와 나눈 이메일

이 패턴은 편한 대로 행동하자는 것은 아니다. 여기서는 또한 쓸모 있는 공예품이라면 적어도 일정 수준 이상의 품질은 될 것이라는 의미가 있다. 이 패턴을 적용할 때는 문제를 당장 해결하고 싶어 하는 고객의 요구와, 당신을 장인이게 하는 내면적인 기준 사이에서 균형을 잘 맞추어야 할 것이다. 다소 부담되는 상황에서도 이런 기준을 지킬 수 있으려면, 실용성과 아름다움은 대립된다기보다 상호 의존적이라는 사실을 이해해야 한다. 소프트웨어가 쓸모 있을수록 그 품질은 더욱 중요해진다. 하지만 품질을 얻는 데는 시간이 필요하다. 당신은 아름다움과 유용성 사이에서 계속 균형을 잡아 가면서 적정 수준의 품질을 지향해야 한다. 가끔은 그런 타협점을 잘못 잡기도 할 텐데, 그 실수를 만회한다고 시스템을 밑바닥부터 다시 짜려고 든다면 고객이 별로 좋아하지는 않을 것이다. 그런 상황에서는 리팩터링을 통해 수정해 나가는 능력을 개발할 필요가 있다. 세넷Sennet은 "우리는 수리를 하면서 그것이 동작하는 원리를 이해하는 경우가 종종 있다."[10]라고 했다. 혹시 예술적인 쪽이나 편의주의적인 쪽으로 너무 많이 방향을 틀어버린 경우라면, 그것을 바로잡느라 보내는 시간 동안 다른 어떤 방법으로도 배울 수 없는 소프트웨어 개발에 대한 교훈을 얻을 것이다.

실천 방안

앞으로 24시간 동안, 무언가 아름답기보다는 유용한 일거리를 찾아보라. 이것은 간단한 선택일 수도 있고, 다소 미묘한 타협이 필요한 일이 될 수도 있다. 중요한 점은 앞서 언급된 이슈들을 의식하면서 무엇을 할지 선택하는 것이다.

여기에 대한 당신의 의식을 좀 더 고취시키는 다른 방법은, 작년 한 해 동안에 실용성보다 예술적인 면을 택했던 상황으로 뭐가 있었는지 떠올리는 것이다. 그 일은 어떻게 되었는가? 만약에 선택을 달리 했다면 어떻게 되었을지 당신의 생각을 글로 써 보라.

관련 항목

긴 여정(112쪽)

---

[10] 『The Craftsman』, p. 199

지속적인 동기 부여

프로그래머가 일하는 모습을 본 적이 있는 사람이라면, 자기 방식대로 일할 수 있는 기회가 주어졌을 때 프로그래밍은 그 자체로 가장 큰 동기를 부여한다는 것을 알 것이다.
– 제랄드 와인버그, 「The Psychology of Computer Programming」[11]

상황

견습생으로서 당신은 기술적인 역량을 개발해야 한다. 역량을 높이다 보면 당신은 계속해서 바뀌고 상충되는 요구사항을 가져오는 고객을 위해, 아리송하게 명세된 프로젝트라는 골치 아픈 현실 속에서 일하고 있음을 종종 깨닫게 될 것이다.

문제

실세계 프로젝트라는 전장의 참호 속에서 일하는 것은 혹독하고 가끔은 지루하거나 소모적이며, 흔히 좌절스러운 데다가 더 자주는 너무 무질서하거나 억지스럽다.

해결책

장인정신에 대한 당신의 의욕이 **긴 여정** 동안의 시험과 시련 속에서 적응하고 생존하리라는 확신을 가져라.

---

[11] (옮긴이) 번역서로 『프로그래밍 심리학』(2008, 인사이트)이 있다.

일을 하는 것이 마냥 좋은 나날이 있을 것이다. 소프트웨어를 개발하면서 돈도 번다는 사실이 경이롭게 느껴져서 혼자 낄낄거릴 때가 있을 것이다. 당신이 만드는 소프트웨어는 마음속으로부터 손끝을 통해 나와 물 흐르듯이 흐를 것이며, 그 기능과 설계는 보기에 아름다울 것이다. 이런 날들은 즐겁고도 비범한 날들이다. 달리 말해서, 평상시와는 같지 않다는 말이다.

> 돈을 벌기 위한 소프트웨어와, 만들기에 재미나는 소프트웨어 사이에는 서로 겹치는 부분이 그다지 많지 않다. (중략) 당신이 돈을 벌고자 한다면, 너무 지저분해서 누구든 공짜로는 해결하려 들지 않는 그런 문제를 안고 씨름해야 할 때가 많다.
>
> — 폴 그레이엄 Paul Graham, 『Hackers & Painters』[12]

폴 그레이엄이 말한 것처럼, 통상적인 프로그래밍 일자리라면 당신은 지루하고 막연하며 쓸데없이 복잡한 문제들과 대면하게 될 것이다. 심술궂고 사악한 그런 문제들 말이다. 그뿐 아니라, 관료주의, 까다로운 성격의 사람들, 오점투성이의 리더십에 맞닥뜨리게 될 수도 있다. 당신에게는 이 길을 과연 계속 가야 하는지 의문이 드는 나날이 있을 것이다. 이런 문제에 당면했을 때는, 프로그래밍에 대한 의욕을 **긴 여정**의 행보와 맞추는 것이 아주 중요하다. 아래에서 몇 가지 예를 보자.

- 당신은 프로그래밍이 싫지만 돈 때문에 어쩔 수 없이 하고 있다. 그러니

---

[12] (옮긴이) 번역서로 『해커와 화가』 (2005, 한빛미디어)가 있다.

장인정신 같은 데 신경 쓰기보다는 출세의 사다리를 오르는 데 관심을 쏟는다. 하지만 기술직에 몸담으며 얻는 평판도 중요하니, 일자리 실정이 좋아질 때까지 꾹 참고 견디려고 한다.
- 당신은 즐겁기 때문에 프로그래밍을 하는데, 그런 즐거움을 못 느낀 지 몇 달은 된 것 같다. 그리고 직업을 바꿀까 진지하게 고민도 하고 있다. 다행스럽게도 당신에게는 돈도 중요해서, 지금 당장은 프로그래밍만한 밥벌이가 없다고 생각한다. 그래서 돈 때문에 우선 참고 계속해 보기로 하고, 그러다가 마침내 프로그래밍에 대한 애정이 다시 돌아온다.
- 당신이 오픈소스 프로젝트에서 일하고 있는 것은 주로 명성을 쌓고자 하는 욕구 때문이다. 당신의 프로젝트가 전 세계의 사용자들에게 유용함을 주지만, 해커로서의 지위는 정체되어 있으며 이 일을 그만둘까 고민하는 중이다. 하지만 자유 소프트웨어의 중요성에 대한 당신의 믿음이 이 일을 계속하게 만든다. 당신의 프로젝트는 드디어 결실을 맺고, 명성은 높아진다.

일부 프로그래머들은 뜻하지 않게 자신의 동기에 의해 발목이 잡힌다. 『More Secrets of Consulting』에서 제럴드 와인버그는 이런 현상을 '황금 족쇄Golden Lock'에 비유한다. "뭔가 새로운 걸 배우고는 싶지만, 내가 이미 알고 있는 것만으로도 벌이가 너무 좋다." 황금 족쇄의 위험성은 자신의 동기를 **긴 여정**과 맞추기가 얼마나 중요한지 보여주고 있다. 그 동기에는 숙달의 경지에 이르겠다는 야망이 있어야 함은 물론이다. 그런 야망은 언젠가 황금 족쇄가 필연적으로 다가올 때 당신이 경계심을 품도록 할 것이다. 장인으로 성장해 가면서, 당신은 **긴 여정**을 자유로이 갈 것인지 황금 족쇄에 묶일 것인지 택해야 하는 힘든 결정의 시기를 맞게 된다. 여기에 두 가지 사례가 있다.

오비 페르난데스Obie Fernandez는 자바 전문가로 꽤 알려진 뛰어난 프로그래머였다. 2005년 오비는 결단의 기로에 섰는데, 자바 전문가로 계속 커 갈지 아니면 익숙지 않은 언어(루비)로 된 장래성 있는 웹 프레임워크(레일스)를 새로 배울지 결정해야 했다. 오비는 그의 도구 세트를 확장하기 위해 배움의 길을 택했다. 이것이 장인의 특징이라 할 수 있다. 그는 자바로 얻은 명성을 뒤로 하고 황금 족쇄를 벗어나 루비 새내기가 되었다. 아이러니하게도 이 결정은 오비를 전에 자바 전문가였을 때보다 더 높은 경지에 올려놓았고, 결과적으로 그는 웹 애플리케이션 개발 회사인 해시로켓Hashrocket을 창업하게 되었다.

마튼 구스타프슨은 기예에 대한 열정이 지나친 나머지 자신의 모든 시간과 에너지를 프로젝트에 쏟아 부었고, 그로 인해 때때로 죽음의 행진project death march 속에서 행군하고 있는 자신을 발견하고는 했다. 이와 같이 영웅적으로 사태를 수습해 보겠다는 좋은 뜻을 품고서 밑도 끝도 없는 구덩이로 자신을 내던지는 젊은 프로그래머는 마튼이 처음도 아니고 마지막도 아닐 것이다. 만약 당신이 궁극적인 경지로 향한 **긴 여정**을 걷고 있다면, 당신 삶의 다양한 측면과도 조화를 이루면서 소프트웨어 장인정신에 대해 **열정을 키워 가는** 태도가 반드시 필요하다. 저울의 추가 한쪽이나 그 반대쪽으로 때때로 기우는 것은 인생에 있어 자연스러운 일이다. 그럼에도 불구하고 당신은 **긴 여정**을 가는 동안 이런 균형을 잡는 일에 늘 주의를 기울여야 할 것이다.

싫어하는 일을 못 견디는 데이브

이 패턴을 발전시켜 나가는 중에 (내가 소트웍스에서 일할 때 **마음 맞는 사람들** 중 하나였던) 데이비드 우드David Wood가 여기 어울리는 통설을 몇 가지 알려 주었는데, 예를 들면 이런 것이다. "좋아하는 일을 하면 돈은 저절로 따라 온다." 나에게는 이 말이 상당히 공감이 가는데, 좋아하는 일을 할 수 없게 되면 나는 완전히 병자 꼴이 되기 때문이다. 반대로 좋아하는 일을 하면 내게는 일에 쏟아 부을 엄청난 에너지와 창의력이 생기고, 결과적으로 더 나은 금전적인 보상을 받게 된다. 많은 프로그래머들이 단기적으로는 더 나은 보수를 받는 직장을 구할 수 있겠지만, 길게 본다면 좋아하는 일을 하는 데 따라오는 금전적인 보상은 결국 그런 단기적인 보상을 상쇄하고도 남을 것이다. 이렇게 통념에 다소 반대되는 듯한 지혜에 대해서 더 알고 싶다면, 2005년 스탠포드 대학의 졸업식에서 행한 (대학 중퇴자이자 애플사의 공동 창업자인) 스티브 잡스의 연설을 읽어 보기를 권한다.[13]

— 데이브 후버

실천 방안

당신에게 동기 부여가 되는 일을 최소한 15가지 이상 적어보라. 잠시 기다렸다가 다섯 가지를 추가로 더 적어보라. 그중 자발적인 동기가 아니라 다른 사람의 시선을 의식해서 쓴 동기는 몇 가지나 되는가? 그 비율이 처음의 15개와 뒤의 5개 안에서 달라지는가? 그중에서 빼더라도 괜찮을 만한 것은 몇 가지인가? 이제 당신에게 동기를 부여하는 가장 중요한 다섯 가지를 적어

---

[13] http://news-service.stanford.edu/news/2005/june15/jobs-061505.html
(옮긴이) 웹에서 이 연설문 영상과 번역문을 쉽게 찾을 수 있다. http://bit.ly/bxw7zC

보라. 그 목록을 힘든 시기에 볼 수 있도록 잘 보관해 두라.

관련 항목

열정을 키워라(127쪽), 긴 여정(112쪽)

열정을 키워라

신은 인류의 아주 일부에게만, 설령 얻는 것이 없더라도 열정으로 했을 일을 하면서 생계도 유지하는 특권을 주었다. 나는 너무나 감사하다.
– 프레더릭 브룩스(Frederick Brooks), 「The Mythical Man-Month」[14]

상황

당신은 '그냥' 소프트웨어 개발자로 고용되었다.

문제점

당신은 기예를 향한 열정을 질식시키는 그런 환경에서 일하고 있다.

해결책

소프트웨어 장인정신에 대한 당신의 열정을 보호하고 성장시킬 조치를 취하라.

숙련공이 되려면 소프트웨어 장인정신에 대한 열정을 가질 필요가 있다. 유감스럽게도 당신의 일상에서는 이런 열정을 식게 하는 일이 흔히 일어난다. 사기를 꺾는 회사의 계층 사다리, 죽음의 행진을 시작한 프로젝트, 입버릇 사나운 관리자, 냉소적인 동료들이 당신을 기다리고 있을지도 모른다. 이렇게 혹독한 환경에서 당신의 열정을 키워가기란 힘들다. 여기 열정을 유

---

[14] (옮긴이) 번역서로 『맨먼스 미신』 (2007, 케이앤피북스)이 있다.

지하기 위한 몇 가지의 기본적인 실행 방안이 있다.

　당신이 좋아하는 일을 하라. 일에서 뭔가 흥밋거리를 찾고, 스스로 그것을 즐길 수 있을지 분별한 다음에, 자기 자신을 그 일에 쏟아 부어라. 정규 업무시간 중에 이 일을 할 만한 여유를 내기 어렵다면, 가외의 시간을 들여 보라. 만약 그것마저도 여의치 않다면, 퇴근 후에 시간을 따로 좀 할애해서 **부숴도 괜찮은 장난감**을 만들어 보라.

　오라일리 오픈소스 컨벤션OSCON, O'Reilly's Open Source Convention 2004에서 '위대한 해커들'이란 제목으로 발표를 진행하면서 폴 그레이엄은 이렇게 얘기했다.

　"위대한 해커가 되기 위한 열쇠는 좋아하는 일을 하는 것이겠지요. (중략) 무언가를 잘 하고 싶으면 그 일을 좋아해야 합니다. 그러므로 당신이 좋아하는 일이 해킹인 한, 당신은 해킹을 잘 할 수 있을 겁니다."

　마음 맞는 사람들을 찾아라. 당신이 더 배우고 싶어 하는 것을 집중적으로 다루는 지역 사용자 모임에 참가하라. 블로그를 시작하고, 흥미 있어 보이는 다른 블로그들을 구독하라. 온라인 포럼과 메일링 리스트에 참여해서 **배운 것을 공유하라**. 조슈아 케리에브스키Joshua Kerievsky의 논문 「A Pattern Language for Study Groups」[15]에 소개된 '지식 소화전Knowledge Hydrant' 패턴 언어를 사용해서 스터디 그룹을 시작하라.

　고전을 공부하라. 우리 분야의 위대한 저작에 몰두하여 자신의 열정이 위

---

[15] http://www.industriallogic.com/papers/khdraft.pdf
　(옮긴이) 자기 분야의 위대한 저작들을 찾아서 진지하게 공부하기 시작하라는 내용이다. 갈증 때문에 물을 찾아 이리저리 뛰는 사람들이 바로 근처에 있는 소화전을 생각하지 못한다는 뜻에서 이런 이름이 붙었다.

기에 처했을 때 헤쳐 나갈 힘을 얻을 수 있다. 이렇게 시대를 초월한 책들은 당신을 또 다른 세상에 눈 뜨게 할 것이다.

자신만의 지도를 그려라. 때로는 고용주가 제시하는 경력 노선이 당신의 필요나 목표, 포부와 상반될 때가 있다. 이런 경우 당신이 가려는 방향과 맞아 떨어지게 경력을 쌓을 수 있는 조직으로 옮긴다면 당신의 열정을 지켜낼 수 있을 것이다.

죽음의 행진은 여러 가지 나쁜 조건들 중에서도 아마 가장 해로울 것이다. 그런 상황에서는 도대체 어떻게 열정을 지켜내고 성장시킬 수 있을지 상상하기조차 힘들다. 죽음의 행진은 당신의 시간과 에너지를 빨아먹으며, 건강이나 가정 문제처럼 당장 신경 써야 할 더 중요한 문제 때문에 열정을 보호할 어떤 행동도 취할 수 없게 한다. 죽음의 행진은 여러 소프트웨어 개발 조직에서 흔히 볼 수 있는 영웅 심리에 기인한다. **긴 여정**을 걷는 사람들은 몇 년 정도 전력 질주한 후에 그냥 소진되어 버리는 영웅이 아니다. 그들은 수십 년은 지속할 수 있는 걸음걸이로 움직이는 사람들이다.

열정을 키우고자 한다면, 당신이 기꺼이 일할 수 있는 주변 환경에 대해 미리 명확하게 경계를 지어 두어라. 이것은 팀의 다른 사람들이 야근할 때 먼저 퇴근한다든지, 험한 말이 오가기 시작한 회의에서 빠져 나온다든지, 냉소적인 대화를 건설적인 주제로 돌리려 한다든지, 자신의 최저 기준에 부합하지 않는 코드의 배포를 거부하는 것을 의미할 수도 있다. 그 결과로 당신은 연봉 인상, 승진, 명성, 인기 같은 것과는 거리가 멀어질 수도 있다. 하지만 당신이 해로운 환경에서 벗어나서 자신의 열정을 굳게 지키고자 한다면, 이렇게 경계를 지어야 한다.

OSCON의 발표에서 폴 그레이엄은 계속해서 말했다.

"열네 살 때 당신이 프로그래밍에서 느꼈던 경이로움, 그 느낌을 계속 지니도록 노력하기 바랍니다. 만약 지금 일자리가 당신의 머리를 썩게 만드는 게 아닌가 하는 걱정이 든다면, 그건 아마도 사실일 겁니다."

숙달의 경지로 가는 길과 경력이나 생계가 일치되는 여행자들은 운이 좋다. 그러지 못한 사람들은 근무 시간을 피해서 연습할 시간과 장소를 찾아야 한다. 그렇게 해서 숙달됨에 다가서기는 하겠지만 이런 식으로 밥벌이와 병행하기란 어려운 일일 것이다.

— 조지 레너드, 『Mastery』, p. 133

실천 방안

얘기 나누기에 적당한 긍정적인 아이디어 세 가지를 출근길에 미리 준비해 두라. 그날 하루 동안에 대화 분위기가 당신의 에너지를 좀먹기 시작한다고 느끼면, 이 세 가지 중 하나로 주제를 바꾸어 보아라. 이렇게 하는 목적은 주도권을 쥐면서 주변의 부정적인 대화 분위기에 끌려가지 않는 것이다. 귀갓길에는 오늘 했던 노력이 어느 정도나 성공적이었는지 돌이켜 보고, 당신의 주변 환경을 개선할 수 있는 다른 방법을 생각해 보라.

관련 항목

자신만의 지도를 그려라(131쪽), 마음 맞는 사람들(163쪽), 고전을 공부하라(239쪽), 긴 여정(112쪽)

자신만의 지도를 그려라

헐뜯기 좋아하는 사람들을 조심하라. 사회생활을 하다 보면, 프로그래밍이란 건 세월이 지나면 계속해 나가기 힘든 일이라는 것을 증명하려 드는 동료나 사람들을 만날 수 있다. 그들은 소프트웨어 개발이란 대학을 갓 나온 풋내기들이나 하는 것이며, 결혼하고 아이가 생기면 더 이상은 못 하는 거라고 생각한다.
— 모한 라다크리슈난(Mohan Radhakrishnan)의 댓글[16]

상황

경력을 쌓아 가는 방향은 여러 갈래가 있겠지만, 어떤 고용주라도 그중에서 한정된 일부의 길만을 제공해줄 수 있다.

문제

고용주가 제시하는 경력 관리 방향이 모두 당신에게 맞지 않는다.

해결책

논리적이면서도 의욕적으로 경력의 다음 단계를 준비하라. 그 일은 당신의 고용주나 경력 카운슬러, 혹은 교수님이 도와줄 수 있는 일이 아니다. 다음 단계에 도달하고, 궁극적으로 당신이 꿈꾸는 목적지에 이르는 진로를 계획하는 일은 당신 책임이다. 경력에서 다음 단계를 정했으면, 이제 앞으로 나

---

[16] http://apprenticeship.oreilly.com/wiki/show/draw_your_own_map - 로그인을 해야 글을 볼 수 있다.

아가기 위해서 밟아야 할 더 작은 중간 단계들을 시각화시켜라.

그리 대단하게 보이지 않을지라도, 첫 걸음을 떼는 것은 아주 중요하다. 그 첫 걸음이 목표로 이끌어갈 추진력을 만들어 낸다. 비록 완벽한 계획이 서 있지는 않을지라도, 떨리는 첫 걸음(그리고 나중의 다른 모든 걸음)을 스스로 내딛음으로써 당신이 그린 지도가 한낱 백일몽이 아닌 현실로 바뀔 수 있다.

단순히 높은 수준의 목표를 써 내려가지는 말고, 작지만 실현 가능한 단계들을 정해 보라. 이런 작은 단계들은 당신이 지도를 수정할 때 유용한 피드백을 제공해 주고, 목표를 성취하기 위해 **마음 맞는 사람들**에게 도움 받기도 더 수월해진다. 어쨌거나 어느 누구라도 당신이 폴 그레이엄이 말하는 '위대한 해커'가 되는데 무언가 보탬이 될 수는 없지만, 리스프Lisp나 유닉스 소켓 프로그래밍을 배우는 일처럼, 명확히 정의된 목표를 달성하는 일이라면 그 사람들도 여러 방면으로 도움을 줄 수 있을 것이다.

고용주가 제시하는 비전과 당신의 비전이 맞지 않고, 그 차이를 조정할 방법이 없어 보이는가? 그렇다면 다른 기회를 탐색해 가면서 당신이 추구하는 방향과 일치하는 기회가 있는지 살펴보라. 하지만 모든 견습생이 따라야 하는 단 하나의 길이 있는 것은 아님을 기억하라. 그보다는 성공적인 견습생들이 가는 길에는 어떤 공통점이 있다고 하는 편이 맞을 것이다. 이런 유사성은 모두가 똑같은 결정을 내리도록 그 멘토들이 무정하게 이끌고 갔기 때문에 생긴 것은 아니다. 그 견습생들이 의식적이든 아니든 간에 서로 공통되는 일련의 가치에 기초해서 삶의 노정을 선택했기 때문이다.

주변의 사정과 당신의 가치관이 변해감에 따라, 당신의 지도도 계속 재평가될 필요가 있다. 때로는 자신의 지도와 주변 사람들의 지도가 잘 조화되기도 할 것이고, 때로는 황야를 지나기 위해서 자신만의 길을 그려야 할 때도 있을 것이다. 우리와 얘기를 나눈 몇몇 견습생은 현재의 지도에 대해 열린 자세를 가졌기 때문에 **마음 맞는 사람들**을 찾을 수 있었을 뿐 아니라 과거나 지금의 고용주들과도 원만한 관계를 유지할 수 있었다고 한다. 유일하게 변하지 않는 것이 있다면, 그 지도는 언제나 당신의 것이라는 점이다. 그렇기에 언제든지 당신은 그 지도를 마음대로 다시 그릴 수 있다.

지속 가능한 동기 부여와 직위를 지표로 이용하라 패턴을 활용해서, 현재 당신의 직위와 급여 때문에 지도상에서 갈 수 있는 목적지가 제한되는 사태를 미리 방지하라. 만약 '지도 위에' 머물기 위해 조직도에서 좀 덜 그럴듯한 직책으로 옮겨갈 필요가 있다면, 먼저 **긴 여정**을 생각해 보라. 그리고 멋있어 보이는 (단기적인) 직함이나 급여를 좇는 것과, 자신의 목표와 더욱 일치하며 장기적으로는 나를 더 높은 곳으로 이끌어 줄 수 있는 직장에서 일하는 것, 그 두 가지의 상대적인 중요성을 비교해 보라.

데시가 자신만의 지도를 그리다

나는 이제 막 시작하는 회사에 일자리를 얻었습니다. 거기서는 온갖 일을 했는데, 예를 들면 데이터베이스 관리, 시스템 관리에다 품질 보증, 소스 관리도 했고, 가끔은 프로젝트 관리도 했었지요. 맡은 일은 시간이 지나면서 바뀌었고, 얼마 후에 나는 프로그래밍이 다시 하고 싶어서 손이 근질거리기 시작했습니다. 나는 우선 SQL 스크립트, 펄 스크립트, 셸 스크립트 같은 것으로 시작했습니다. 이 스크립트들은 앞서 언급된 다른 업무를 중심으로 작성되었지요. 학습할 시간이 있고 실제 수업을 들을 때 같은 압박이 없다면, 프로그래밍은 사실 재미있다는 것을 깨달았습니다. 이로 인해서 잠시 행복했지만, 시스템 쪽으로 더 집중하라는 상사의 압력은 개발 쪽으로 옮기고자 하는 내 욕구와 충돌하기 시작했습니다. 내 일자리에서는 개발이 아닌 다른 종류의 학습과 업무를 필요로 해서, 나는 프로그래밍에 대한 의욕이 꺾였습니다. 그런 일은 내가 원하는 것이 아니었기에 좌절감을 느꼈지만, 어쨌거나 그 자리에는 붙어 있어야 하겠다는 생각이 들었습니다. 나는 제품화 작업과 시스템 관리 업무를 아예 맡지 않거나, 아니면 코드 작성의 부수 업무 정도로 하기 원했습니다. 하지만 회사 입장에서는 그런 업무 이동을 허락할 수는 없었을 겁니다. 그 당시 나는 학교를 졸업한 지 4년이 지났지만 실제 프로그래밍 경험은 없었기 때문에, 개발자로 일할 곳을 찾지 못해 애를 먹고 있었습니다. 그리고 결국 회사를 사직하고는 다른 곳으로 옮겨가서 다시 형상 관리configuration management 업무를 맡았습니다. 새 회사에 펄을 도입하려 시도했지만, 엄청난 저항에 부딪혀야 했습니다. 코드를 짜고 싶다는 내 욕구가 점점 커지고 있었기 때문에, 나는 또 이직을 해야 할 모양이다 하고 생각했습니다. 다행히도 소프트웍스사에서 나에게 기회를 주기로 했지요.

— 데시 맥애덤Desi McAdam이 보낸 이메일

크리스가 배움의 한계를 헤쳐 나가다

내가 아는 SQL 지식은 모두 인트라도Intrado에 있을 때 데이브 오베르토Dave Oberto에게 배웠습니다. 나는 테스트 책임자였는데, 그는 마이그레이션 책임자였고 대단한 프로그래머였지요. 그리고 내가 아는 C 언어, 포인터 연산, 그 밖에 기계 쪽에 가까운 온갖 것은 모두 프랭크Frank가 가르쳐 주었지요. 우리는 가끔 더그Doug라는 계약자를 고용했는데, 그 사람에게서는 소프트웨어 설계에 대한 지식을 모두 배웠습니다. 나는 거기서 굉장히 많은 것을 배웠는데, 이 사실이 내 주위의 사람들을 화나게 만들었지요. 그러다가 더 이상은 배우는 것이 허락되지 않는다는 통보를 갑작스레 받고서, 나는 마침내 떠났습니다. 사실 내가 직무 내용을 넘어서고 테스터와 개발자의 경계를 허물면서 아주 성공적으로 업무를 수행하긴 했지만, 거기에도 한계가 있었습니다. 나는 그곳에서는 프로그램 짜는 것을 배울 수는 없을 테지요. 그랬기에 나는 떠났습니다.

— 크리스 맥맨Chris McMahon이 보낸 이메일

앞의 이야기에서는 데시와 크리스가 무엇을 가장 우선시했는지 보여준다. 그들은 더 나은 프로그래머가 되고자 하는 목표에 회사의 기대나 문화 같은 것이 방해가 되도록 두지는 않았다. 이 이야기는 특히 개발에 뜻을 품은 시스템 관리자나 테스트 전문가에게 적절하다. 너무나 많은 조직에서 미리 정해놓은 틀에 사람들을 배정해 버리고 직원들(혹은 '자원들')에 근시안적으로 접근하고 있다. 데시를 훌륭한 프로그래머가 되기를 열망하는 한 사람으로 보기보다는 그냥 '시스템 관리자 한 명'으로 생각하는 것이 관리하기는 쉬울 것이다. 어떤 경우에는 구성원들이 스스로 설정한 담대한 목표를 이루려는 노력을 뒷받침해 주는 조직도 있을 것이다. 하지만 또 다른 조직에서는 그렇지 않을 것이다. 만약 당신이 속한 곳이 이런 조직이라면, **능력의 폭을 넓히고** 길잡이가 되어 줄 **멘토를 찾음**으로써 다른 직장을 알아보기 시작할 필요가 있다.

실천 방안

지금 가진 일자리에서 이어질 것 같은 일자리를 세 가지 나열해 보라. 다음에는 그 일자리들에서 각각 비롯될 수 있는 세 가지 일자리를 써 보라. 이 열두 개의 목록을 잘 살펴보라. 이것이 당신 삶에서 앞으로 몇 년 동안 가지고자 하는 완전한 일자리의 목록인가? 빠진 것은 없는가? 앞서 추가했던 9개의 일자리 각각에 대해 세 개씩을 추가해서 이 도표를 확장해 보라. 이렇게 해서 27개의 일자리가 더해졌을 것이다. 이 목록이 경력에 대한 선택 폭이나 경력을 쌓기 위해 바라는 위치를 잘 보여주고 있는지 자문해 보라. 선택의 폭을 좁히는 제약조건은 무엇인가?

이때껏 그려본 그림이 그다지 마음에 들지 않는다면, 위의 과정을 이번에는 다른 일자리를 가지고 되풀이해 보라. 필요하다면 사업 영역이나 기술 분야를 바꿀 수도 있을 것이다. 그 다음에는 당신이 항상 받아들일 수밖에 없었던 제약조건 중 하나를 완화시키는 것이 어떤 영향이 있는지 주시하면서 위의 과정을 다시 시도해 보라. 만약 외국으로도 기꺼이 가고자 한다든지 새로운 자격증을 딴다든지, 새로운 외국어나 프로그래밍 언어를 배운다면 어떻겠는가? 자신만의 사업을 시작한다면 어떤가? 소프트웨어가 그 사업에서는 하나의 수단일 뿐이라면? 당신이 생각하는 것보다 가능성은 더 다양하다.

관련 항목

능력의 폭을 넓혀라(184쪽), 멘토를 찾아라(158쪽), 마음 맞는 사람들(163쪽), 지속적인 동기 부여(121쪽), 긴 여정(112쪽), 직위를 지표로 이용하라(137쪽)

직위를 지표로 이용하라

자네를 선임 엔지니어에서 수석 엔지니어로 승진시키겠네. 급여는 그대로지만 사람들이 자네를 조금 덜 무시할거야.
– 딜버트(Dilbert)[17]의 뾰족 머리 상사

상황

배움에 전념한 결과, 당신은 '선임', '아키텍트', '수석' 같은 단어가 붙은 직위로 (공식적이든 비공식적이든) 고용되거나 승진되었다.

문제

거울에 비친 당신 모습을 보노라면 이런 직위와 당신은 잘 맞지 않는 듯하다. 공식적인 자리에서 자신을 소개할 때면, 왠지 당신의 역량과 직무 내용이 차이 나는 데 대해 사과하거나 변명이라도 해야 할 것 같은 생각이 든다.

해결책

그럴 듯한 직함에 속지 말라. 당신 어머니께서는 당신이 그럴 자격 있다고 생각하실지 몰라도 그런 직위와 책임이 당신의 견습과정이 끝났음을 나타내는 것은 아니다. 그것은 단지 우리 업계에 얼마나 장인이 부족한지 일깨워 주는 역할을 할 뿐이다.

---

[17] (옮긴이) 스콧 애덤스(Scott Adams)가 그린 카툰의 제목이자 주인공 이름. 사무실의 일상이 풍자적으로 그려져 있다. http://www.dilbert.com/ 참고.

또 다르게는 동료들보다 뛰어남에도 불구하고 별로 시원치 않은 직함을 달고 있는 경우가 있다. 그럴듯한 직위에 대한 듣기 좋은 칭찬과 마찬가지로, 인정받지 못해서 느끼는 좌절은 우리 업계에 문제가 있음을 상기시키는 것이 되어야 한다. 좌절이 당신의 발목을 잡게 놔두지 말고, 이 상황으로 당신이 속한 조직을 평가하고 조직이 당신에게 얼마나 맞는지 재어 보라.

다른 변형된 경우로는 비공식적인 직함이 있다. 예를 들면 당신은 공식 직위는 그대로지만 팀 내에서 권위 있는 위치로 성장했을 수 있다. 이런 비공식적 지위는 무시하기가 어려운데, 비록 당신이 내린 자기 평가와는 상충될지라도 주변의 동료들에 의해 계속 강화되는 성질의 것이기 때문이다. 이런 때에는, 멘토나 **마음 맞는 사람들**과의 관계가 당신을 현실에 발 디디도록 하는 데 결정적인 역할을 할 것이다.

데이브가 표지판을 보다

내가 펄로 된 CGI 스크립트였던 첫 번째 프로그램을 짜고 나서 2년 뒤에 얻게 된 직함은 '선임 애플리케이션 개발자'였다. 상당히 엄밀한 자기 평가를 거치고 나니, 이 상황이 해학적으로 보였다. 목표를 성취했다고 믿는 대신에 나는 이 직함을, 계속 나아가면서 **자신만의 지도를 그려야**함을 나타내는 표지판으로 여겼다.

— 데이브 후버

실천 방안

당신의 직책이 어떤 것인지 길고 상세한 버전으로 한번 적어보라. 실제로 하는 일과 당신의 역량 수준을 정확히 반영하라. 이것을 계속 업데이트하고, 때때로 이런 직책에 있는 낯선 사람을 당신이 어떤 눈으로 바라볼지 상상해 보라.

관련 항목

자신만의 지도를 그려라(131쪽), 마음 맞는 사람들(163쪽)

전장에 머물러라

소비 제일과 임시변통이 판치는 이 사회의 유혹에 넘어가서 우리는 가끔 잘못된 길을 선택하는데, 거기서는 단지 성취의 환상, 만족의 그림자를 얻을 뿐이다.
— 조지 레너드, 「Mastery」

상황

헌신적인 학습 덕택에 당신은 소프트웨어를 효과적으로 출시할 줄 아는 사람이라는 평판을 얻었다. 당신 조직에서는 뛰어난 성과를 낸 사람은 승진으로 보상받게 되어 있다.

문제

당신은 승진 제안을 받았지만, 그 자리로 간다면 프로그래밍과는 멀어지게 된다.

해결책

승진에 대한 제안은 당신이 **지속 가능한 동기**를 가졌으며 **긴 여정**을 기꺼이 걸을 것인지 가늠하는 시험대다. 대부분의 사람들은 관리직으로 승진하는 것을 성공과 동일시한다. 그들에게 관리직 승진 제의는 받아들이느냐 마느냐를 고민할 필요조차 없는 일이며, 제대로 된 길로 가고 있다는 표지판이다. 포부가 있는 장인이라면, '기술 관리자' 위치에 오랫동안 머물 수 있을 거라 믿는 어리석음을 범하지 말아야 한다. 피트 맥브린이 말하듯, "숙련됨은 연습을 중단하는 그 시점부터 퇴보하기 시작한다." 당신이 프로그램을 짜지 않는 하루하루마다 숙련공으로 가는 길은 점점 더 멀어져 간다.

그러므로 장인의 길에서 벗어나지 않으려면 다른 형태의 보상 방안을 고용주와 논의해 보라. 여기에는 보수를 더 받는 방법이나 사내 컨설팅처럼 관습적이지 않은 기술 리더 역할 같은 것이 있을 수 있다. 만약 당신의 조직이 경직된 곳이라면, 승진을 받아들여서 이 길에서 멀어지기보다 다른 곳에서 기회를 찾는 편이 더 나을 것이다(자신만의 지도를 그려라 참조).

야전의 참호 안에 머무는 것은 소프트웨어 개발을 위한 당신의 **열정을 키우는** 한 가지 방법이다. 풀타임 프로그래밍을 계속할 수 있는 직위로 승진을 받아들일 때는, **직위를 지표로 이용하기**를 잊지 말라.

이 패턴을 적용할 때는 당신 주변 사람들이 바라는 바에 눈을 감음으로써 이기적으로 되기가 쉽다. 하지만 당신이 좀 더 경험 쌓인 견습생이 되면서는, 다른 사람들도 좋아하는 일을 계속 할 수 있도록 자신의 업무 환경을 변화시키려고 노력하게 될 것이다. 이런 일은 온종일 매달려야 하는 일이 되기 쉬운데, 그렇게 되지 않으려면 신중하게 균형을 유지하거나 점차 경력이 쌓여가는 이들이 자립할 수 있는 환경을 만들어야 한다.

실천 방안

당신의 고용주는 탁월함을 어떻게 보상하는가? 만약 현재의 방식이 마음에 들지 않는다면 다른 방법을 고민하기 시작하라. 자기 경우에 완화해 적용할 수 있는 표준적인 제약 조건이 있는지 살펴보라. 내 계약서 내용에 어떤 제한을 가하는 문장이 포함되었을 수도 있고, 아니면 회사의 후원이 필요한 급진적인 아이디어를 당신이 가지고 있을 수도 있다. 이런 식의 대안적인 보상 방법들을 미리 준비해서, 승진을 거부할 때 자신의 동기를 명확히 이해하고 협상할 수 있도록 하라.

관련 항목

자신만의 지도를 그려라(131쪽), 열정을 키워라(127쪽), 지속적인 동기 부여(121쪽), 긴 여정(112쪽), 직위를 지표로 이용하라(137쪽)

또 다른 길

당신이 가는 길로 가지 않는다고 해서 그 사람들이 길을 잃은 것은 아니다.
— 잭슨 브라운 주니어(H. Jackson Brown Jr.), 「Life's Little Instruction Book」

상황

당신은 **자신만의 지도를 그려라** 패턴을 사용했으며 부지런히 그 길을 따라갔다.

문제

당신이 그린 지도는 **긴 여정**으로부터 당신을 멀어지게 한다.

해결책

당신만의 지도를 따라 가라. 그리고 견습과정 동안 배웠던 것을 기억하라.

당신은 얼마 동안 **긴 여정**을 걸어갔다. 하지만 **자신만의 지도를 그린** 결과, 이 길은 더 이상 당신에게 적절한 선택이 아님을 깨달았다. 당신은 현재의 가치관에 더 부합하는 보상이 주어지는 또 다른 길이 있음을 알게 되었다. 가족과 더 많은 시간을 보낼 수 있다든지 돈을 더 벌 수 있다든지 아니면 어떤 새로운 직업에 당신의 관심이 온통 쏠려있을 수도 있다. 그것이 무엇이든 간에, 당신은 소프트웨어 개발과 **긴 여정**에 작별을 고하게 된 것이다. 이 작별은 영원한 것일 수도 있고 그렇지 않을 수도 있다.

행여 이 길을 영원히 떠난다 할지라도, 길을 걸어가며 키워나갔던 가치관과 원칙은 늘 당신과 함께 할 것이다. 데이브는 가족 심리치료사를 그만둘 때 알게 되었는데, 스스로 프로스페로Prospero[18]의 (책을 불태우고 지팡이를 부러뜨리는) 선택을 내릴 수는 없었고, 그 대신 이전 직업에서 얻은 교훈과 경험을 새로운 직업으로 가지고 왔다. 이것은 당신에게도 똑같이 해당이 된다.

소트웍스 시절부터 애디의 멘토였던 아이번 무어Ivan Moore를 인터뷰했을 때, 그는 첫 IT 관련 직장을 그만두고 윈드서핑 강사가 되기 위해 여섯 달 동안 그리스의 섬에 가 있었던 얘기를 들려주었다. 윈드서핑 가르치는 일이 좋기는 했지만, 도무지 머리 쓸 일이라곤 없었던 까닭에 그는 완전히 만족하지 못했다. 그 후에 다시 업계로 돌아오기는 쉽지 않았는데, 그 이유인즉 '큰 회사의 인사 담당자들이 대개 그 경력을 좋아하지 않았기 때문'이었다.

우리에게는 교사나 윈드서핑 강사가 되거나 아이를 키우려고 소프트웨어 개발을 떠난 동료들이 있다. 우리는 그들의 선택을 존중했다. 만약 그들이 돌아온다면, 그 사이의 경험으로 얻게 된 새로운 관점을 함께 나눌 수 있을 것이니 우리는 두 팔 벌려 환영할 것이다. 하지만 유감스럽게도 대개의 소프트웨어 조직은 이런 경우를 그다지 환영하지 않는 것 같다. 이런 우회적인 경로는 대개 경력상의 공백으로 간주되어 그 정당성을 증명해야 했다. 당신이 왜 떠났었고 왜 다시 돌아왔는지에 대해, 조직의 사람들은 자기 가치체계 내에서 이해될 만한 설명을 제시하기를 기대할 것이다.

이런 위험이 있기는 하지만, 당신의 삶에서 무언가 다른 일을 해 보는 것을 두려워하지는 말았으면 한다. 소프트웨어 개발로부터 멀어진다고 해도,

---

[18] (옮긴이) 셰익스피어의 희곡 『템페스트』에 나오는 주인공. 밀라노의 공작이었으나 동생에게 작위를 뺏기고 추방당한다. 그 뒤로 마법을 익혀서 작위를 되찾고, 마지막에는 책을 태우고 지팡이를 부러뜨리며 마법을 그만둔다.

엄격한 사고방식과 다량의 데이터 관련 작업을 자동화하는 습관 자체는 당신이 어디를 가게 되든지 유용할 것이다. 소프트웨어 장인으로서 지냈던 과거는 당신이 택한 어떤 미래든지 더 풍요롭게 해줄 것이다.

래리의 가족 치료사 경험

어떻게 보면, 나로서는 컴퓨터에서 멀어지기 어려운 만큼 사람들의 문제에서 멀어지는 것도 힘들었다. 컴퓨터 업계에 작별을 고하면서 탈출했다고 생각하던 1976년 7월 나는 독립을 선언했는데, 마침 그 해는 미합중국이 독립 200주년을 맞던 해였다. 가족 심리치료사로 훈련을 받은 후, 나는 커플과 가족들, 불안한 사춘기 청소년들과 함께 십여 년을 개별적으로 혹은 에이전시를 통해서 상담일을 하며 보냈다. 그러나 알 수 없는 우주적인 힘은 내가 다시 테크놀로지의 첨단으로 되돌아가도록 음모를 꾸몄던 것이다.

— 래리 콘스탄틴Larry Constantine, 『The Peopleware Papers』

실천 방안

만약 어떤 이유로 더 이상 소프트웨어 개발을 할 수 없게 된다면, 당신은 무슨 일을 하겠는가? 당신이 즐길 수 있을 것 같은 다른 직업 몇 가지를 한번 적어 보라. 그 직업에 몸담고 있으면서 그 일을 사랑하는 사람들을 찾아보라. 그들에게 그 직업의 어떤 점이 좋은지 물어보고, 당신이 소프트웨어 개발을 좋아하는 이유와 비교해 보라.

관련 항목

자신만의 지도를 그려라(131쪽), 긴 여정(112쪽)

장을 마치며

긴 여정 동안 견습생의 여행을 받쳐줄 이런 패턴들은 무수한 조합으로 엮어 낼 수 있다. 이 장에 소개된 순서가 꼭 그 차례대로 진행하라는 의미는 아니다. 예를 들면 다음과 같을 수 있다.

당신은 **긴 여정**을 비교적 큰 어려움 없이 걷고 있다. 당신이 근무하는 환경은 그런대로 괜찮은 편이며, 당신의 열정은 강고하다. 당신은 그야말로 탁월하다. 당신은 조직 내에서 '아키텍트'라고 부르는 자리로 승진하게 되고 여전히 풀타임으로 프로그램을 짠다. 당신의 **정확한 자기 평가**는 이제 당신이 속한 조직의 수준을 평가하기 위해 **직위를 지표로 이용**할 때라고 알려 준다. **긴 여정**을 계속 가는 데는 이 정도로 충분할 것이고, 다른 패턴들은 아마 그다지 필요하지 않을 것이다.

또는 이럴 수도 있겠다.

당신이 속한 조직은 금전적인 보상을 강조한다. 회사 내에는 매출을 올리는 데 집중하라고 사람들을 압박하는 무언의 기류가 늘 흐르고 있다. 당신은 그 흐름이 당신의 여정에 끼치는 위험성을 인지하게 된다. 당신은 **열정을 키우고**, **지속적인 동기 부여**를 유지하는 데 집중한다. **예술보다 기예**에 집중한 결과 당신의 평판은 좋아지고, 프로젝트 관리자의 자리로 승진할 것을 제안 받는다. 하지만 **전장에 머무르고**, **자신만의 지도를 그림**으로써, 고용주들과 함께 당신이 **긴 여정**을 계속 갈 수 있는 경력 경로를 협의하게 된다.

또는 이런 경우도 있을 것이다.

당신은 어렸을 때부터 프로그래밍을 해왔다. 프로그램을 짜는 이유는 아름답고 우아한 해법을 만드는 것이 즐겁기 때문이다. 하지만 지금 당신이 회사 생활에서 마주치는 현실은 도무지 재미는 찾을 수가 없는 업무들, 우아함 같은 것은 상관없고 기능에만 관심 있는 고객들이다. 당신은 대략 예측 가능한 미래 안에서는 당신의 동기가 **긴 여정**과는 맞지 않음을 알고 있다. 당신은 **예술보다 기예**에 집중하고 **지속적인 동기 부여**에 힘쓰면서 **열정을 키우기** 위한 단계를 밟아 간다. 시간이 지나면서 당신은 고객과 긴밀한 관계를 맺을 필요성을 서서히 깨달아 간다.

 이처럼 여기 소개된 패턴을 조합하는 경우는 각 견습생이 처해 있는 상황만큼이나 다양하다고 할 것이다.

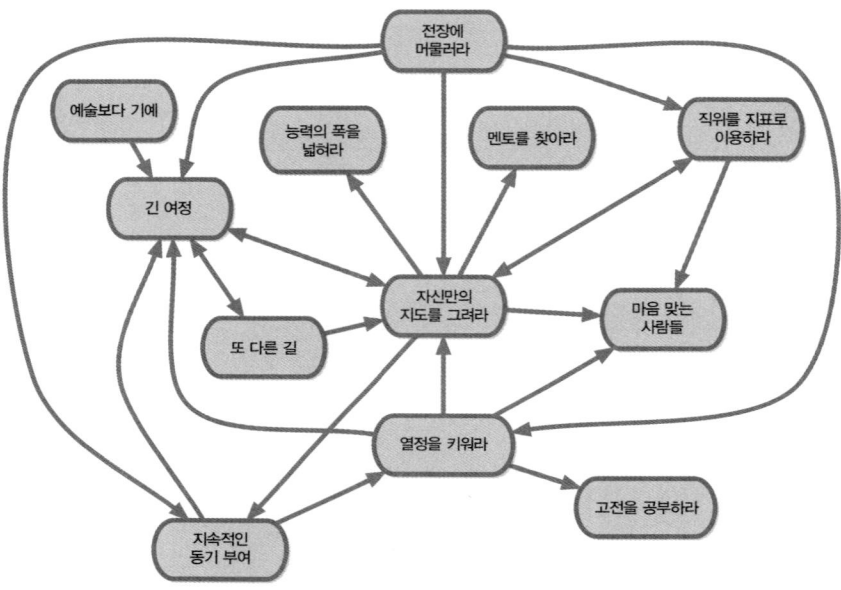

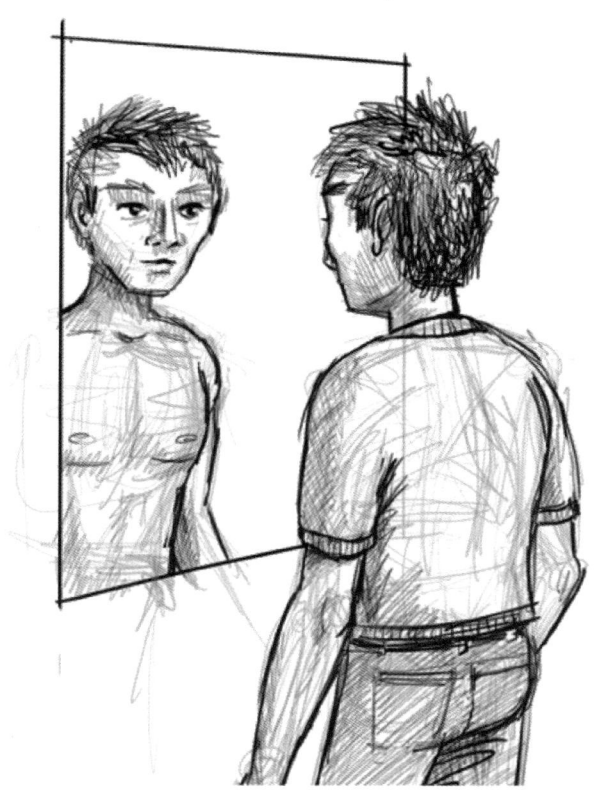

4

정확한 자기 평가

빠르게 학습하는 사람들이 당면하는 주된 위험 중 하나는, 좁은 연못 속 커다란 물고기가 되어버리는 것이다. 작은 연못이나 큰 물고기 자체에 잘못된 것은 없지만, 큰 물고기가 광대한 연못 네트워크에 속한 다른 연못의 존재를 아는 것은 아주 중요하다. 게다가 다른 거대 물고기들, 어떤 경우에는 당신의 조그만 연못보다도 더 큰 물고기가 있다는 사실을 아는 것은 더 중요하다.

재능 있고 열심히 일하는 견습생이라면 그가 이룬 작은 성공에 자족하지 말아야 한다. 소프트웨어 개발 분야에서는 너무도 많은 사람들이 약간 앞서 나간 정도로 만족해 버리기 때문에, 범용함을 넘어서기는 아주 쉽다. 그러므로 견습생으로서는 상상할 수도 없이 능숙하게 일하는 다른 팀이나 조직, 숙련공들과 마스터들을 찾아보고 배움으로써, 이렇게 범용해지려는 경향성에 맞서 싸워 가야 한다.

또한 자기가 제법 능력 있다는 생각 같은 것은 떨쳐버리고, 지금껏 **긴 여정**에서 얼마 되지 않는 거리를 걸어왔을 뿐임을 깨달아야 한다. '평균적인 프로그래머'보다 나은 사람이 되는 것이 당신의 목표는 아니다. 당신의 목표는 자기 능력을 평가하고 어제의 자신보다 더 나아질 수 있는 방법을 찾는 것이다. 우리 모두는 같은 길을 가고 있으며, 우리 자신을 다른 사람과 비교하는 것은 그렇게 해서 서로를 더 발전시키는 경우라야 의미가 있다.

가장 뒤떨어진 이가 되라

여우의 머리가 되기보다는 사자의 꼬리가 되어라!
— Tractate Avot[1]

상황

당신은 **열정을 드러내었고**, 새로운 기술을 배울 기회를 놓치지 않았다. 그 결과로 당신은 팀보다 더 높은 수준에 도달했고, 아마 전체 개발 조직마저도 능가할지 모른다.

문제

더 이상 당신의 배움에 진전이 없다.

---

[1] (옮긴이) '선조들의 어록'이란 뜻의 유대교 문서. 피르케이 아보트(Pirkei Avot)라고도 하며, 초기 유대교 현자들의 잠언을 담았다. http://www.jewishvirtuallibrary.org/jsource/Talmud/avottoc.html 참조.

해결책

주변을 당신보다 뛰어난 개발자들로 채워라. 당신이 가장 뒤떨어진 멤버가 되며, 그 안에서 더 성장할 여지가 있는 팀을 찾아라.

가장 뒤떨어진 이가 되라는 이 책에서 제시하는 패턴 언어 중에서도 독창적인 패턴이었다. 이것은 팻 메스니Pat Metheny[2]가 젊은 뮤지션들에게 건넨 다음과 같은 조언에서 비롯되었다. "당신이 속하는 어느 밴드에서든지 제일 뒤떨어진 사람이 되도록 하세요."[3] 팻의 조언은 데이브의 마음을 사로잡았고, 이 책을 쓰게 된 이유 중 하나가 되었다.

데이브가 더 나은 팀을 찾다

내 첫 프로그래밍 일자리는 이제 막 시작한 닷컴 기업이었는데, 다섯 달 뒤에 닷컴 폭탄이 터졌다. 연기가 걷히고 나서, 나는 규모가 큰 비영리 조직의 IT 부서에 발을 붙였다. 거기는 몇 년 간 경기 하강을 견디기에는 좋은 곳이었지만, 이전 직장에 비하면 개발의 진행 속도는 괴로울 정도로 느렸다. 2년 동안 나는 많은 것을 배웠지만, 뭔가 도전적인 일은 없었고 조직이 현저하게 개선될 만한 희망도 보이지 않았다. 팀에서 기술 아키텍트로 활동하는 것은 처음에는 좋은 학습의 기회로 다가왔지만, 내가 맡은 아키텍트 역할이 어쩐지 부조리하게 느껴져서 다른 일터를 찾아보게 되었다. 그렇게 했던 이유는 단 하나, 학습의 속도를 올리기 위함이었는데, 내가 아는 최고의 방법은 뛰어난 개발자들로 내 주위를 둘러싸는 것이었다. 일 년 뒤 나는 운 좋게도 세계 수준의 개발자 몇 명이 포진한 팀에서 일하게 되었다. 그것은 엄청난 도전이었지만 값

---

[2] (옮긴이) 미국의 기타리스트이자 작곡가.

[3] 크리스 모리스의 블로그 'Be The Worst'. http://clabs.org/blogki/index.cgi?page=/TheArts/BeTheWorst에서 볼 수 있다.

으로 따질 수 없는 기회이기도 했다.

— 데이브 후버

유능한 팀에 속하면 마치 당신이 더욱 일을 잘 하는 것처럼 느낄 수가 있다. 팀 사람들은 종종 당신의 실수를 막아 주고, 혹 실수를 하게 되더라도 너무나 매끄럽게 복구하도록 도와주기 때문에, 당신은 생각처럼 많이 배우고 있지는 못하다는 사실을 미처 깨닫지 못할 수도 있다. 팀이 당신의 생산성을 얼마나 높여주었는지, 당신이 얼마나 많이 배웠는지를 깨달을 수 있는 것은 당신이 혼자서 일할 때뿐이다. 이 때문에 팀에서 제일 못한 사람들에게는 **일하면서 성찰하기**와 **부숴도 괜찮은 장난감** 만들기가 특히 중요하다. 두 패턴 모두 경험 많은 팀 동료들과 어울리면서 어떤 습관과 기법과 지식을 얻었는지 알 수 있도록, 팀이라는 환경으로부터 한 걸음 물러설 수 있는 기회를 제공한다.

151쪽에 나온 삽화는 팀에서 가장 뒤떨어진 구성원인 당신이 다른 누구보다도 더 열심히 해야 한다는 것을 보여주고 있다. 당신의 목표는 가장 못한 사람으로 머무르는 것이 아니라 밑바닥부터 시작해서 위로 올라가는 것이기 때문이다. 그러려면 팀의 다른 사람들과 같은 수준이 될 때까지 의식적으로 개선할 방법을 찾으며 더 뛰어난 개발자들을 모방해 가야 한다. 이렇게 팀에서 배우려는 의식적인 노력이 없다면, 여러 위험에 직면하게 될 것이다.

먼저, 당신이 팀 전체를 끌어내릴 위험이 있다. 두 번째로, 유능한 팀이라면 짐이 될 뿐인 누군가를 (오랫동안은) 용인하지 않을 것이므로, 당신이 너무 뒤처져 있거나 충분히 빨리 따라잡지 못하고 있다면 쫓겨날 위험도 감수해야 한다. 유능한 팀에 합류할 때의 다른 부작용은, 적극적으로 기술을 연마하지 않으면 결국은 자신에 대해서 상심할 수 있다는 점이다. 이것도 긍정적으로 생각하면 당신이 더 발전하게 동기를 부여해 주는 거라 볼 수 있다. 하지만 대개의 '가라앉거나 헤엄치게 되거나' 전략과 마찬가지로, 이러다가 실패할 경우 당신은 물에 빠질 것이다. 자신이 곤란한 지경에 처했는지 알 수 있는 **피드백 루프 만들기**가 필요한 이유가 여기에 있다. 이런 피드백은 팀이 당신에 비해 너무 앞서 있는지, 또는 오르려 애쓰는 사람들에게 적대적인지 알려줄 것이다.

전장에 머물러라 패턴과 마찬가지로, **가장 뒤떨어진 이가 되라** 패턴 역시 가능한 한 빨리 우월한 지위를 얻는 것이 좋다는 시대 문화적 규범과는 배치된다. 하지만 한 사람의 견습생으로서, 당신은 권위를 늘리고 공고히 할 기회보다는 기예를 학습할 기회에 더 가치를 두어야 한다. 그것은 때로는 팀을 이끄는 일을 뜻하기도 하겠지만 (깊은 쪽을 참조하라), 견습생으로서 당신은 대개 지도를 받는 입장일 것이다.

제일 뒤처진 멤버로 의도적으로 팀에 합류하는 것에는 이기적인 면이 있다. **바닥을 쓸어라**와 **구체적인 기술** 패턴으로 이런 면을 보완하라. **바닥을 쓸어라**는 프로젝트에 직접 기여하기 위해서 하찮은 일을 찾아 나서는 것을 말한다. **구체적인 기술**을 계발한다면 전체 개발 과정 중에서 당신이 기여하는 부분이 늘어날 것이며, 이것은 견습생 역할의 기본이라 할 수 있다. 이런 기여가 없다면 이 패턴은 유능한 팀이 치명적으로 약화되는 사태를 불러올 수 있는데, 제이미 자윈스키Jamie Zawinski는 모질라 프로젝트에 보낸 공개 사직서에서 이런 점을 지적하고 있다.[4] 결국, 이처럼 유능한 팀이 당신과 함께 일하는 리스크를 감수하는 이유는, 당신이 팀에 기여하는 바가 (급속히) 증가하기 때문인 것이다.

제이크 스크럭스Jake Scruggs가 오브젝트 멘토Object Mentor사에서 보냈던 하계 견습과정에 대해 얘기하면서 이런 점을 잘 짚어주고 있다.

> 오브젝트 멘토에서 일했을 때 겪은 제일 멋진 일이라면, 당연히 데이비드나 마이커Micah, 폴, 제임스 같은 사람들에게 의지하고 물어볼 수 있었다는 점이지요. 보세요, 내 옆에 앉아 있는 사람은 모두 프로그래밍 아이디어가 굉장했어요. 그 사람들이 이끄는 수업도 훌륭했지만, 대단한 프로그래머들과 같이 일하는 편이 배우는 데는 훨씬 좋은 방법입니다.[5]

훌륭한 개발자들과 같이 일하는 것은 당신이 자기 평가를 더 면밀히 하도록 해주며, **멘토를 찾는** 데도 도움이 될 것이다. 하지만 이 패턴은 숙련공이 되고자 하는 더 경험 있는 개발자들에게는 적합하지 않다. 그 단계라면, 당신은 초심자들에게 멘토가 되어주면서 예전에 받았던 여러 가지 기회를 그들에게 주려고 해야 한다.

브라이언의 선택

옵티바에 합류하면서 나는 먹이사슬의 가장 밑바닥으로 되돌아갔다. 이제 나는 초보 '소프트웨어 견습생'이고 나중에 내가 개발자들의 팀을 인솔하게 될 때까지는 당분간 그럴 것이다. 나는 지도하는 대신 배우는 입장이 되었다. 말

---

[4] 'Resignation and postmortem', http://www.jwz.org/gruntle/nomo.html

[5] Jake Scruggs, 'My Apprenticeship at Object Mentor.', http://www.jikity.com/Blah/apprentice.htm

하자면 나는 강등된 것이다.

무엇 때문에 그런 선택을 하는가? 우선, 걸출한 개발자들로 구성된 팀에서 가장 떨어지는 멤버가 된다는 것은 환경이나 장비, 돈 같은 것으로 상쇄될 수 없는 일이다. 내가 가야 하는 길을 이미 지나갔고, 앞에 놓인 구덩이를 피해 갈 방법을 아는 사람들 곁에 있으면서 배우는 기회라면 놓쳐서는 안 된다. 훌륭한 소프트웨어 개발자들과 짝을 이뤄 일한다는 것은 헤아릴 수 없는 가치를 지녔다. 프로그래밍이 처음이고 이때껏 짝 프로그래밍을 해볼 기회가 없었다면, 그런 경험을 얻도록 요청할 필요가 있다.[6]

실천 방안

당신이 아는 모든 팀을 나열해 보라. 오픈소스 프로젝트, 다른 부서, 다른 회사까지도 포함시켜라. 이 팀들을 기술적인 수준에 따라 정렬하고, 성장하기 원하는 새 멤버에게 열려 있는 팀이 있는지 찾아보라. 이렇게 하려면 여러 군데의 메일링 리스트에 가입하거나 다양한 사람들에게 질문하면서 그들의 상대적인 기술 수준을 측정하는 수고가 필요할지도 모른다. 이런 과정이 끝나면 당신은 기술 수준을 비교하는 데 더 능숙해질 테고, 잘하면 새로운 팀에 소속될 수도 있을 것이다!

관련 항목

부숴도 괜찮은 장난감(194쪽), 구체적인 기술(85쪽), 피드백 루프를 만들어라(220쪽), 멘토를 찾아라(158쪽), 일하면서 성찰하라(207쪽), 팔꿈치를 맞대고(168

---

[6] Brian Tatnall, 'New beginnings with Obtiva', http://syntatic.wordpress.com/2007/05/18/new-beginnings-with-obtiva/

쪽), 전장에 머물러라(140쪽), 바닥을 쓸어라(173쪽), 깊은 쪽(98쪽), 열정을 드러내라(81쪽)

멘토를 찾아라

초심자가 정규 교육 과정으로 시작하든 독학으로 시작하든 간에, 소프트웨어 장인정신의 길로 향하는 첫 걸음은 자신을 견습생으로 받아줄 장인을 찾는 것이다.
– 피트 맥브린, 「Software Craftsmanship」, p. 96

상황

당신은 자신이 이 길을 걷는 첫 번째 사람이 아니라는 것과 함께 막다른 골목을 헤매느라 많은 시간을 소비하고 있다는 사실을 깨달았다.

문제

당신은 다음 모퉁이에 뭐가 있는지, 거기에 어떻게 대비해야 좋을지 모르는 채 길을 따라 걷고 있다. 당신에게는 도움과 안내가 필요하다.

해결책

당신보다 앞서 지나간 사람들을 찾아서 그들로부터 배우도록 애써라. 이상적인 경우라면 당신을 견습생으로 받아 줄 마스터를 찾을 수 있을 테고, 견습과정 내내 그의 지도 아래서 마스터의 명성을 바탕으로 당신의 미래를 세워갈 것이다. 하지만 이런 이상적인 경우는 오늘날에는 굉장히 드물다.

우리 분야는 역사가 꽤 짧은 편이고, 따라서 이름난 마스터들이라면 손에 꼽을 정도다. 게다가 견습생 입장에서는 누가 진정한 마스터인지 분별하기 어려울 수도 있다. 그러므로 당신의 견습과정은 그 숙련 정도가 다양한 여러 멘토들에 의해 지도될 가능성이 높다.

실세계의 견습생들에게는 마스터의 반열에 오르기 위해 갖은 노력을 다 기울여야 하는 것이 현실이다. 그들에게는 어떤 관심이든 감사할 따름이며 직접 대면하거나 바로 곁에서 지도해 준다면 더 말할 나위가 없을 것이다. 그렇지만 역시, 당신에게 가장 큰 영향을 끼치고 많은 도움을 주는 멘토들을 가까운 거리에 두기 힘든 경우도 있을 것이다. 그들은 다른 나라에 살고 있을 수도 있고, 데이크스트라 Edgar Dijkstra[7]처럼 오래 전에 세상을 떴을 수도 있다. 하지만 그렇다고 해서 그들이 당신 앞에 놓인 길을 비추는 등대 역할을 하지 못하는 것은 아니다.

> 교사가 당신에게 맞지 않는다는 생각이 들면, 먼저 당신의 내면을 들여다 보라. 당신은 어떤 교사도 줄 수 없는 것을 기대하는지도 모른다.
> — 조지 레너드, 『Mastery』, p. 71

멘토를 찾을 때, 견습생은 우리 모두 **긴 여정**을 걷고 있으며 누구도 모든 것을 알지는 못한다는 사실을 기억해야 한다. 당신보다 훨씬 많이 알 거라는 이유로 자신의 멘토는 마스터여야 한다는 생각에 빠지기가 쉽다. 당신은 이러한 유혹에 저항해야 하는데, 그러지 않는다면 멘토가 가진 어쩔 수 없는 약점이나 맹점에 대해 환멸을 느낀 나머지, 아직 가르침 받을 것이 많음에도 불구하고 더 배울 것이 없다고 여길 우려가 있기 때문이다.

---

[7] (옮긴이) 네덜란드 태생의 전산학자. 그래프 탐색을 위한 데이크스트라 알고리즘과 세마포어(semaphore) 개념의 고안 등 많은 업적을 남겼으며 2002년 세상을 떴다.

데이브가 멘토를 발견하다

2002년 여름까지 나는 프로그래밍 경력이 2년이 채 되지 않았었고, 초보자와 수많은 경험을 쌓은 실무자 사이의 엄청난 차이에 대해 어렴풋하게나마 알기 시작한 참이었다. 그 해 여름, 피트 맥브린의 『Software Craftsmanship』을 읽고 나서 나는 멘토를 찾아야겠다고 생각했다. 그 책은 내가 훌륭한 개발자가 되기 원하고 있음을 깨닫게 해 주었고, 나는 더 경험 많은 개발자들에게 접근해서 견습과정을 꾸려볼 참이었다. 나는 한창 **능력의 폭을 넓히던** 중이었으며, 마침 시카고 애자일 개발자ChAD 사용자 그룹에 참여하기 시작했었다. 나는 거기서 모임의 조직책이던 와이어트 서덜랜드Wyatt Sutherland에게 나 자신을 (별 특색 없이) 소개했다. 피트의 책을 다 읽자마자, 나는 와이어트에게 이메일을 보내서 그에게 멘토링 받고 싶다고 이야기했다. 보내기에 마음 편한 메일은 아니었지만, 그 결과는 대단했다. 와이어트는 아침 식사 때 정기적으로 만나서 이야기하면 어떻겠냐고 제안하는 답변을 보내왔다. 우리가 비록 **팔꿈치를 맞댈** 정도로 친밀하게 일하지는 않았지만, 평판 높은 소프트웨어 컨설턴트이자 세계적 첼리스트인http://yellowcello.com/yya/Wyatt.html 와이어트 같은 사람과 맺었던 관계는, 훈련되지 않은 초보 프로그래머에게 엄청난 자신감을 불어넣어 주었다. 그의 가르침은 내가 애자일 소프트웨어 개발 쪽으로 많은 발전을 이루는 데 중추적인 역할을 했고, 나에게 소트웍스 같은 개발 조직에 합류할 만한 재능이 있다는 믿음을 심어 주었다.

개념적으로 간단하고 견습과정에 굉장히 중요하지만, 당신을 안내해줄 사람을 찾는 것은 사실 어려운 일일 수 있다. 물론 책의 저자들이나 컨퍼런스 발표자들, 인기 있는 오픈소스 프로젝트의 커미터committer[8]들, 잘 나가

---

[8] (옮긴이) 오픈소스 프로젝트 등에서 소스코드의 변경 권한을 가진 사람.

는 웹사이트의 개발자들이 누군지 알아내기는 쉽다. 하지만 여기에는 이중의 어려움이 있다. 첫 번째로, 이런 사람들은 멘토링에 관심이 없을지도 모른다. 두 번째로, '견습과정'이라는 이상한 것에 대한 부탁을 하려고 접근한다면 몹시 위협적으로 보일 수 있다. 이런 어려움은 **깊은 쪽**으로 다이빙하는 행동에 내재된 위험과 유사한 것이다. 잠재적인 멘토에게 거절당하거나 이상하게 비친다고 해도, 그 리스크는 별 것 아닌 반면에 보상은 아주 크다는 점을 기억해 두라. 비록 그 사람이 당신을 풀타임 견습생으로 받아들이는 데는 관심이 없다 해도, 점심식사라도 같이 하기를 청하는 것은 돈과 시간이 아깝지 않은 일이다. 당신이 마스터의 경지에 이르는 것을 진지하게 생각한다면, 당신을 지도해 줄 멘토를 끈질기게 찾도록 하라. 최고 수준의 개발자라면 그 누구라도 예전에 그가 멘토들로부터 받았던 강렬한 충격을 기억하고 있을 것이다.

당신의 견습과정은 고립된 것이 아니며, 당신보다 앞에 가는 사람이 있듯이 아직 당신 수준에 이르지 못한 견습생도 있다. 멘토를 찾는 자신의 수고를 뒤집어 봤을 때, 당신은 멘토링을 바라는 이들에게 기꺼이 응해줄 필요가 있다. 멘토들로부터 배운 것을 다시 전수함으로써 숙련공으로 옮겨가는 과정은 시작된다고 할 수 있다.

실천 방안

활발한 메일링 리스트가 있는 도구나 라이브러리 또는 커뮤니티를 하나 골라라. 거기에 가입하되 아직 글을 쓰지는 말고 가만히 잠복해 있어라. 시간이 지나면서 당신은 그 커뮤니티의 가치관을 이해하기 시작할 것이며 어떤 사람들이 인내심 있는 교사 역할을 하는지 알게 될 것이다. 그 후에 다음 번 컨퍼런스에서 이 교사 리스트에 속한 사람들을 찾아가라. 그리고 그들이 혹시 자기가 얻은 교훈에 대해서 격의 없이 조언해 줄 수 있는지 청해 보라.

관련 항목

깊은 쪽(98쪽), 긴 여정(112쪽)

마음 맞는 사람들

연관된 문제를 풀기 위해 힘을 모으고 있는 인재들의 커뮤니티보다 강력한 것은 없다.
- 폴 그레이엄, 『Hackers & Painters』

상황

당신이 견습과정을 시작한 지 어느 정도 지났지만, 몸 담고 있는 개발 조직의 문화가 당신을 낙담시킨다.

문제

소프트웨어 장인정신을 장려하는 조직 문화는 드물다. 당신은 이끌어 주는 이 없이 오도 가도 못하고 있으며, 자신이 품은 포부와는 어울리지 않는 환경에 놓여 있다.

해결책

추진력을 계속 유지하려면, 특히 전담 멘토가 없는 경우에는, 비슷한 길을 걷고 있는 사람들과 빈번히 교류할 필요가 있다. 그러므로 뛰어난 개발자가 되고자 하는 사람들을 찾아 나서야 한다.

긴 여정은 누구에게든 혼자 걷는 길이 아니며, 특히 견습과정 동안에는 친구가 필요하다. 이 패턴은 원리상으로는 단순하며, (우리 동료들처럼 외향적인) 어떤 이들에게는 실제로도 단순한 일이다. 하지만 어떤 사람들에게는 어려운 일이 된다. 어떤 관계는 비록 짧지만 당신의 경력에 큰 영향을 끼치고, 또 어떤 경우는 오래 지속되면서 당신이 **열정을 키울** 수 있도록 한다. 다음 사례에서 이런 **마음 맞는 사람**들이 지닌 파워를 확인할 수 있다.

- 데이브는 『Extreme Programming Explained』[9]를 2002년에 읽고 나서 곧장 XP와 애자일 커뮤니티로 뛰어들었다. 그는 마침 가까운 시카고 교외에서 개최된 XP/Agile 유니버스 2002에 자비를 들여 참석했다. 컨퍼런스에 가 있는 동안, 데이브는 일전에 지역 메일링 리스트를 통해 이미 인사를 나눴던 로만Roman을 만났다. 데이브와 로만은 점심 때 만나서 조슈아 케리에브스키가 쓰는 중이던 『Refactoring to Patterns』에 대해 토론하기로 했다. 로만은 큰 다국적 은행에서 일했고, 데이브는 오래되고 비대한 비영리 조직에 있었다. 둘 다 자신이 속한 개발 조직의 범용함으로부터 벗어나기를 즐겼고, 이후 수년 동안 매주 만나게 된 것이 그다지 놀라운 일은 아니었다. 그들은 조슈아의 책을 토론하는 데서 그치지 않고 (왜냐면 데이브가 우선 『Refactoring』 과 『Design Patterns』를 읽어야 했기 때문이다) 여러 종류의 일을 같이 하며 시간을 보냈다. 두 사람은 『Peopleware』 같은 책에 대해 토론하거나 데이브의 노트북으로 루비를 공부하기도 하고, 알고 있는 끔찍한 경험담들을 나누며, 그 몇 년 동안 맞닥뜨리게 된 갖가지 문제에 대한 해법을 서로 제시하기도 했다.

- 스티브 투크Steve Tooke는 2004년 영국 맨체스터에 있는 회사에서 일할

---

[9] (옮긴이) 이 책의 2판이 번역되어 출간되었다. 『익스트림 프로그래밍 2판』 (2006, 인사이트).

때 셰인Shane을 만난 이야기를 들려주었다. 스티브는 젊고 열정적인 프로그래머였고 셰인은 뉴질랜드에 사는 경험 있는 개발자였다. 비록 수만 리나 떨어져 있었지만, 셰인과 교류했던 경험은 스티브의 경력에 큰 영향을 주었다. 셰인은 그에게 『Design Patterns』 같은 책을 소개해 주었고, 그런 지도 덕에 그들은 공동 작업 중이던 객체지향적 설계를 기술할 공통 언어를 가질 수 있었다. 시차 때문에 셰인이 직접적인 멘토링을 많이 하지는 못했지만, 그런 관계뿐 아니라 자기 개발 조직 안에도 최고를 지향하는 누군가가 있다는 사실은 스티브에게 큰 영향을 미쳤다.

멘토들은 당신이 닮기 원하는 사람들이고, 흔히 조금 다르다고 느껴지거나 때로 무섭게 보일 수도 있다. 반면에 당신의 커뮤니티는 더 마음 편히 탐구하고 배울 수 있는 환경을 제공해 준다. 당신이 고급 자바스크립트에 관심이 있을 때, **마음 맞는 사람들** 중 누군가는 해스켈Haskell[10]을 연구할 수도 있다. 당신들은 자기가 무엇을 배우고 있는지 서로에게 부담 없이 보여줄 수 있으며, 상대방의 지도를 따를 의무 같은 것은 없다. 이것이 멘토링에 기초한 관계와 다른 점이다. 예를 들자면 지금 진행중인 프로젝트 때문에 자바스크립트를 배워야 한다는 사실과 상관없이, 단지 멘토가 해스켈이 뛰어난 언어라고 생각한다는 이유만으로 견습생은 자바스크립트에 대한 흥미를 접고 해스켈을 쫓아가야겠다고 느낄 수도 있는 것이다. 이런 점을 기억해서, 당신이 긴장을 늦출 수 있는 **마음 맞는 사람들의 공동체**로 **멘토를 찾**

---

[10] (옮긴이) 순수 함수형 프로그래밍 언어의 하나로, 함수형 프로그래밍 언어에 많은 공헌을 한 논리학자 해스켈 커리(Haskell Brooks Curry)의 이름을 땄다.

아라 패턴을 보완하기 바란다.

비슷한 생각을 가진 사람들의 커뮤니티에는 많은 이점이 있지만, 집단적 사고에도 역시 주의를 기울여야 한다. 커뮤니티를 깜짝 놀래킬 질문을 던질 정도의 역량은 늘 유지하도록 하라. 그런 조그만 지적 능력의 차이를 이용해서, 커뮤니티를 건강하게 유지시킬 만한 정도의 예의 바른 이견을 내어 보라. 커뮤니티의 건강성은 새로운 견해에 어떻게 반응하는가로 잴 수 있다. 당신이 속한 곳은 활발한 토론과 실험을 거친 후에 그런 견해를 수용하는가? 아니면 그런 견해와 그 제안자를 신속히 거부하는가? 오늘의 비주류는 내일의 리더다. 당신이 커뮤니티에 줄 수 있는 가장 값진 공헌 중 하나는, 회원 자격을 얻었으면 그 대가로 줄 맞춰 행군하는 것이 마땅하다고 믿는 이들에 맞서서 이런 견해를 지키는 것이다.

실천 방안

당신이 사용하는 도구, 당신이 알고 있는 언어, 같이 일했던 사람들, 구독하는 블로그, 흥미를 느끼는 아이디어 같은 것에 기초해서, 가입할 만한 커뮤니티들을 조사하고 모두 나열해 보라. 그중 어떤 그룹들이 당신이 사는 지역에서 실제로 오프라인 모임을 가지는지 파악하라. 그 모임에 하나씩 참석해 보고, 당신에게 가장 흥미로운 그룹을 결정하라.

만약 나와 가까운 곳에서 모임을 갖는 그룹이 하나도 없다면? 그런 경우, 당신이 모임을 새로 만들 수 있는 황금 같은 기회를 만난 것이다. 당신 지역에 거주하는 소프트웨어 장인들과 정기적인 만남을 시작하라.

생각보다 훨씬 쉬운 일이다. 회원 자격이나 모임 주제를 너무 일찍 제한하는 실수를 범하지만 않으면 된다. 그 대신, 당신 지역의 소프트웨어 개발자들이 볼 만한 곳 여기저기에 광고를 게재하도록 하라.

당신의 그룹이 커지면, 한 무리의 불규칙한 핵심 그룹이 생겨날 때까지 광범위하고 기묘한 주제들에 대해 주저하지 말고 탐구하라. 시간이 지나면서 그렇게 스스로 생겨난 불규칙한 그룹들이 당신의 모임을 특징짓게 될 것이다. 매 모임마다 같은 사람들이 참석하지는 않을 것이고, 그렇기 때문에 그룹이 불규칙해진다. eXtreme Tuesday Club 같은 모임에는 수백 명의 '멤버'가 있는데, 어떤 화요일에도 실제 참석하는 인원은 열 몇 명 정도뿐이다. 당신의 그룹이 충분히 커졌고 활기에 차 있다면, 이제 당신 없이도 그 모임은 스스로 지속될 것이다. 당신이 드디어 커뮤니티를 가졌음을 알게 되는 순간은 바로 그 때다.

관련 항목

멘토를 찾아라(158쪽), 열정을 키워라(127쪽), 긴 여정(112쪽)

팔꿈치를 맞대고

나는 뭔가 해석하거나 알아내기 위해서 어느 정도 자유가 주어지는 것이 즐겁지만, 누군가와 함께 일하는 것도 즐겁다. 나는 같이 일하는 이들로부터 배울 수 있는 그런 일을 잘 해낸다.
- 윌리엄 켐프(William Kempe)[11]

상황

주기적으로 만나는 멘토나 마음 맞는 사람들이 있을지 몰라도, 소프트웨어를 개발할 때면 당신은 혼자다.

문제

생산성은 일정 수준에 올랐는데, 학습은 정체되고 있다. 뭔지 모르긴 해도 수준이 더 높은 테크닉과 접근 방식이 있을 것이라는 느낌이 든다.

해결책

다른 소프트웨어 개발자와 나란히 앉아서 실제로 같이 작업할 방법을 찾아보라. 세상에는 다른 개발자와 공통의 목표를 달성하기 위해서 같이 일할 때만 배울 수 있는 것이 있다.

이 패턴은 **마음 맞는 사람들**과 밀접한 연관이 있다. 데이브의 경우에는 로만을 동지 삼아서 루비 프로그래밍 언어나 이클립스Eclipse 플러그인 개발 같

---

[11] (옮긴이) 16세기 영국의 배우. 셰익스피어의 희곡을 초연한 배우 중 하나로 알려져 있다.

은 주제에 대해 점심 시간에 문자 그대로 팔꿈치를 맞대며 같이 공부했다. 설령 로만이 마음 맞는 사람이 아니었다 해도, 재능 있는 프로그래머 곁에서 같이 일하는 경험은 데이브에게 유익했을 것이다. 그리고 오로지 동료와 가까이서 같이 일할 때만 배울 수 있는 그런 세세한 기법들이 있게 마련이다. 이런 기법들은 가르치기에는 너무 뻔해 보여서 잘 언급되지 않지만, 그런 것들이 쌓였을 때의 효과는 크다. 로만과 협업했던 경험은 데이브가 개발자로서 발전하는 데 중대한 역할을 했는데, 데이브는 그때까지 재능 있는 개발자와 함께 일할 기회를 거의 갖지 못했기 때문이다.

'짝 프로그래밍'에 의한 개발은 이 패턴의 구체적인 사례인데, 견습생들은 이런 기법을 적용하고 있는 팀에서 일할 기회를 찾아야 한다. 짝 프로그래밍이 학습 목적으로는 훌륭하지만, 이것은 원래 복잡한 활동이며 늘 좋은 경험으로 남지만은 않는다. 하지만 효과적으로 사용된다면 가장 뛰어난 학습 방법 가운데 하나이고, 멘토들과 함께 할 경우에 특히 그렇다. 그렇다면 짝 프로그래밍이 효과적으로 사용되고 있는지는 어떻게 알 수 있을까? 그리고 효과적이지 못할 경우 그런 상황을 개선하기 위해 견습생이 무엇을 할 수 있을까?

짝 프로그래밍으로 이 패턴을 실행하면, 종종 길을 잃은 듯하거나 너무 뒤처졌다는 느낌을 가질 수 있다.[12] 그런 느낌이 짝 프로그래밍의 실패를 의미하는 것은 아니다. 단지 당신이 질문을 해 가면서 속도를 조금 늦추거나, 길 잃은 듯한 느낌을 꾹 참고서 이해가 가는 부분부터라도 익혀 나갈 필요

---

[12] (옮긴이) 짝 프로그래밍 파트너 간의 숙련도가 많이 차이 나는 경우에 그럴 수 있다.

가 있다는 의미다. 하지만 날이 가도 계속 뒤처진 느낌이 들거나 아예 체념할 생각이 들기 시작했다면, 뭔가 변화할 때가 된 것이다. 당신은 시원찮은 짝 프로그래밍 파트너에게 매달려 있었을지도 모르고, 당신의 경험을 향상시킬 모종의 제안을 짝 프로그래밍 파트너에게 해야 할지도 모른다. 견습생인 까닭에 이런 상황을 바꿀 만한 힘이 당신에게 없을지라도, 몇 명 정도보다 많은 사람들과 함께 프로젝트를 진행하고 있다면 짝 프로그래밍 상대를 바꿀 기회는 있을 것이다. 이렇게 순환하는 방식은 당신을 골치 아픈 상황에서 구해내어 다시 바른 길로 인도할 수 있다. 그리고 혹시 테스트 주도 개발을 진행하고 있다면, 당신의 참여도를 높이기 위해서 '핑퐁 프로그래밍'[13]을 제안해보는 것도 좋다.

리처드 세넷의 『The Craftsman』에 따르면, 장인의 이상적인 공방이란 "수없이 많이 모여 숙련됨을 이루는 매일매일의 작은 진전"을 "암묵적이고 말로 나타내어지지 않는 지식으로 흡수하는" 장소다. 이렇게 이상적인 환경은 지금 몹시 드물기 때문에, 우리는 그 현대적인 대체물로 **팔꿈치 맞대기** 패턴을 써야 한다. 이 패턴은 단지 짝 프로그래밍에 한정되는 것만은 아니다. 이 패턴의 목적은 숙련된 이들의 일상적인 업무 습관에 당신 스스로를 노출시키고, 그들이 그런 습관을 점차 탁월한 기술로 정련하는 방식을 관찰하는 데 있다. 이 습관은 코딩의 범주를 넘어서 소프트웨어 개발의 모든 측면으로 확장된다.

---

[13] Dave Hoover, 'Ping-Pong Programming', http://www.stickyminds.com/s.asp?F=S9101_COL_2
(옮긴이) 짝 프로그래밍과 테스트 주도 개발이 합쳐진 형태로, 테스트 코드와 그 테스트를 통과하기 위한 구현부를 서로 번갈아 가며 짜는 것을 말한다.

예를 들면 다른 사람과 함께 학술 논문을 집필할 수도 있고, 프리젠테이션이나 오픈소스 프로젝트의 스프린트[14]에서 협업하게 될 수도 있다. 혹은 애디의 경우처럼, 유닉스 셸 스크립트로 작성된(!) 콘텐트 관리 시스템CMS의 종속성 관리 부분을 설계하는 누군가가 그래프 이론[15]을 적용하려는 것을 도우려고 자진해서 나설 수도 있다. 당신이라면 고수준 언어로 손쉽게 풀 문제를 아주 저수준의 도구로 해결하려는 사람과 같은 칠판을 쓸 경우 (반대의 경우도 마찬가지겠지만), 원활하게 의사소통하고자 잠시나마 그 사람처럼 생각하게 된다. 비록 나중에는 그런 관점을 다시 버리게 될지라도, 당신은 문제를 바라볼 새로운 시각을 얻은 것이다. 그런 관점이 당장은 다소 마음에 들지 않을 수도 있지만 훗날 어떤 문제에 대해서는 딱 맞는 해결책이 될 수도 있다.

팔꿈치를 맞대고 일한 경험이 긍정적이었든 부정적이었든 간에, 당신은 **배운 것을 기록**해 두고 나중에 이런 경험을 돌이켜 볼 수 있어야 한다. 언젠가는 당신이 지금의 짝 프로그래밍 파트너 입장에 설 것이고, 이런 과거의 경험은 훗날 당신의 곁에 앉게 될 후배의 사고방식에 소중한 통찰을 더할 것이다.

실천 방안

오픈소스 프로젝트를 새로 시작하거나 기여하는 데 관심을 표명한 적이 있

---

[14] (옮긴이) 스크럼(Scrum) 같은 애자일 개발 방법론에서 사용되는 개발의 기본 단위. 보통 2~4주 정도다. http://en.wikipedia.org/wiki/Scrum_(development) 참고.

[15] (옮긴이) 꼭지점과 변으로 이루어진 수학적 구조체인 그래프를 다루는 수학 및 전산학 분야.

는 사람을 찾아서, 그 프로젝트를 위해 일주일에 하루 저녁 정도를 같이 일할 수 있도록 조율해 보라. 당신들 두 사람이 얼마나 오랫동안 서로 동기 부여가 되는지 지켜보라. 바쁜 일상의 피로는 협업의 이면에 놓인 동기 부여의 정도를 필연적으로 약화시킨다. 그런 일이 일어나도, 당신은 거기에 적응해 가면서 자극이 다시 돌아올 때까지 프로젝트를 계속해 가야 한다. 물론 그런 자극이 다시 돌아오지 않을 때, 새로운 것을 배울 파트너를 다시 찾는 것은 당신 마음이다.

관련 항목

마음 맞는 사람들(163쪽), 배운 것을 기록하라(212쪽)

바닥을 쓸어라

장인적인 전통에서, 새내기는 마스터의 견습생으로 시작한다. 그들은 쉬운 일을 거드는 것부터 시작하고, 숙달되어가면서 점차로 더 크고 복잡한 작업으로 옮겨간다.
— 피트 맥브린, 『Software Craftsmanship』

상황

당신은 프로젝트에 새로 합류한 견습생이다.

문제

당신은 팀 내의 위치에 대한 자신이 없고, 팀은 당신에게 확신이 없다. 당신은 팀의 업무에 기여하면서 신뢰를 얻고 장인의 키 높이로 성장해갈 수 있는 방법을 찾고 싶다.

해결책

단순하고 매력도 없지만 반드시 해야 하는 종류의 일에 자원하라. 이것은 꼭 그럴 필요 없는 일이라도 당신이 훌륭하게 해낸다는 것을 보임으로써 팀의 성공에 일찍 기여하는 좋은 방법이다. 물론 어떤 프로젝트에서라도, 재미 없어 보이는 일을 대충 넘어간다면 나중에 그 부분이 실제로는 아주 중요한 것으로 드러나면서 문제를 일으킬 것이다.

폴이 문자 그대로 바닥을 쓸다

나는 공식적인 소프트웨어 견습과정에서 훈련 받는 특권을 누렸습니다. 오브젝트 멘토사는 나를 열일곱 살 때 고용했고, 대학에 다닐 때는 여름 겨울의 방학마다 다시 불러주었습니다. 내가 견습과정을 시작했을 때 나는 소프트웨어를 어떻게 만드는지 몰랐습니다. 재미 삼아 간단한 프로그램이나 스크립트를 짰던 적은 있었지만 말입니다. 견습과정에 착수했을 당시 내가 회사의 비즈니스에 가치를 제공할 수 있는 여지는 별로 없었습니다. 나는 프로그램을 작성할 줄 몰랐고 당연히 다른 사람들에게 프로그램 짜는 법을 가르칠 수도 없었지요.

그때쯤에, 오브젝트 멘토사는 익스트림 프로그래밍XP 강좌를 개설하기 위해서 XP 분야의 명성 있는 선도자들을 여러 명 초빙했습니다. 스타를 동경하는 어린 견습생이던 나는 그 사람들이, 구상해 둔 짝 프로그래밍을 실습할 수 있게 자리를 배치하는 책임을 맡았습니다. 그리고는 컴퓨터를 들여놓고, 연습 문제에 사용될 적절한 소프트웨어를 설치하고, 방을 청소하게 됐습니다. 이런 작업들은 내가 팀의 일부이며 회사의 일부라는 확신을 심어 주었습니다. 코드를 작성하는 법을 배우느라 쩔쩔매면서도, 나는 여전히 특별한 기술 없이 가능한 일들을 하며 팀에 기여할 수 있었습니다.

견습과정이 진행되면서 나는 서서히 기술적으로 더 어려운 과제를 맡게 되었지요. 하지만 계층 조직에서 아래쪽에 있는 사람에게는 여전히 그렇고 그런 업무들이 배정되기도 했습니다. 서버 장비를 옮기고, 백업 시스템을 알아보고, 웹사이트의 콘텐트를 갱신하는 그런 일들 말입니다. 이런 일은 코드 작성에 힘들어 할 때 조그만 승리를 맛보게 해 주었습니다.

전통적인 견습생의 역할을 맡았던 경험은 내게 또한 겸손함과 선임 장인들에 대한 존경심을 갖게 해 주었습니다. 나는 '엉클' 밥 마틴Bob Martin이 방에 들어와서 휴지통이 넘치는 것을 보고 쓰레기봉투를 갈아 끼우던 일을 기억합니다. 나의 멘토는 나를 꾸짖었고, 쓰레기를 갖고 나가는 것은 마스터의 일이 아니라고 적절하게 훈계해 주었습니다. 이 사례는 존경과 경건함의 표시였으며 내게 중요한 교훈이 되었습니다.

— 폴 파겔Paul Pagel의 이메일에서

물론 대부분의 견습생들이 폴처럼 문자 그대로 바닥을 쓸지는 않을 것이다. 하지만 당신이 자원하는 그런 일은 팀의 건강성 측면에서는 중요한 일이 될 것이다.

예를 들면 빌드 시스템 유지보수, 제품화 지원, 유지보수 요청 응대, 버그 수정, 코드 리뷰, 기술적 부채[16]의 청산, 프로젝트 위키 셋업, 문서화 업데이트, 다른 사람의 아이디어에 대한 홍보 담당자 역할 등이 있다. 일반적으로 견습생은 의존성이 짙고 복잡도가 높은 핵심부보다는 위험성이 적은 시스템 주변부에 집중하고 싶어 한다. 진 레이브Jean Lave와 에티엔 웽거Etienne Wenger는 여러 업계의 견습생들을 관찰한 후에 "신참의 일은 연관된 업무들의 연결 고리 중간이 아닌, 업무 프로세스 가지 끝에 위치하는 경향이 있다"는 것을 알아냈다(『Situated Learning』[17], p. 110). 이런 종류의 주변적인 일은 주로 팀에 이롭지만, 견습생인 당신 자신에게도 좋은 점이 있다. 학교 수업에서는 대개 허드렛일에 대한 부분은 건너뛰어 버리므로, 이런 일을 맡아 함으로써

---

[16] (옮긴이) 소프트웨어를 빠르고 지저분한(quick and dirty) 방식으로 개발할 때, 그 지저분함의 결과로 언젠가 빚처럼 청산해야 할 바람직하지 못한 요소가 생기는 것을 말한다. http://en.wikipedia.org/wiki/Technical_debt 참고.

[17] (옮긴이) 번역서로 『상황학습』(2000, 교우사)이 있다.

당신 지식 사이에 놓인 빈틈을 메울 수 있다. 이와 같은 경험은 당신이 숙련공이 되었을 때도 유용한데, 당신을 거둬들일 마스터는 재미 없는 일을 하는 것이 얼마나 값진지 이해하기 때문이다. 어쨌거나 아무도 바닥을 쓸지 않는다면, 팀은 허리까지 먼지에 파묻히게 되고 그 밖의 훌륭한 일들은 해낼 수 없게 될 것이다.

물론 **바닥 쓸기**는 당신이 전산학 교육을 받느라 들인 시간과 돈을 생각한다면 감내하기 힘든 일일 수 있다. 원칙을 따지자면, 잦은 밤샘 디버깅이나 교수가 시키는 수많은 잡일을 견뎌낸 것으로 당신 할 일은 다 했다고 생각할지도 모른다. 하지만 불행히도 당신이 받은 교육은 생각하는 것보다 현장에서 쓸모가 적다. 물론 채용할 때 전산학 학위를 중요하게 치는 조직이 많기는 하지만, 채용되는 것과 팀에 합류하는 것은 다른 이야기다. 일단 발을 들여놓은 뒤에 당신이 받았던 그 온갖 교육이 하는 역할이란, 출근 첫날 무엇을 보여줄지 사람들의 기대 수준을 높이는 것뿐이다(그 교육 덕분에 첫날에 대한 대비가 잘 되어있기를!). 혹은 당신이 이전에 프로젝트를 수행했던 경험으로 '할 일을 다 한' 독학생이라 해도 얘기는 같다. 당신이 어디에서 왔건 간에, 새로이 프로젝트에 합류할 때는 출발점부터 새로 시작해야 한다. 이런 바닥 쓸기는, 비록 별 볼일 없는 일이지만 그렇게라도 기여하기 원한다는 메시지를 당신 팀에 보낼 수 있는 기회로 생각하라.

이 패턴을 적용해서 생길 수 있는 부정적인 결과가 몇 가지 있다. 하나는 팀 내의 잡일꾼으로 굳어져서, 아무도 하려 들지 않는 잡다한 일을 도맡게 되는 상황이다. 그리고 당신이 하기로 한 일이 본래 빛이 나지 않는 까닭에 주어진 업무 경계를 넘어서는 걸로 비춰질 일은 없겠지만, 한편으로 초반의 성공을 잇는 좀 더 도전적인 과제를 부여 받지 못하게 될 위험도 있다. 아니면 **바닥 쓸기** 외의 다른 일을 할 때면 곱지 않은 시선을 받게 되는 경우도 있을 것이다. 만약 당신이 어떤 맥락을 알지 못한 채 이런 저런 단편적인 일만 하게 된다면, 더 큰 그림을 보는 능력을 계발하지 못할 위험도 또한 존재한다. 이런 상황에 처해 있다면, **열정을 키우도록** 노력하고, **열정을 드러내며**, 스스로를 지지해서, 당신이 더 높은 수준의 업무를 맡을 자격이 있음을 증명해 보일 어떤 기회라도 잡도록 하라.

실천 방안

당신의 팀이 몇 달씩 미뤄둔 가장 지저분한 일이 무엇인가? 그것은 모두 불평하면서도 서로 하지 않으려 하는 일일 것이다. 그 일에 달려들어라. 코를 막으면서 억지로 하지 말고, 사람들의 기대를 넘어서면서 스스로도 재미를 느낄 수 있도록, 창조적인 방식으로 문제를 해결할 방도를 생각해 내라.

관련 항목

열정을 키워라(127쪽), 열정을 드러내라(81쪽)

장을 마치며

겸손은 성공적인 견습과정의 토대 중 하나다. 야망과 결합될 때, 겸손은 당신을 집중하게 해주며 올바른 방향으로 전진할 수 있게 해준다. 겸손함이 없다면 견습과정이 끝났다는 판단을 성급하게 내릴 여지가 있으며, 소중한 교훈을 일부 놓칠 수 있다. 아마도 당신은 자기가 출시했던 중요한 프로젝트나 서브시스템에 대해서 자부심을 느끼면서, 그것이 숙련공이 되었음을 입증한다고 믿을지도 모르겠다. 아마도 그럴 것이다. 하지만 다시 생각해보자. 다양한 플랫폼을 대상으로 중요한 무언가를 출시해본 적이 있는가? 만약에 다른 프로그래밍 언어를 시도했더라면 얼마나 더 많이 배울 수 있었겠는가? 포부 있는 견습생이라면 누구라도 본능적으로 결승점을 향해 경주해서 가능한 한 빨리 숙련공이 되고자 할 것이다. 그렇지만, 당신은 **긴 여정**을 걷는 중이고 이 여행은 단거리 경주가 아님을 기억해야 한다. 견습과정에서 가능한 한 많은 것을 얻어내도록 시간을 들이라. 당신이 프로그래밍한 지 3개월이 되었든 5년이 되었든 간에, 소프트웨어 장인정신의 관점에서는 여전히 초보자라는 사실을 이해해야 한다.

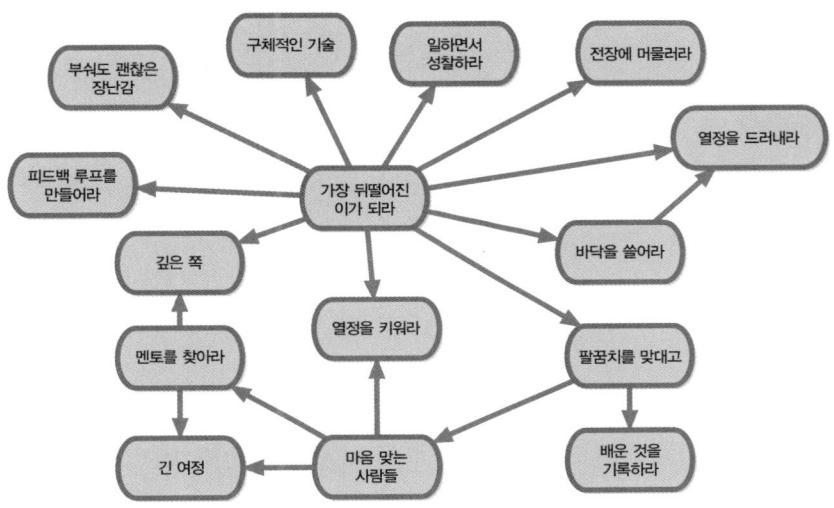

4 ··· 정확한 자기 평가

5
끊임없는 학습

> 만일 그래도 괜찮다면, 우리는 일을 진지하게 시작하기도 전에 늘 뭔가 주의를 돌릴 만한 일이 일어나지 않을까 하고 기다려 볼 것이다. 큰 성취를 이루는 사람들이란 지식을 너무나 갈망하여 좋지 않은 여건에서도 그것을 탐구하는 이들이다. 여건이 좋을 때란 결코 오지 않는다.
> — C.S. 루이스(Lewis), 「Learning in War-Time」, 『The Weight of Glory and Other Addresses』[1]

평판 높은 소프트웨어 장인인 앤디 헌트Andy Hunt는 여러 차례에 걸쳐서 소프트웨어 개발이란 '학습과 의사소통'의 두 가지 기본 활동으로 이루어진다고 역설했다(『Pragmatic Thinking and Learning』[2], p. 3). 그 사상을 토대로 해서, 우리는 배움이야말로 견습과정의 핵심 주제이며, 성공적인 견습과정의 주요한 특징은 배우는 능력이라고 단언한다. 견습생들은 자신이 가진 무지의 자리를 기술로 채워나갈 기회에 목말라 있다. 우리 분야 업무의 복잡성과 견습생이 다뤄야 할 압도적인 분량의 정보를 생각할 때, 이것은 간단한 일은 아니다. 견습생은 **구체적인 기술**을 배운다는 기본적인 행위를 넘어서 '배우는 방법'도 배워야 하는데, 숙련공으로 성장해도 배움의 필요성이 없어지지는 않기 때문이다. 마스터에게서 볼 수 있는 특성 중 하나는, 특정 분야에서 힘들게 얻은 전문성을 옆으로 제쳐두고서 기꺼이 새로운 것을 배우고자 하는 태도다. 배움이란, 숙달의 경지로 향하는 **긴 여정**에 오른 이들에게는 영속적인 활동인 것이다.

5장 「끊임없는 학습」에 속한 패턴들은 당신 경력의 전반에 걸쳐서 적용이 가능하지만, 견습생에게 배움이 얼마나 중요한지 고려한다면 이 패턴들은 여정의 초반부에 적용되어야 한다. **능력의 폭을 넓히는 것**은 성장을 가속화하고자 하는 견습생에게 중요한 활동이며, **부숴도 괜찮은 장난감, 소스를 활용하라, 연습, 연습, 또 연습** 같은 다른 패턴들이 순조롭게 적용되도록 한다. 이 세 패턴은 모두 새로운 정보에 접한 상황이나 새로운 지식을 얻고자 하는 욕구에서 자라난다. 예를 들면 새로운 기법을 연습하거나 생소한 플랫

---

[1] (옮긴이) 번역서로 『영광의 무게』 (2008, 홍성사)가 있다.

[2] (옮긴이) 번역서로 『실용주의 사고와 학습』 (2010, 위키북스)이 있다.

폼을 배우려고 무언가 만들어 보거나, 획기적인 새 오픈소스 도구의 코드를 공부하는 경우다. 이와 같이 한층 구체적인 패턴들 뒤를 이어 **일하면서 성찰하라**로 시작되는 조금 덜 딱딱한 자아 발견적인 패턴들을 거쳐서, **배운 것을 기록하고 공유**하는 패턴으로 나아간다. 견습과정이 끝난 후에도 가져가야 할 중요한 패턴으로는 **피드백 루프를 만들어라**와 **실패하는 법을 배워라**가 있다. 숙련공으로, 궁극적으로는 마스터로 발전해 가기 위해서, 당신은 피드백 루프를 만드는 데 숙달될 필요가 있으며 자신의 약점에도 충분히 익숙해질 필요가 있다.

능력의 폭을 넓혀라

모르는 것을 배우는 일이, 어떻게 하는지 이미 아는 일을 행하는 것보다 더 중요할 때가 흔히 있다.
— 짐 하이스미스(Jim Highsmith), 「Agile Software Development Ecosystems」

상황

당신은 기본적인 기술 몇 가지를 익히게 되었다.

문제

소프트웨어 개발에 대한 당신의 이해는 협소하며, 그마저도 일상 업무와 연관된 저수준의 세부사항에 너무 집중되어 있다.

해결책

당신은 지금껏 착실하게 빨대로 마시고 있었던 셈이다. 하지만 견습과정 중에는, 대부분의 개발자에게 열려 있는 '정보의 소방 호스'로부터 들이켜야만 하는 시기도 있다.

새로운 정보를 얻고자 자기 능력의 폭을 넓히는 단계는 견습생에게 아주 중요하며, 가끔은 압도됨을 느낄 수도 있다. 당신은 새로운 지식을 이해하고 간직하며 적용하는 방법뿐 아니라 효과적으로 흡수할 수 있는 테크닉도 발전시켜 가야 한다. 이 패턴은 익숙하지 않은 주제를 다룬 소프트웨어 개발 서적 한 권 읽는 정도를 의미하지는 않는다. 이 패턴은 다양한 차원에 걸

처서 새로운 지식과 경험을 찾아가는 활동을 수반한다. 몇 가지 사례를 들어보자.

- 구글 리더Google Reader 같은 블로그 모아보기 사이트에 가입해서 소프트웨어 개발 관련 블로그들을 구독하기 시작하라. 현대의 자동 번역 기술이라면 단지 모국어로 된 글만 읽을 필요는 없을 것이다.[3] 그리고 팀 오라일리Tim O'Reilly의 충고에 따라서 그가 '알파 긱alpha geeks'[4]이라고 부르는 블로거들이 쓴, 여러 기술 영역에 걸친 글타래를 따라갈 수도 있을 것이다.[5] 이 사람들은 최고의 프로그래머라기보다는 하나의 집단으로서 우리보다 몇 년 앞서 새로운 트렌드를 예견해 왔다. 자신의 블로그에 글을 써 이런 블로거에게서 포착한 주제를 성찰하는 것도 고려해 봄직하다.
- 트위터에서 소프트웨어 분야 쪽으로 유명한 사람들을 팔로우하고, 그 사람들이 관심을 쏟는 분야에 대해서 주의를 기울여라.
- 활동이 적당히 활발한 온라인 메일링 리스트에 가입해서, 사람들이 올린 이슈를 재현해 본 다음에 해결책을 올려 보라.
- 최근에 만들어진, 신기술에 들떠 있는 로컬 유저 그룹에 참여하라. 조용히 앉아 있지만 말고 주최자에게 자신을 소개하고서 뭔가 도와주고 싶

---

[3] (옮긴이) 구글 리더에는 사용자의 언어로 블로그 글을 자동 번역해 주는 기능이 있다. 인도-유럽 어족에 속하는 언어끼리는 어떨지 모르겠으나, 한국어 번역 결과는 아직 어색한 부분이 많아 보인다.

[4] (옮긴이) 컴퓨터 쪽으로 훤한 전문가들을 말한다.

[5] Tim O'Reilly, "Watching the 'Alpha Geeks': OS X and the Next Big Thing.", http://www.linuxdevcenter.com/pub/a/mac/2002/05/14/oreilly_wwdc_keynote.html

다고 이야기하라.
- 고용주에게 기술적인 컨퍼런스에 보내달라고 설득해 보라. 설령 참가비를 지원받기가 어렵게 되더라도, 웹사이트에서 슬라이드를 보거나 발표 내용을 담은 오디오, 동영상을 다운로드할 수 있을 것이다.
- 책을 읽은 뒤에는 저자에게 감사의 말과 질문을 담아서 연락을 취해 보라. 책의 저자들이나 연사들, 유명인들은 가까이 하기 어렵거나 늘 바쁜 듯이 보이지만, 독자들과 서신 주고 받는 것을 즐기기도 한다.
- 온라인 대학 강좌는 물론이고, 아이튠스나 유튜브를 통해서 무료로 접할 수 있는 팟캐스트 및 (구글의 Tech Talks 시리즈 같은) 동영상이 수백 가지는 된다는 사실을 잊지 말라.

견습과정 중에 학습과 다른 일에 대한 우선순위가 바뀌어 가면서, 언젠가는 결국 프로젝트 작업에 집중하기 위해 소방 호스를 꺼야 할 때가 온다. 하지만 당신의 견습과정 중에 적어도 이 패턴을 한 번은 활용해야 한다. 이 패턴이 중요한 이유가 그 과정에서 습득할 지식 때문만은 아니다. 바로 이 패턴 자체가 습득해야 하는 기술이기 때문에 그렇다. 숙련공과 마스터들은 이 패턴으로 경력과 장인정신을 진일보시킬 기회를 모색하며, 특히 새로운 기술 분야에 진입하고자 할 때 이 패턴을 활용한다.

데이브와 소방 호스

2000년 후반에 펄을 배울 기회가 생겼을 때, 나는 즉시 능력의 폭을 넓히는 일에 착수했다. 따라잡아야 할 것이 너무나 많게 느껴져서, 몇 권의 펄 책을 읽은 다음에는 더 배울 수 있는 어떤 기회라도 찾아보려고 했다. 나는 펄 개발자로서 더 상급 수준에 가능하면 빨리 도달하리라고 굳게 결심했지만, 한 번에 책 한 권씩 읽는 것으로는 충분히 빨리 목적을 달성하기가 어렵다는 것을 알고 있었다. 그래서 나는 http://perlmonks.org에 가입했고, comp.lang.perl.misc 뉴스 그룹 http://groups.google.com/group/comp.lang.perl.misc에 질문과 답변을 올리고, Perl Mongers http://pm.org/ 모임에도 몇 차례 참석했으며, Perl Golf[6]를 플레이하기 시작했다. 그로부터 일 년쯤 지난 후, 나는 정신 건강과 결혼 준비를 위해 지식 흡수의 속도를 얼마간 조절해야 했다. 그러는 동안 내게는 분명 진전이 있었고, 곤란에 처했을 때 써먹을 리소스를 많이 확보해둘 수 있었다.

그러고 나서 2002년 봄, 나는 켄트 벡의 『Extreme Programming Explained』를 읽었고, 펄을 넘어서 테스트 주도 개발과 짝 프로그래밍, 객체지향 설계, 디자인 패턴의 세계로 성장할 수 있는 기회를 발견했다. 나는 다시 한 번 능력의 폭을 넓혔다. 훌륭한 책들을 여러 권 읽고, 근처의 애자일 소프트웨어 개발자 모임에 나가기 시작했으며, 자비로 XP/Agile 유니버스 컨퍼런스에 참석했고 (다행히 그 해에는 내가 사는 곳 근방에서 열렸다), 익스트림 프로그래밍 메일링 리스트에 참여했고, 관련 있는 블로그들을 읽기 시작하다가 곧이어 내 블로그를 운영하기 시작했다 http://www.redsquirrel.com/blog/archives/00000004.html. 이때 능력의 폭을 넓힌 결과로 나는 다국적 애자일 컨설팅 회사인 소트웍스에 일자리를 얻게 되었다. 소트웍스사가 부여해 준 학습 기회 덕에 나의 경력과 견습과정은 영원히 바뀌게 되었다.

2005년 말경 견습생에서 숙련공으로 이행해 갈 때 나는 또 다른 기회의 조짐

---

[6] (옮긴이) 펄 언어로 어떤 기능을 누가 더 짧게 짜는지 겨루는 놀이. http://en.wikipedia.org/wiki/Perl#Perl_golf 참고.

을 보았다. 루비 온 레일스Ruby on Rails가 바야흐로 떠오르고 있었던 것이다. 이로 인해 나는 내 생활 방식에 더 잘 맞는 지역 컨설팅 회사인 옵티바에 합류하게 되었고, 거기서 나는 옵티바 소프트웨어 스튜디오Obtiva's Software Studio를 설립해서 옵티바사의 견습과정 프로그램을 운영하기 시작했다.

일단 어떻게 **능력의 폭을 넓힐**지 이해했다면, 다음 단계로는 언제 그것을 실행에 옮길 것인지 알아야 한다. 새로운 정보를 수집하고 소비하면서 거기에 사로잡혀 버릴 가능성도 있는데, 특히 우리 업계에서 가장 왕성한 활동을 벌이는 사상가들의 최신 아이디어를 접하기가 나날이 쉬워지면서 이런 여지는 더 커졌다. 어떤 사람들은 흥미로운 정보로 가득한 바다 가운데서 길을 잃고서 소프트웨어를 만드는 현실 세계로 다시 돌아오지 않기도 한다. 비록 **능력의 폭을 넓히기**가 재미있으며 그 자체로도 흥미로운 기술이기는 하지만, 견습생에게는 단지 수단일 뿐이다. 이 패턴은 사려 깊게 적용해야 하는데, 자신의 학습은 가속화되겠지만 개발 속도는 늦춰지기 때문이다. 그러므로 수개월 이상 적용했을 때는 점차 느려진 개발 속도 때문에 학습이 가져오는 효과 또한 줄어들 것이다.

실천 방안

다음 달 내로 지역에서 모이는 사용자 그룹에 참석하라. 관련된 국내 컨퍼런스 중에서 참석하고 싶은 것이 있는지 조사해 보라. 그 컨퍼런스의 연사 중 한 사람이 지은 책을 골라서 읽기 시작하라. 책을 다 읽은 후에는 몇 가지 질문을 담은 서신을 저자에게 보내라.

연습, 연습, 또 연습

우리가 마스터라고 알고 있는 사람들은 어떤 특정한 기술에 더 능숙해질 목적으로 거기 전념하지는 않는다. 사실 그 사람들은 연습하는 것 자체를 좋아하며, 이 때문에 그들이 점점 더 능숙해지는 것이다. 그리고 더 능숙해질수록 기본적인 동작을 더 즐기게 되는 선순환이 완성된다.

— 조지 레너드, 「Mastery」

상황

당신은 지금 하는 일에 더 능숙해지고 싶으며, 새로운 분야에서 **구체적인 기술**을 개발하고자 한다.

문제

당신의 일상적인 프로그래밍 환경에는 실수해 가면서 배울 만한 여지가 없으며, 늘 무대 위에 서 있는 것 같다.

해결책

실수해도 마음 편한 환경에서, 방해 받지 않고 기예를 연마할 시간을 확보하라.

이상적인 경우라면 우리는 안데르스 에릭슨K. Anders Ericsson의 연구에 기술된 '의도적 수련deliberate practice'[7] 기법을 사용할 수 있을 것이고, 이때는 멘토

---

[7] (옮긴이) 자기 성찰과 피드백을 수반하여 기량을 최대로 향상시킬 수 있도록 설계된 훈련. 에릭슨 등이 탁월한 역량을 보여주는 사람들에 대해서 연구 조사한 결과로는, 선천적 재능보다 어릴 때부터 최소 10년 이상 해왔던 이런 의도적 수련이 탁월함의 핵심 요인이었다고 한다.

가 당신의 강점과 약점에 기초한 연습 과제를 부여할 것이다. 과제를 다 끝내면 멘토는 당신과 함께 객관적인 척도로 당신의 수행 능력을 평가하고 나서 다음 과제를 같이 고민할 것이다. 그런 다음 당신의 멘토는 다른 학생들을 가르친 경험을 활용해서 새롭고 더욱 도전적인 과제를 고안해낼 것이다. 이 과제를 통해 당신은 자기 역량에 대해 성찰하고, 더 효율적인 작업 습관을 찾아내며, 여러 가지 지식을 한층 추상적인 단계로 모으고 그런 관점에서 사물을 볼 줄 아는 능력을 개발할 것이다. 시간이 흐르면서 이런 일련의 연습 과제들은 당신의 강점을 연마하고 약점을 교정해 줄 것이다. 유감스럽게도 우리는 이런 이상적인 세계에 살고 있지 않으며, 견습생들은 같은 효과를 거두기 위해서 자기가 가진 자원에 의존해야만 한다.

> 소프트웨어를 만들면서 우리는 업무 중에 연습을 하는데, 그것이 업무 중에 실수를 하게 되는 원인이다. 우리는 직업적인 일과 연습을 구분할 방법을 모색해야 한다. 우리에게는 연습 시간이 필요하다.
>
> — 데이브 토머스[8]

'실용주의자' 데이브 토머스는 코드 카타kata[9]의 개념을 무예에서 빌어왔다. 카타란, 무예의 기본을 내재화하는 것을 도울 목적으로 마스터에 의해 안무가 짜여진 일련의 동작을 말한다. 카타는 대련자 없이 시연하며, 동작의

---

[8] 코드 카타(Code Kata)에 대한 데이브 토머스의 글, http://codekata.pragprog.com/2007/01/code_kata_backg.html

[9] (옮긴이) 型의 일본식 독음. 일본 무예 공수도에서 비롯된 개념이며, 태권도라면 품새에 해당한다. 코드 카타는 데이브 토머스에 의해 만들어진 개념이며, 반복적인 연습을 통해 기술을 연마할 목적으로 제시된 일련의 프로그래밍 연습문제들을 일컫는다.

부드러움, 힘, 속도, 제어력 등이 강조된다. 데이브 토머스는 그의 블로그에 카타를 포스트했고, 소프트웨어 분야의 장인들이 연습을 위해 카타를 활용하도록 장려했다.

로랑 보사비와 파리에 거주하는 한 무리의 소프트웨어 개발자들은 무예라는 메타포를 더 발전시켜서 코더의 도장dojo, 道場이란 것을 만들어 냈는데, 이 도장은 사람들이 코드 카타를 수련하려고 정기적으로 모이는 장소였다. 파리의 도장에서 영감을 얻은 '엉클' 밥 마틴 또한 블로그에 카타를 포스팅하고 있으며, 아래와 같이 수련의 장점을 지지하고 있다.

> 초심자는 강의가 아니라 실제로 해보면서 배운다. 그들은 연습하고 연습하고 또 연습한다. (중략) 이처럼 같은 과제를 거듭 반복함으로써 우리는 자신의 기술을 연마하며, 우리 몸과 마음이 TDD와 단순한 설계의 규율에 감응하도록 훈련한다. 우리는 우리 뉴런이 올바른 방향으로 반응하도록 재배치하고 또 재배치한다.
>
> — 로버트 마틴Robert Martin[10]

물론 코드 카타는 **연습하고 연습하고 또 연습하는** 방법 중 하나일뿐이다 (**부숴도 괜찮은 장난감**은 또 다른 방법이 될 수 있다). 이 패턴의 핵심 요소는 스트레스 없고 쾌활한 분위기에서 소프트웨어를 개발할 수 있는 시간을 스스로 개척해 가는 것이다. 출시 일자도 없고, 제품화 이슈도 없고, 방해도 없다. 데이브 토머스가 수련에 대해 이렇게 말했다.

---

[10] 프로그래밍 도장에 대한 로버트 마틴의 글, http://butunclebob.com/ArticleS.UncleBob.TheProgrammingDojo

"긴장을 푸는 것을 받아들일 수 있어야 한다. 당신이 긴장을 늦추지 않는다면 수련으로부터 배움을 얻지 못할 것이기 때문이다".

그리고 당신의 연습 시간에 짧은 피드백 루프를 같이 짜 넣을 필요가 있다. 연습이란 이론적으로 좋은 것이지만, 주기적인 피드백을 받지 못한다면 오히려 나쁜 습관을 들이고 있는 것일 수도 있다. 코더 도장coder's dojo은 이런 면에서 볼 때 멋진 곳인데, 그것은 장인들의 긴밀한 커뮤니티 내에서 이루어지는 공개적인 수행이라는 점 때문이다. 지속적인 피드백에 대한 필요성은 당신이 장인으로 성장하면서 차츰 줄어들 것이다. 그리고 그 필요성은 경험이 덜 쌓인 개발자들과 함께 수련하면서 좋은 습관의 모범이 되는 고참 견습생 역할을 담당하는 것으로 점차 대체될 것이다.

조지 레너드가 묘사했던 마스터들이 연습하기를 좋아하는 이유 중 하나는, 그들이 연습을 할 때마다 뭔가를 조금씩 달리 하기 때문이다. 요점은, 기억에 의존해서 기술을 연마하지 않으며, 가장 단순한 숙련된 행위를 할 때조차도 미묘한 차이를 발견해 내는 것이다. 당신의 할머니께서 '연습이 완벽함을 만든다'고 말씀하셨을지 모르겠지만, 할머니는 틀렸다. 사실 연습은 영구적인 그 무엇을 만든다. 그러므로 스스로 무엇을 연습하는지 주의를 기울이고, 진부함으로 빠지지 않도록 끊임없이 연습에 대한 평가를 해 나가야 한다. 매일 연습할 것을 올바르게 선택하는 것은 반복되는 수련 행위 그 자체만큼이나 중요한 기술이다. 수련 시간에 사용할 흥미로운 과제를 확보할 수 있는 좋은 방법은, 『Programming Pearls』[11]나 『More Programming

---

[11] (옮긴이) 번역서로 『생각하는 프로그래밍』(2003, 인사이트)이 있다.

Pearls』, 『Etudes for Programmers』 같은 오래된 책을 통해 얻는 것이다. 이런 책들은 아주 오래 전에 쓰였는데, 당시에는 멋지고 새로운 프레임워크 같은 것은 없었기에 전산학의 기초에 집중할 수밖에 없었다. 그런 책의 저자들은 알고리즘 복잡도의 기초나 자료구조에 대한 지식을 몸에 배게 해두어도 해롭거나 쓸모없어지지는 않으리라는 점을 이해하고 있었다. 또한 이런 주제들로부터 수련 시간을 흥미 있고 신선하며 교육적으로 만들 수 있는 자그마한 문제들을 수없이 만들어낼 수도 있다.

실천 방안

앞서 언급된 책에서 연습문제를 하나 고르거나 자신만의 문제를 고안해 보라. 난이도는 당신이 쉽게 풀 수 있는 정도보다 약간 더 어렵게 하라. 그 문제를 처음에 풀려면 애를 좀 써야 할 것이다. 다음 4주 동안은 일주일에 한 번씩 이 문제를 완전히 처음부터 다시 풀고, 자신의 해법이 어떻게 발전해 가는지 관찰하라. 이것이 프로그래머로서 나의 강점과 약점에 대해 무엇을 말해 주는가? 이 점을 염두에 두면서 자신의 능력에 상당한 영향을 끼칠만한 새 연습 문제를 찾거나 고안하라. 이것을 계속 반복하라.

관련 항목

부숴도 괜찮은 장난감(194쪽), 구체적인 기술(85쪽)

부숴도 괜찮은 장난감

> 어떤 일이든 간에 사랑하지 않고서는 정말로 잘 할 수가 없다. 그리고 당신이 해킹을 사랑한다면 필연적으로 자신만의 프로젝트를 하게 될 것이다.
> – 폴 그레이엄, 「Hackers & Painters」

> 인위적인 제한에 걸려 있을 때, 우리는 자신의 능력을 한계까지 밀어붙이는 '장난감' 프로그램을 만듦으로써 종종 효험을 볼 수 있다.
> – 도널드 커누스, 「The Art of Computer Programming」[12]

상황

경험이란 성공할 때만큼은 아니겠지만 실패로부터도 쌓인다.

문제

당신은 실패가 용납되지 않는 환경에서 일하고 있다. 하지만 실패는 종종 무언가를 배울 수 있는 가장 좋은 방법이 된다. 오직 과감한 일을 하고, 실패하고, 그 실패로부터 학습하고, 또 다시 시도하는 것, 우리는 그렇게 해야만 어려운 문제에 맞닥뜨렸을 때 성공해 내는 사람으로 성장할 수 있다.

해결책

업무 때와 비슷한 도구를 써서, 업무 때 구축하는 시스템 범위에는 들지 않

---

[12] (옮긴이) 번역서로 『The Art of Computer Programming』 (2006, 한빛미디어)이 있다.

는 토이 시스템을 설계하고 구현하여 실패해 볼 수 있는 여지를 만들어라.

만약에 경험이란 것이 성공뿐 아니라 실패로부터도 얻어진다고 하면, 당신에게는 실패해 볼 수 있는 다소 개인적인 공간이 필요하다. 공 세 개로 저글링할 줄 아는 사람이 다섯 개짜리 저글링을 전혀 시도하지 않으면, 그는 결코 한 단계 더 올라서지 못할 것이다. 몇 시간 동안 떨어진 공을 주우러 다니느라 허리가 아프게 될지언정, 연습을 한 사람이라면 결국에는 제대로 해낼 것이다. 소프트웨어도 이와 마찬가지다. 공 세 개 수준의 저글러가 공연 중에 다섯 개짜리를 시도하지는 않듯이, 소프트웨어 개발자도 마음 놓고 실수를 할 수 있는 안전한 장소가 필요하다.

캐나다 노바스코샤Nova Scotia 지방에서 근무하는 십대 청소년 스티브 베이커Steve Baker는, 그가 속한 작은 개발 조직 내에서 리더이자 전문가로 여겨지고 있었다. 스티브는 이와 같은 주변의 기대가 그에게 어떤 영향을 끼쳤는지 말한다.

"모두들 내가 어떤 일을 할 때 올바른 방법으로 해낼 거라고 기대하더라고요. 차마 프로젝트를 학습 기회로 삼을 수는 없었고, 나는 배우기를 중단해야 했지요."

이것은 애디가 컨설팅할 때 겪은 경험과도 유사한데, 그 당시 그는 도무지 올바르지 않을 도리가 없었고, 그가 항상 옳을 것이라 기대하는 사람들을 저버릴 수가 없었다. 애디는 배우기 위해서는 공을 떨어뜨릴 자유가 필요하다는 것을 알고 있었다. 그보다 앞선 수많은 개발자들처럼, 애디도 학습에 도움을 얻고자 **부숴도 괜찮은 장난감** 패턴을 사용했다.

이 패턴을 사용해서 만들 시스템은, 견습생의 생활과 관련이 있으면서 실제로 쓸모도 있어야 한다. 예를 들면 당신만의 위키나 캘린더, 주소록 등을 만드는 것이다. 당신이 만든 프로그램은 아마 해결해야 하는 문제에 비해 과하게 만들어졌을 것이며, 기존 프로그램으로 쉽사리 대체될 수 있을 것이다. 하지만 이런 프로젝트들이야말로 실패가 용인되는 장소다. 여기서 당신은 새로운 아이디어와 기법을 시험해 볼 수 있으며, 그 결과가 참담한 실패로 끝날 수도 있다. 하지만 그 실패로 상처 입을 사람이라고는 당신 자신뿐이다.

이 패턴을 사용하는 고전적인 예로는 자신만의 위키를 만들었던 많은 사람들을 들 수 있다. 개인용 위키는 **배운 것을 기록할** 수 있어서 견습생에게 훌륭한 도구가 된다. 또한 위키는 놀라우리만치 간단한 모양이 될 수 있으며[13] 수많은 예제를 찾아서 **소스를 활용할** 수 있기 때문에 **부숴도 괜찮은 장난감**으로 적합하다. 시간이 흐르고 위키를 유지해 가면서 당신은 HTTP와 REST, 파싱, 웹 설계, 캐싱, 전문full-text 검색, 데이터베이스, 동시성 등을 배우게 될 것이다. 그리고 만약 당신이 그 위키를 오랫동안 붙들고 있으면, 나중에 자료 저장 포맷의 변경이 필요한 새 기능을 추가하고 싶지만 쌓인 자료를 잃고 싶지는 않을 때, 데이터 마이그레이션에 대해서도 배울 수 있을 것이다.

부숴도 괜찮은 장난감의 다른 예로서는 테트리스와 틱택토Tic-Tac-Toe 같은 게임이나(이전에 같이 일했던 동료 중 하나는 언어를 새로 배울 때마다 같은 게임을 그 언어로 새로 짜는 습관이 있었다), 블로깅 소프트웨어, IRC[14] 프로그램 등이 있다. 요점은, 그런 장난감을 만들 때마다 당신이 뭔가 새로운 것을 배운다는 점이다.

---

[13] 가장 짧은 위키 경진대회. http://c2.com/cgi/wiki?ShortestWikiContest
[14] (옮긴이) Internet Relay Chat. 인터넷 기반의 실시간 텍스트 채팅 프로토콜.

그에 따라 (당신이 유일하거나 가장 중요한 사용자인) 안전한 환경에서, 그리고 사용자로서의 니즈를 현존 최고의 상용 제품보다 스스로 더 잘 충족시킬 여지가 있는 그런 환경에서, 당신은 사용하는 도구에 대해 더 깊이 이해할 기회를 얻을 것이다.

이것은 다른 누구도 아닌 당신의 **부숴도 괜찮은 장난감**이다. 일자리를 옮겨 다니면서 그런 장난감들을 계속 가지고 간다면, 그중 일부는 당신이 지닌 장인정신의 살아있는 화신이라 할 만한 존재가 될 것이다. 그렇다 해도, 그것들은 본시 장난감이며 그러므로 재미있어야 한다는 것을 잊지 말라. 만약 재미가 없다면, 처음의 열정이 휩쓸고 지나간 후에는 다른 재미난 것을 찾아서 에너지를 쏟을 것이고, 그 장난감에는 먼지만 쌓일 것이다.

이런 장난감들은 종종 업계 표준이라 할 도구들을 간단히 재구현한 경우가 많은데, 그렇게 재구현하면서 당신은 그 도구가 지금의 설계에 이를 수밖에 없었던 여러 이유를 한결 깊이 이해할 수 있게 된다. 그러는 중에 당신의 장난감 하나가 생명력을 얻어서 당신 외의 사용자가 생길 수도 있다. 그렇다면 당신은 부숴도 괜찮은 새 장난감을 다시 찾아야 할지도 모른다.

리누스가 장난감 OS를 만들다[15]

보낸 이 : torvalds@klaava.Helsinki.FI (리누스 베네딕트 토발즈)

뉴스 그룹 : comp.os.minix

제목 : minix에 있었으면 하고 가장 바라는 것은?

요약 : 제가 만들고 있는 새 운영체제를 개선하기 위한 조그만 설문

---

[15] 리누스 운영체제에 대한 최초의 공지. http://groups.google.com/group/comp.os.minix/browse_thread/thread/76536d1fb451ac60/b813d52cbc5a044b

Message-ID : ⟨1991Aug25.205708.9541@klaava.Helsinki.FI⟩
일시 : 1991년 8월 25일 20:57:08 GMT
소속 : 헬싱키 대학교

minix를 쓰는 여러분 안녕하세요 -

저는 요즘 386(486) AT 호환 기종에서 돌아가는 (무료) 운영체제를 하나 만들고 있습니다(취미로 하는 거고, gnu처럼 크고 전문적으로 되지는 않을 겁니다). 4월부터 진행했는데, 이제 출발 준비가 된 것 같습니다. 저는 minix에서 좋거나 싫은 부분이 뭔지 사람들로부터 피드백을 좀 얻었으면 좋겠습니다. 제 OS가 minix와 비슷한 면이 있어서요(무엇보다도, 현실적인 이유 때문에 파일시스템의 물리적 레이아웃이 minix와 동일합니다).

지금 현재 bash(1.08)하고 gcc(1.40)가 포팅되었고, 잘 돌아가는 것 같네요. 그렇다 함은 앞으로 몇 달 이내에 뭔가 실제로 쓸 만한 것들이 만들어질 수 있다는 얘기고, 그래서 저는 사람들이 어떤 기능을 제일 원하는지 알고 싶습니다. 어떤 제안이라도 환영이지만 꼭 구현되리라는 보장은 못 합니다 :-)

리누스(torvalds@kruuna.helsinki.fi)

추신. 네, - minix 코드는 전혀 사용하지 않았고, 멀티스레드 파일시스템을 지원합니다. 이식 가능하지는 않고요(386 태스크 스위칭 같은 것을 씁니다), AT 하드디스크 외에 다른 것을 지원할 일은 없을 것 같네요. 가진 것이 그것뿐이라서 :-(

부숴도 괜찮은 장난감 패턴은 가장 뒤떨어진 이가 되라와 비슷한 면이 있

지만, **가장 뒤떨어진 이가 되라** 패턴은 당신이 성장할 수 있는 팀을 찾는 일을 설명한 패턴이었다. **부숴도 괜찮은 장난감**은 당신의 한계를 넘은 곳에 발을 디디고 혼자 힘으로 완전한 소프트웨어 프로젝트를 하나 구축해 볼 기회를 의도적으로 만드는 데 더 중점을 두었다고 할 수 있다. 이 패턴은 또한 **흰 띠를 매라**와 **무지에 맞서라** 패턴과 관련되기는 하지만, 이미 습득한 지식을 한쪽으로 밀쳐두는 것은 다소 덜 강조한다.

실천 방안

좋아하는 도구들을 동원해서 높은 품질을 유지하면서도 세상에서 가장 단순한 위키를 만들어 보라. 초기 버전은 텍스트 파일을 보거나 편집하는 정도의 간단한 사용자 인터페이스만 있으면 될 것이다. 시간이 지나면서 당신은 기능도 더 추가하고 기존의 수많은 위키들과 차별화할 흥미로운 방법도 찾을 수 있을 것이다. 기존 구현 방식에 얽매이지 말고, 당신의 직업적인 관심이 당신을 이끌도록 하라. 예를 들어 당신은 검색 엔진에 관심이 있을 수 있는데, 이런 경우 자신의 위키에는 랭킹 알고리즘이나 태깅에 관련된 실험적인 기능을 넣어볼 수 있을 것이다. 당신이 실험하고 학습하는 한 무엇을 하기로 결정하든 전혀 문제가 되지 않는다.

관련 항목

가장 뒤떨어진 이가 되라(151쪽), 무지에 맞서라(94쪽), 배운 것을 기록하라(212쪽), 소스를 활용하라(200쪽)

소스를 활용하라

프로그래머가 되고자 준비하는 가장 좋은 방법은 프로그램을 짜는 것이며, 다른 사람들이 작성한 뛰어난 프로그램을 공부하는 것이다. 나 같은 경우에는 컴퓨터 과학 센터(Computer Science Center)의 쓰레기장에 가서 버려진 운영체제 코드 리스팅을 건지곤 했다.
— 빌 게이츠, 「Programmers at Work」 중에서

상황

오픈소스의 세계에 처음 입문한 사람들은 종종 자기가 올린 질문에 "소스를 써라, 루크"[16]라는 답변이 돌아오는 것을 경험한다. 이 말은 소프트웨어에 대한 기본적인 진실을 말해 준다. 결국은 코드가 최종 결정자라는 것이다. 프로그래머의 의도란, 코드가 그 의도를 제대로 반영하지 못한다면 공허한 것이 되어 버린다. 시스템을 진정으로 이해한다는 것은 오로지 코드를 읽어 보아야만 가능하다.

문제

공부하고 모방할 좋은 사례가 없다면, **연습, 연습, 또 연습** 패턴은 스스로 자각하지 못하는 나쁜 습관을 더욱 굳히는 결과만 가져올 것이다. 다른 사람의 신발을 신고 걸어보지 않는다면, 당신은 모든 신발 속에는 돌멩이가 들어 있는 거라 믿게 될 수도 있다. 그렇다면, 주변에 좋은 코드와 나쁜 코

---

[16] (옮긴이) "Use the source, Luke." 스타워즈 시리즈에서 오비완 케노비가 루크 스카이워커에게 했던 대사 "Use the Force, Luke."의 패러디다.

드를 구별할 만한 사람이 없는 환경에서, 당신이 짜 놓은 코드가 제대로 짠 것인지를 어떻게 알 수 있을까?

해결책

다른 사람들의 코드를 찾아서 읽어라. 당신이 매일 사용하는 도구나 애플리케이션부터 시작해 보라. 견습생으로서 당신을 주저하게 만드는 것 중 하나는, 당신이 의존하는 도구들을 만든 사람들은 왠지 당신과 다를 것 같고 더 특출하며 훌륭할 거라 믿는 일이다. 그 사람들의 코드를 읽고서 당신은 그들처럼 프로그래밍하는 법을 배우게 되고, 더 중요하게는, 당신을 둘러싼 인프라를 만들어 낸 사고 과정이 어떤 것이었는지 이해하게 된다.

오픈소스 프로젝트를 들여다볼 때는 가장 최신 버전의 소스를 (가능하면 그 프로젝트의 소스코드 관리 시스템에서) 다운로드해서, 과거 이력을 조사하고 차후의 진행을 따라갈 수 있도록 하라. 소스 트리의 구조를 살펴보고, 파일들이 왜 그런 식으로 배치되었는지 알아내 보라. 개발자들이 코드를 그런 식으로 모듈화한 이면에 무슨 이유라도 있는지 찾아보고, 당신이라면 어떻게 했을지 비교해 보라.

프로그래머들이 어떤 까닭에서 그런 선택을 했는지 이해하기 위해서, 그리고 만약 당신이 그 코드를 작성한 사람 중 하나였다면 어땠을지 보기 위해서 코드의 리팩터링을 시도해 보라. 이렇게 하면 이 프로젝트에 대한 이해가 높아질 뿐 아니라 자신이 그것을 구현할 수 있다는 사실도 확인된다. 그리고 만약 당신이 무언가 더 나은 방법을 찾게 된다면, 그 프로젝트에 기여할 좋은 기회를 만난 것이다.

코드를 가지고 작업하는 동안, 당신은 정말로 자기 생각과 다르다고 여겨지는 지점에 불가피하게 도달하게 될 것이다. 혹시 개발한 사람들이 당신이 알지 못하는 무언가를 알고 있었을지, 혹은 그 반대의 경우는 아닐지 한번 자문해 보라. 설계가 구식이라서 리팩터링이 필요한 경우인지 살펴보고, 그 기능을 당신이 '장난감'으로 구현해서 통합해 봤을 때 교육적 가치가 있을지 생각해 보라.

다른 사람들이 작성한 코드를 읽거나 다른 이로부터 코드를 읽어달라는 요청을 받고서 피드백을 주는 것 말고도, 당신의 소스코드를 보는 데 관심 있는 사람들을 주위에서 찾아보라. 만약 당신이 사람마다 독특하게 표현하는 것을 걸러 들을 줄 알고 그 사람들의 피드백을 수용하는 법을 배울 수 있다면, 당신은 더 훌륭한 프로그래머가 될 것이다. 또한 숙련공이 되기 위해서는 다른 이들이 성장하는 것을 도와야 하니, 다른 이들의 소스코드를 읽는 것에도 열린 태도여야 함을 기억해 두라.

우리가 인터뷰한 프로그래머들이 공통적으로 가졌던 접근 방식 중에는, 코드 리뷰 또는 짝 프로그래밍을 도입한 팀이나 프로젝트에 합류하는 내용이 포함되어 있었다. 이런 수련을 통해서 프로그래머들이 다른 사람의 코드를 읽고 다른 이들에게 자기 코드를 읽게 하며 서로에게서 배우는 환경이 만들어진다. 이와 같은 그룹은 아주 유능한 프로그래머들을 배출하는 경향이 있다. 다른 환경, 예컨대 대부분 학교의 전산학과 같은 환경에서는, 프로그래머들이 실무에서 코드 작성보다 코드 읽는 데 훨씬 더 많은 시간을 소비한다는 사실을 간과하는 경향이 있다. 학교 쪽 관계자들이 이렇게 코드 읽기를 무시하는 쪽으로 택하는 까닭은, 모든 학생이 각자 처음부터 다시 무언가를 만들어 내도록 하는 편이 성적을 매기기에 수월하기 때문이다. 하지만, 일과 시간 대부분을 차지하게 될 이런 코드 읽기를 더 잘할 수 있도록 자신을 훈련시키는 것은, 장기적으로 더 큰 보상을 가져오는 가장 효과적인 일이라 할 수 있다. 비록 이런 환경에 책임이 있는 비非프로그래머들이 달가워하지 않는다 해도, 이것은 여전히 사실이다.

다른 사람들이 작성한 갖은 종류의 좋거나 나쁘거나 그저 그런 코드를 읽음으로써, 당신은 특정한 언어 커뮤니티에서 쓰는 관용적인 어법이나 미묘함을 배울 수 있다. 그리고 시간이 지나면서 사람들이 작성한 코드로부터 그 의도를 꿰뚫어 보는 능력을 키울 수 있을 것이다. 또한 코드와 의도가 서로 빗나가 있는 상황을 다루는 법도 배우게 된다. 이런 기술로 인해 당신은 팀에서 더욱 중요한 부분을 차지하게 될 것이다. 왜냐하면 기존 코드가 무슨 일을 하는지 몰라서 늘 새로 작성하게 되는 일 없이, 타인이 이미 작성해둔 코드를 가지고 작업할 수 있기 때문이다.

당신은 마침내 다른 사람들의 코드에서 얻어낸 미묘함과 요령으로 채워진 도구상자를 갖게 된다. 이 도구상자는 조그만 문제를 쉽고 빠르게 푸는 능력을 연마하게 해주는데, 그 이유는 비슷한 문제를 예전에 보았기 때문이다. 그리고 당신은 다른 사람들이 불가능하다고 여기는 문제에 달려들 수 있게 되는데, 당신에게는 다른 사람에게 없는 도구상자가 있기 때문이다.

리누스 토발즈가 Git[17] 분산 소스 관리 시스템에 쓴 코드나(보통 djb로 알려진) 대니얼 번스타인Daniel J. Bernstein[18]이 쓴 코드를 아무것이나 한번 읽어 보라.

---

[17] (옮긴이) 리누스 토발즈가 리눅스 커널 개발에 쓸 목적으로 만들기 시작했던 분산형 소스코드 관리 시스템.

리누스와 djb 같은 프로그래머들은 우리 대부분이 들어본 적도 없는 자료구조와 알고리즘을 아무렇지도 않게 사용하고 있다. 그들이 마법사는 아니다. 단지 대부분의 사람들보다 더 크고 좋은 도구상자를 만드는 데에 시간을 들였을 뿐이다. 오픈소스가 지닌 장점은, 그런 사람들의 도구상자가 들여다 볼 수 있게 공개되어 있고 그 도구들을 당신 자신의 것으로 만들 수 있다는 점이다.

소프트웨어 개발 분야의 문제점 중 하나는, 교사가 부족하다는 것이다. 하지만 sourceforge.net이나 GitHub[19], Google Code[20] 같은 사이트에서 오픈소스 프로젝트가 확산된 덕분에, 전세계 프로그래머 공동체로 보아서 거의 전형적인 표본 집합이랄 수 있는 사람들로부터 배우는 일이 가능하게 되었다. 전통적인 교수법에서는 어떤 요점을 설명할 목적으로 토이 프로젝트를 하나 설계해 두고, 뭔가 좀 어려워지면 지름길이나 '독자를 위한 연습문제'를 풍부하게 제공하곤 한다. 하지만 오픈소스 프로젝트는 그런 토이 프로젝트가 아니다. 이것은 현실의 문제를 해결하기 위한 실제 프로젝트인데다가 항상 유동적이다. 당신은 프로젝트에 속한 개발자들이 학습하고 새로운 요구사항에 대응해 가는 과정을 추적해갈 수 있다. 실제 코드가 진화해 가는 방식을 공부함으로써 당신은 수백 개의 소프트웨어 프로젝트를 직접 구축해 보지 않고서도 설계 단계에서 내리는 결정이 어떤 영향을 미치는지

---

[18] (옮긴이) Qmail 등의 프로그램을 개발한 미국의 수학자이자 프로그래머. Qmail은 UNIX에서 메일 송수신을 담당하는 sendmail을 대체할 목적으로 만들어졌다.

[19] (옮긴이) Git 버전 관리 시스템을 사용하는 프로젝트들을 대상으로 웹 기반 호스팅 서비스를 제공하는 사이트.

[20] (옮긴이) 구글의 개발자 도구, 구글 API, 기술 자료 등을 제공하는 사이트.

더 잘 이해할 수 있게 된다. 이런 과정은 다른 이들의 실수를 통해 배우기 때문에 단순한 코드 읽기보다 훨씬 필수적인 기술을 얻을 수 있는 기회가 된다. 바로 '가르침 받지 않고서도 배우는' 능력이다.

『Programmers at Work』에서 빌 게이츠는 이렇게 말했다.

"프로그래밍 능력을 테스트하는 가장 좋은 방법 중 하나는, 프로그래머에게 30페이지 정도의 코드를 건네주고서 그 사람이 얼마나 빨리 그 코드를 통독하고 이해하는지 보는 것이다."

빌 게이츠는 중요한 것을 깨닫고 있었다. 코드에서 신속히 지식을 흡수할 수 있는 사람들은 머지 않아 더 우수한 프로그래머가 된다. 이때까지 태어난 모든 프로그래머가 작성한 코드 한 줄 한 줄이 모두 그들의 스승이기 때문이다.

> 패턴, 관용 어법, 우수한 사례들에 대해 배우는 가장 좋은 방법은 오픈소스 코드를 읽는 것입니다. 다른 사람들이 어떻게 하는지 보십시오. 이것은 시류를 따라잡을 수 있는 훌륭한 방법인데다 무료입니다.
> ─ 크리스 원스트라스Chris Wanstrath의 Ruby Hoedown 2008 키노트 중에서[21]

실천 방안

알고리즘이 복잡한 오픈소스 프로젝트를 하나 골라 보라. Subversion, Git, Mercurial 같은 소스 관리 시스템이 한 가지 예가 될 수 있겠다. 그 프로젝트

---

[21] Ruby Hoedown 2008에서 한 기조연설. 비디오는 http://rubyhoedown2008.confreaks.com/08-chris-wanstrath-keynote.html에서 볼 수 있으며 대본은 http://gist.github.com/6443에 있다. (옮긴이) 크리스 원스트라스는 GitHub의 공통 창설자다.

의 소스를 둘러보면서, 생소한 알고리즘이나 자료구조, 설계 사상 같은 것들을 기록해 두라. 다음에는 그 프로젝트의 구조를 기술하면서 새로 알게 된 아이디어들에 강조점을 둔 블로그 포스트를 써라. 당신의 일상적인 작업 중에 그런 아이디어가 적용될 만한 곳이 있는가?

관련 항목

연습, 연습, 또 연습(189쪽)

일하면서 성찰하라

자기 성찰은 쉽지 않은 일이지만, 우리는 자신의 성공보다 실패를 연구함으로써 더 많이 배울 수 있다고 나는 믿는다.

— 노엄 커스(Norm Kerth), 「Project Retrospectives」

상황

어느 정도 역량이 되는 사람이라면 누구나 해가 가면서 승진의 사다리 위로 점차 밀려 올라가고 있음을 깨달을 것이다. 조만간 당신은 회사의 팀이나 오픈소스 프로젝트에서 마침내 선임 개발자라는 감투를 쓸 것이다. 만약 그런 승진에 스스로 대비하고 있지 않다면, 당신은 어느 순간 '피터의 법칙(조직에서 일하는 모든 사람은 자신의 무능력 수준에 도달할 때까지 승진한다)'의 희생자가 되어 있음을 발견할 것이다.

문제

지금의 지위에서 보낸 햇수와 수행한 프로젝트 개수가 늘어가면서, 당신은 마치 마법처럼 '경험이 쌓이게' 만들어 줄 계시의 순간을 기다리고 있음을 자각한다.

해결책

사색하는 소프트웨어 개발자가 되어라. 그러려면 일상에서 당신이 어떻게 일하고 있는지 스스로 성찰해야 한다. 당신이 행하는 업무가 새롭고 혁신적인지, 아니면 고리타분하게 구식인지 숙고하라. 당신 팀의 나머지 사람들이 당연하게 여기는 것들에 대해 스스로 질문을 던져 보라. 만약 자신의 현재 업무 중에서 특별히 괴롭거나 기분 좋은 것이 있다면 왜 그런지 자문해 보라. 만약 괴로운 것이 있다면 그것을 개선할 방법에는 무엇이 있겠는가? 여기서 우리 목표는, 매일 쌓은 경험을 낱낱이 분해한 다음 새롭고 흥미로운 방법으로 재조립하여 그런 일상의 경험으로부터 최대한의 교육적 가치를 얻어 내는 것이다.

이런 유형의 성찰을 명시적으로 만드는 데 유용한 기법 한 가지는, '나의 습관 도표' 같은 것을 사용하는 것이다. 이것은 조 왈너스Joe Walnes가 런던의 eXtreme Tuesday Club에서 소개했던 아이디어인데, 사람들이 의식적으로 자기가 하는 일을 적고, 그 일들 사이의 연관성도 기록하는 것이다. 모든 사람들이 내용을 적고 나면, 그중 식별된 사례들에 대해 토론한다. 'Maps of People's Personal Practices'[22] 웹 페이지에서 애디와 다른 개발자들 몇 명이 만든 도표를 볼 수 있다.

이 기법을 반복해서 사용하다 보면, 습관에 변화가 생기는 것이 두드러지게 보인다. 예를 들어서 애디는 2003년 이래로 복잡한 알고리즘을 구현할 때 불변식invariant을 의도적으로 사용하기 위해서 '절대 디버거를 쓰지 않는' 태도에서 '테스트 주도 개발'을 훈련하는 쪽으로 돌아섰다. 자신의 습관을 기록한 구체적이고 가시적인 도표가 있다는 사실은, 자신이 사용하는 기법을 바꿨을 때 가져오는 효과에 대해서 더 깊이 성찰하도록 이끌어 준다. 애디의

---

[22] http://www.xpdeveloper.net/xpdwiki/Wiki.jsp?page=MapsOfPeoplesPersonalPractices

경우에는 테스트 주도 개발을 받아들이고 나서 다른 모든 것들을 다시 평가하게 되었고, 그 도표는 이런 변화를 가시화하는 도구가 되었다.

이와 같은 관찰-성찰-변화의 과정은 당신 개인의 활동에만 국한되지 않는다. 가만히 당신 팀의 숙련공들과 마스터급 장인들을 지켜보라. 그 사람들의 훈련, 프로세스, 사용하는 테크닉을 곱씹어보고 혹시 당신의 경험과 연관지을 수 있는 부분이 있을지 생각해보라. 견습생이라 하더라도, 경험 많은 다른 장인들의 작업 모습을 가까이서 지켜보는 것만으로 새로운 아이디어를 떠올릴 수 있다.

2004년, 데이브는 세계적인 개발자들이 여러 명 포함된 XP 팀의 일원이었다. 그들은 상당히 표준적인 스타일의 짝 프로그래밍을 수행했다. 한 사람이 테스트 루틴을 작성해서 그의 짝에게 키보드를 넘기면, 그 짝은 테스트를 통과하도록 코드를 작성한다. 그 후에 바로 다른 테스트 루틴을 작성해서 처음 사람에게 다시 키보드를 넘기고, 처음 사람은 또 그 테스트를 통과하도록 만드는 식이었다. 이런 식의 짝 프로그래밍은 실제로는 그렇게 하자고 명시적으로 논의된 것이 결코 아니었으며, 단지 그들 각자의 경험으로부터 자연스레 생겨난 것이었다.

데이브가 다음 프로젝트에 합류해서 새 팀의 동료들에게 이런 방식의 짝 프로그래밍을 설명하던 도중, 무언가 이름이 필요하다는 것을 깨달았다. 데이브는 그 주제로 블로그에 글을 썼고, 이것은 연쇄적인 반응을 일으켜서 얼마 후에 StickyMinds.com에 컬럼을 몇 건 게재해 달라는 제의로 이어졌다. 이 모든 것은 단지 데이브가 더 경험 많은 개발자들에게서 접한 작업 방식에 대해 심사숙고했기 때문에 생긴 일이었다.

애자일 공동체는 이런 방식을 받아들여서 그 나름의 버전으로 발전시켰다. 노엄 커스의 책 『Project Retrospectives』에 의해 주도된 이 버전에는, 팀이 프로젝트의 상태에 대해 되돌아보고 개선할 방법을 모색하기 위해서 주기적으로 갖는 모임이 포함된다. 따라서 그것은 견습생이 행하는 지속적인 자기분석보다는 더 공식적이다. 이 버전에는 또한 커스의 최우선 지령을 이행하여 '안전한 환경'을 기꺼이 제공하고자 하는 '어느 정도 깨우친 관리층'이 필요하다. 그 지령은 다음과 같다.

"(회고에서) 무엇을 발견하게 되든 우리는 모든 사람들이 그 시점에서 가지고 있던 지식과 기술과 능력, 가용했던 자원, 마주했던 상황이라는 조건 하에서 최선을 다했다는 것을 진정으로 믿는다." [23]

견습생들이 항상 이런 환경에서 일하는 사치를 누릴 수는 없겠지만, 생산적인 자기 성찰의 습관은 다소 덜 관대한 기업 문화에서도 유용할 것이다.

당신이 충분히 오랫동안 매달린다면 사람들이 당신을 '노련하다'고 부르기 시작하겠지만, 노련함이 당신의 목표가 되어서는 안 된다. 당신의 그 모든 경험이 뜻하는 바는, 당신이 살아남을 수 있었다는 사실이다. 이런 경험은 당신이 얼마나 많이 배웠는지 나타내지 않으며, 오직 당신이 보낸 시간만을 알려줄 뿐이다. 우리 업계의 어떤 분야에서는 능력에 현저한 진보가 없더라도 해마다 똑같은 경험을 열 번 반복하는 것이 전혀 어렵지 않은 경우도 있다. 사실 이와 같은 반복 경험은 어떤 때는 반경험Anti-Experience으로 이어지기도 한다. 반경험이란, 해마다 쌓이는 '경험'이라는 것이 나쁜 습관을 더

---

[23] The Retrospective Prime Directive, http://www.retrospectives.com/pages/retroPrimeDirective.html

욱 강화하는 것에 지나지 않게 되는 현상을 일컫는다.[24] 이것이 경험을 쌓기보다 숙련됨에 목표를 두어야 하는 이유다. 당신이 일하는 습관을 조사하고 적응시키고 개선하는 데 들인 모든 노력에 대한 의미 있는 증거는, 오직 기술 수준의 향상뿐이다.

실천 방안

업무 습관에 대한 '나의 습관 도표'를 그려 보라. 일정 기간 바뀌지 않은 습관들 사이의 연관성에 집중하라. 만약 그 습관 중 하나가 실제로는 비생산적이라는 사실을 알게 된다면, 습관 도표를 어떻게 바꾸는 것이 좋을지 생각해 보라. 습관 중 하나를 골라 세밀히 검토하고, 동일한 목표를 달성하는 다른 방법은 없는지 찾아보라. 그것이 더 나은 방법일 필요는 없으며 단지 다르기만 하면 충분하다. 이제 당신이 그렇게 다른 습관에 적응해야만 한다면, 당신의 습관 도표에는 어떤 변화가 일어날지 스스로에게 물어 보라.

---

[24] Anti-Experience, http://c2.com/cgi/wiki/changes.cgi?AntiExperience

배운 것을 기록하라

쓰는 행위 자체가 가진 힘 역시 과소평가해서는 안 된다. (중략) 당신은 더 큰 목적의식을 잃어버릴 수도 있을 텐데, 쓴다는 행위는 한 발짝 물러서서 문제에 대해 깊이 생각할 수 있도록 해 준다. 앞뒤 없는 비난의 글을 쓰는 사람이라도 어느 정도는 생각을 해야만 한다.
— 아툴 가완디, 「Better」

상황

당신은 같은 교훈을 계속 되풀이해서 배운다. 이 교훈들은 도무지 몸에 붙지를 않는 것 같다. 당신은 또 다시 CruiseControl[25]을 세팅하거나 SQL 계층 구조를 모델링하거나 팀에게 패턴에 대해서 소개하고 있는 자신을 흔히 발견한다. 과거에 상당히 비슷한 일들을 했던 기억이 나기는 하지만, 세부적인 사항은 어슴푸레하다.

문제

과거로부터 배우지 못하는 이들은 같은 일을 되풀이하도록 되어 있다.

해결책

당신이 걸어가는 여정의 기록을 일지나 개인 위키, 블로그 등으로 남겨라. 배운 교훈을 시간 순으로 기록하게 되면 걸어온 여정을 뚜렷이 볼 수 있으

---

[25] (옮긴이) 자바 기반의 CI(Continuous Integration) 및 커스텀 빌드를 위한 오픈소스 프레임워크. 이 책의 저자들이 몸담았던 소트웍스(ThoughtWorks)사에서 개발이 시작되었다.

므로 당신이 멘토링하는 사람들에게 영감을 줄 수 있다. 하지만 그것은 당신이 의지할 소중한 자원이기도 하다. 이 패턴을 사용하는 사람들은 조만간 까다로운 문제의 해답을 찾을 때 검색엔진의 검색 결과에 자기 위키나 블로그가 나오는 순간을 경험하게 될 것이다.

배운 것을 기록해 두기 위해 블로그를 이용하면 **마음 맞는 사람들**을 만날 수 있다는 부수적인 이점이 있고, 관련 있는 링크가 꼬리를 물고 이어지는 위키의 경우는 당신이 쌓아 온 경험 간의 연관성을 볼 수 있게 해 준다.

배운 것을 기록만 하고 그냥 잊어버리는 덫에 빠지지 않게 노력하라. 당신의 공책, 블로그, 위키 같은 것은 보육원이 되어야지 묘지가 되어버리면 곤란하다. 교훈들이 죽을 자리를 찾아오는 것이 아니라 이 기록으로부터 생겨나도록 해야 한다. 그렇게 만들려면 당신이 썼던 글을 정기적으로 다시 읽어라. 글을 리뷰할 때마다 새로운 연관 관계를 만들어 보라. 이렇게 창조적인 리뷰를 함으로써, 전에 내렸던 결정이 새 데이터에 기초해서 재평가될 수도 있고, 모호했던 신념이 확고해질 수도 있다. 당신이 침체되지만 않는다면 둘 중 어느 쪽이라도 괜찮다. 자신의 일지를 리뷰함으로써 당신은 미래를 만들어 내기 위해 과거와 현재를 재배치할 수 있다.

애디는 같은 위키를 두 벌 사용하는데, 하나는 개인적인 생각을 기록하기 위한 것이고 다른 하나는 대외적으로 공유하는 용도다. 이렇게 공개적인 것뿐 아니라 개인적인 기록까지 유지함으로써 양쪽의 장점을 모두 취할 수 있다. 공개적인 기록은 당신이 배운 것을 공유하고 더 큰 공동체로부터 피드백을 얻는 수단이 되며, 개인적인 기록은 당신이 스스로의 진전에 대해 뼈저리도록 솔직해지게 한다. 이러한 내외부적 피드백 루프를 통해 당신은 엄밀한 자기 평가를 행하고 있다는 확신을 더하게 된다.

데이브가 그의 견습과정 중에 **꾸준히 읽고** 있던 당시, 배움에 영향을 주었던 모든 인용문을 텍스트 파일에 기록해 두었다. 해가 가면서 그 파일에 담긴 인용문은 500개 이상으로 늘어났고, 데이브는 마침내 그것을 온라인에 올려 두고 공유하기로 결심했다.[26] 데이브가 기사나 책을 쓰기 시작하면서 이 인용문은 탁월한 참고 자료의 원천임이 증명되었다.

그리고 이런 기록에 쓰는 도구 역시 중요한 **부숴도 괜찮은 장난감**이 될 수 있음을 기억해 두라.

이 패턴은 **배운 것을 공유하라**와 유사하지만, 거기서는 정직과 겸손으로 커뮤니케이션하는 능력을 키움으로써 숙련공이 될 준비를 하라고 강조하고 있다. 이 패턴은 당신이 걸어간 길의 자취를 그대로 남겨두어서 장차 거기로부터 새로운 교훈을 얻는 측면을 강조한다.

실천 방안

노트를 한 권 집어 들고 이 책에 대한 당신의 생각이나 읽은 뒤에 떠오르는 아이디어를 메모하기 시작하라. 거기에 날짜를 같이 적는 것을 잊지 말라. 책을 다 읽은 뒤에도 그 노트에 당신이 배운 다른 것을 같은 식으로 기록하라. 나중에 이 항목들이 기초가 되어서 블로그 글이나 잡지 기사, 심지어는 책이 만들어질 수도 있다.

---

[26] http://redsquirrel.com/dave/quotes.html

관련 항목

부숴도 괜찮은 장난감(194쪽), 마음 맞는 사람들(163쪽), 꾸준히 읽어라(237쪽), 배운 것을 공유하라(216쪽)

배운 것을 공유하라

너그러운 마음이 행운을 가져다준다는 것은 아무리 얘기해도 과장이 아닐 것입니다. 당신 주위에서 제일 운이 좋다고 생각하는 사람들을 한번 살펴보세요. 모두가 부러워하고, 늘 무엇이든 자기 뜻대로 되는 것처럼 보이는 그런 사람들 말입니다. 그 사람들은 어떻게 했기에 그럴 수 있을까요? 그런 일이 계속 반복된다면 단순히 운이 좋았기 때문으로만 치부하기는 어려울 겁니다. 내가 아는 그런 사람들은, 항상 준비가 되어 있고, 기예를 위해 노력하며, 주변의 사람들로 하여금 운이 좋다고 느끼게 하는 사람들이었습니다.

— 트와일라 타프, 『The Creative Habit』

상황

당신은 얼마 동안 견습생이었다. 당신은 몇 가지 업무적인 지식을 알고 있으며 사람들은 당신을 지식의 소스로 여기기 시작한다.

문제

지금까지 당신은 장인으로서 자신의 발전에만 집중해 왔다. 하지만 숙련공이 되려면 효과적으로 의사소통하며 다른 사람들이 속도를 내도록 이끄는 능력을 갖출 필요가 있다.

해결책

배운 것을 정기적으로 공유하는 습관을 견습과정 초기에 들여 놓아라. 이것은 블로그를 운영하는 형태가 될 수도 있고, **마음 맞는 사람들**끼리 점심 도시락 모임을 갖는 것이 될 수도 있다. 또 컨퍼런스에서 발표를 하거나 학습 중인 여러 가지 기술 분야와 기법에 대해 튜토리얼을 쓸 수도 있겠다.

처음에는 이런 일이 어려울 것이다. 어쨌거나 당신은 마스터는 고사하고 숙련공도 아직 아니다. 그렇다고 더 경험 많은 누군가가 나서기를 기다리는 것이 당연하며 옳은 일일까? 동료 견습생들은 자신들 중 누군가가 복잡한 주제에 대해 알기 쉽도록 설명해 주려 애쓴다면 고맙게 여길 것이다. 당신이 카테고리 이론[27]이나 프로토타입prototype 기반 언어[28]에 대해서 아주 잘 아는 것은 아닐 수도 있지만, 그 얼마 되지 않는 지식은 그렇기에 더 가치가 있다. 당신이 조금밖에 알고 있지 못하기 때문에, 당신은 단순하며 사전 지식이 필요 없는 요점을 설명하게 된다. 이런 이유로 당신의 설명은 더 좋은 설명이라 할 수 있다. 당신이 어떤 주제나 기술에 대해 처음 공부하면서 이런 게 있으면 좋겠다고 생각했던, 그런 튜토리얼을 직접 쓰게 되었을 때 이런 면이 도움이 될 것이다.

혼자 힘으로 배우는 것과 그렇게 익힌 새 지식을 겸손하게 공유하는 것, 둘 다를 가치 있게 여기는 개인들이 모인 커뮤니티의 일원이 된다는 것은, 견습 과정이 가진 가장 강력한 측면이다. 커뮤니티의 일원이 되면 심오하게만 보이던 지식이 갑자기 손에 잡힐 듯 다가오며, 견습생에게는 자기 입장에서 가이드해 줄 누군가가 생기는 것이다.

게다가 누군가를 가르친다는 것은 가르침 받는 사람보다도 가르치는 사

---

[27] (옮긴이) 수학적 구조와 그들간의 관계를 다루는 추상적인 방법을 연구하는 수학의 한 분야. 범주론.

[28] (옮긴이) 객체지향 언어와 유사하나 클래스가 없고 객체의 원형(프로토타입)을 복제하는 형태로 상속 효과를 얻는다. 실행 시간에 메서드를 추가하는 등의 프로토타입 변경이 가능하다. 여기에 속하는 대표적인 언어로 자바스크립트가 있다.

람에게 더 강력한 학습 도구가 된다. "한 사람이 가르칠 때 두 사람이 배운다."라는 옛말도 있듯이 말이다.

이 패턴은 **배운 것을 기록하라**와 명백하게 연관된다. 당신이 배운 것을 기록해 두었다면, 다른 이들과 그것을 나누기는 더 쉬울 것이다. 반면에 이 패턴에는 당신이 공유한 지식을 사람들이 항상 고맙게 여기지는 않는다는 위험이 있다.

어떤 종류의 교훈은 공유되어서는 안 되는데, 지식에도 윤리적인 면이 있음을 명심하는 것은 중요하다. 무언가를 공유하기 전에 그것이 공유해도 문제없는 당신 자신만의 지식인지 확인하라. 혹시나 그것이 기밀 사항일 수도 있고, 다른 사람에게 해를 끼칠 수도 있다. 당신이 가진 현재의 위치 때문에 당연하게 생각되는 것들이 실제로는 당신 고용주의 '비법'일 수 있으며, 견습생으로서는 그런 지식을 공유했을 때 돌아올 (법적, 재무적, 정치적) 결과를 간과하기가 너무나 쉽다.

또 어떤 경우에는 현재 속한 팀 멤버나 고용주와의 관계를 손상시키지 않고서는 공유할 수 없는 지식도 있다. 만약 다른 사람들이 (사실이든 아니든) 당신의 공유하는 방식이 그다지 겸손하지 않다거나 뭔가 숨은 의도가 있어서 경험을 공유하는 거라고 느낀다면, 그때까지 **바닥을 쓸어라** 패턴을 통해 얻은 신뢰는 쉽사리 허물어질 수 있다.

가장 뒤떨어진 이가 되라 패턴은 당신을 더 나은 학습의 기회로 이끌어 가지만, 한편으로는 장인으로서 지닌 의무에 소홀해질 수 있는 위험성도 내포하고 있다. 이럴 경우 당신이 **배운 것을 공유했을** 때 혜택을 입을 수 있는 사람들을 전혀 고려하지 않고, 자기 학습을 가속화할 기회만 계속 찾으면서 이기적으로 지식을 흡수하는 상태에 빠질 수도 있다.

데이브 스미스Dave Smith의 **길을 준비하라** 패턴은 **배운 것을 공유하라**와 깊은 연관성이 있다.

> 개척자로서 우리에게는 광야를 지날 때 뚜렷이 보이는 안전한 길을 남겨야 하는 부가적인 책임이 있다. **길을 준비하라** 패턴은 그런 사실을 가르치며 우리 스스로에 대한 기대치를 높인다.
>
> — http://c2.com/cgi/wiki?PrepareTheWay

실천 방안

최근에 당신이 얻은 가장 중요한 가르침에 대해 돌이켜 보라. 거기에 대해서 블로그에 글을 써라. 당시에 이런 것이 있었으면 하고 바랐던 정보를 그 글에서 제공하여라.

블로그에 글을 쓴 다음, 만약 당신이 컨퍼런스에서 그 주제로 다른 사람들을 가르치는 워크숍 준비를 부탁 받았다면 어떨까 상상해 보라. 그 워크숍의 개요를 대략 구상해 보라. 어떻게 하면 매력적인 방법으로 다른 사람을 가르칠 수 있을지 고민하는 행위가, 당신으로 하여금 어떤 식으로 그 주제와 블로그 글을 다시 생각하게 만드는지 보라.

관련 항목

가장 뒤떨어진 이가 되라(151쪽), 마음 맞는 사람들(163쪽), 배운 것을 기록하라(212쪽), 바닥을 쓸어라(173쪽)

피드백 루프를 만들어라

우리 소프트웨어 업계 종사자들은 어느 정도는 눈에 보이지 않는 제품을 가지고 일하지만, 눈에 보이지 않는다는 점 때문에 피드백에 대한 필요성은 오히려 커진다.
- 노엄 커스의 「Project Retrospectives」 중에서 제리 와인버그의 언급

상황

당신이 스스로 '인식하지 못하는 무능력'[29]으로 고통스러워하는 상태인지 말하기는 어려운데, 이는 저스틴 크루거 Justin Kruger와 데이빗 더닝 David Dunning이 같은 제목의 글에서 밝혔듯이 숙련되지 않은 사람일수록 대개 무능력한지 어떤지에 대해 신경조차 쓰지 않기 때문이다. 게다가 당신이 덜 숙련되었을수록 자신과 다른 사람의 역량을 평가하기에 서툴게 마련이다. 이런 경우 성공이나 실패는 대개 깜짝 놀랄 일이며, 당신이 어떤 피드백을 얻게 되든지 간에 그 피드백은 스스로의 향상에 도움을 준다는 원래 목적과 달리 자기 평가에 대한 갑작스러운 충격으로 다가온다.

문제

자기 평가는 오로지 자신이 지닌 능력에 비례하며, 늘 객관성이 부족할 것이다. 당신이 자기 능력에 대해 느끼는 감은, 같이 일하는 팀이란 존재에 의해

---

[29] (옮긴이) Unconscious incompetence. 심리학에서 이야기하는 '능숙함에 대한 4단계' 중 하나로, 자신이 무능하다는 사실도 알지 못하며 어떠한 학습 활동도 일어나지 않는 상태다. http://en.wikipedia.org/wiki/Four_stages_of_competence 참고.

쉽사리 왜곡될 수 있다. 평균을 웃도는 팀에 속했을 경우, 예비 멤버 이상의 역할을 맡을 때는 마치 슈퍼 스타가 된 듯이 느껴질 수도 있고, 다른 모든 이가 당신보다 훨씬 유능해 보일 때는 당신의 자신감이 여지없이 무너질 수도 있다. 반대로 평균 이하의 팀에 속하면 당신은 자만하며 우쭐댈 수도 있다. **일하면서 성찰하라** 패턴을 사용한다고 해도, 과거를 분석하는 데 도움을 받을 수 있을 뿐 현재에 대해서 알려주지는 않는다.

해결책

당신의 수행 능력을 평가하는 데 어느 정도 객관성 있는 외부 데이터를 정기적으로 수집할 방안을 마련하라. 일찍, 자주, 효과적으로 피드백을 얻으려 애쓰면, 당신은 적어도 자신의 무능함을 자각할 가능성은 높일 수 있을 것이다.

피드백을 얻는 방식에는 여러 가지가 있다. 어떤 수준에는 테스트 주도 개발이나 대화식 인터프리터가 있는 동적 타입 검사형dynamically type-checked 언어를 써서 당신이 짠 프로그램이 일찍 실패하도록 하는 기법이 있다. 또 다른 수준에서는 짝 프로그래밍을 하며 코드를 리뷰 받아서 피드백을 얻을 수도 있을 것이다. 당신의 역량 자체보다는 시험 치는 테크닉만 테스트하는 경우가 많기는 하지만, 시험이나 자격 증명서 같은 것도 다른 사람과 비교한 자기 능력을 측정할 수 있는 유용한 척도가 된다. 피드백을 얻을 수 있는 또 다른 방법은, 사람들에게 당신이 어떻게 해 나가고 있는지 직접 물어보는 것이다. 예를 들어 입사나 승진 건으로 인터뷰했던 사람들에게 연락해서 그들이 당신을 어떻게 생각했는지 들어 보라. 비록 당신이 그 일자리를 얻지 못했다 하더라도, 무엇 때문에 당신이 거절되었는지 자세하게 들음으로써 많은 것을 얻을 수 있다. 이런 피드백은 때로는 당신이 깨닫지 못하고 있던 인성의 측면을 (그것이 긍정적이건 부정적이건 간에) 드러낼 것이다.

위에 기술한 방법들은 모두 당신이 원 자료를 처리하는 능력을 갖추지 않았다면 소용 없는 일이다. 예를 들어 고용주가 연 단위 리뷰를 제공하는 경우, 당신이 거기에서 유용한 피드백을 얻으려면 필요한 것을 구별하는 능력이 있어야 한다. 비판은 그 자체로는 피드백으로 거의 쓸모가 없는데, 당신에게 무엇을 기대하는지 아무 것도 얘기해 주지 않기 때문이다. 또 다른 종류의 나쁜 피드백으로는 당신이 아닌 다른 사람에 대한 얘기를 주로 하는 경우가 있는데 (예를 들어 "내가 자네 나이 때에 그랬으니, 그렇게 하게."), 이것은 사실 위장된 충고이거나 데이브 와이너Dave Winer가 '스톱 에너지'[30]라고 부르는 것이다. 스톱 에너지는 보통 선의를 담은 충고라는 모습으로 나타나며, 왜 당신이 목표를 달성할 수 없고 왜 실패를 감수하기보다 지금 즉시 포기하는 것이 좋은지 이야기한다.

그러면 유용한 피드백이란 어떤 모습을 하고 있을까? 유용한 피드백은 그것을 기반으로 삼아 실천할 수 있는 데이터이며, 특정한 행위를 더 하거나 덜 하도록 선택의 여지를 주는 데이터다. 어떤 피드백을 받고서 무언가 구체적으로 할 수 있는 것이 없다면, 그것은 유용하지 않은 피드백이다. 주변 상황이 바뀌면 갑자기 아주 의미 있는 피드백이 될 수도 있겠지만, 적어도 지금 현재 유용하지는 않다. "어떤 것이 흥미롭게 여겨진다면, 거기서 뭔가를

---

[30] 'What is Stop Energy?'. http://radio.weblogs.com/0107584/stories/2002/05/05/stopEnergyByDaveWiner.html

배울 수가 있다."(『Better』, p. 255)라는 충고를 기억해 두라.

그리고 시스템적 사고가[31]들이 구분하는 것처럼, 강화시키는 피드백과 균형 잡는 피드백[32] 간의 차이점에도 유의해야 한다. 강화시키는 피드백은 당신이 무언가를 더 하도록 장려한다. 균형 잡는 피드백은 무언가 덜 하라고 장려한다. 이런 두 유형의 피드백이 결합되면서, 하나의 시스템은 자잘한 조정을 수없이 많이 거쳐 상대적으로 안정된 상태로 유지될 수 있다. 성공적인 견습생들이라면, 어떤 행동을 더 할지 덜 할지 결정하기 위한 데이터를 신속하고도 자주 얻는 상황을 조성하는 법을 배운다. 흔히 이 말은 자기 생각을 전하는 방법 배우기, 중도에 끊지 않고 경청하기를 의미하기도 한다.

어떤 피드백에도 세심한 주의를 기울이고자 기존 지식에 연연하지 않을 수 있는 능력을 습득하라는 내용은 **흰 띠를 매라** 패턴과 겹치는 부분이라 하겠다. 두 패턴 모두, 견습생의 입장이라면 더욱 배우고자 하는 자세를 갖추어서 잠재적인 교사들의 폭을 넓히라고 강조한다.

피드백을 얻지 못할 때 무슨 일이 일어나는지 패트릭이 알게 되다

드디어 메인 프로젝트에서 코딩하게 되었을 때, 나는 오라클Oracle 프레임워크에 대해 잘 몰랐고 일이 어떻게 돌아가야 맞는 건지도 몰랐습니다. 직속 선임들은 거의 피드백을 주지 않아서, 결국 다른 팀의 선임이 작성한 코드를 내 코

---

[31] (옮긴이) 시스템적 사고(systems thinking)란, 사물을 전체적인 입장에서 보면서 어떻게 각 구성요소들이 서로 영향을 미치는지 이해하려는 사고방식이다. http://en.wikipedia.org/wiki/Systems_thinking 참고.

[32] (옮긴이) 강화시키는(self-reinforcing) 피드백은 포지티브 피드백(positive feedback), 균형 잡는(balancing) 피드백은 네거티브 피드백(negative feedback)으로도 부른다. http://en.wikipedia.org/wiki/Feedback#Types_of_feedback 참고.

드의 기본 패턴으로 삼게 됐지요. 계속 물어보고는 있었지만 내가 과연 제대로 하고 있는지 어떤지 알 수가 없었습니다. 얼마 뒤에 내가 구현하던 것이 올바른 방식이 아님을 알게 되었고, 코드를 복사해 왔던 그 선임에게 가서 어째서 그런지 물어보았습니다. 다행히도 아직 프로젝트는 '연구' 단계여서 내가 작성했던 코드를 수정할 수가 있었지요.

제일 힘들었던 것은 내가 실수하고 있다고 말해줄 사람이 별로 없었다는 점이었습니다. 그러니 전투의 절반은 될 수 있는 한 빨리 나에게 얘기해 줄 누군가를 찾는 일이었습니다. 돌이켜 보자면, 견습생은 자신이 어떤 실수를 저질렀는지 알아내는 것 못지않게 초기의 실수를 피하려고 해서는 안 될 것 같습니다. 일단 자기 실수를 제대로 알고 나서야 그 실수에서 배우는 것이 더 쉬워질 테니까요.

— 패트릭 큐어Patrick Kua의 이메일에서

실천 방안

측정 가능하며, 더 중요하게는 당신이 그 수치에 영향을 미칠 수 있는 어떤 척도를 당신의 작업 환경 내에서 찾아보라. 얼마 동안은 그 척도를 쫓아가라. 바뀌어 가는 척도가 당신을 둘러싼 환경에 대해 무엇을 말해주는지 자문해 보라. 당신이 근무 환경에 변화를 줄 때 생기는 효과를 아는 데 그 척도를 (그리고 다른 척도들도) 활용할 수 있을지 검토해 보라.

관련 항목

일하면서 성찰하라(207쪽), 흰 띠를 매라(74쪽)

실패하는 법을 배워라

천재성은 종종 잘못 이해된다. 그것은 탁월한 지적 능력의 문제가 아니라 성격의 문제. 천재성은 무엇보다도 기꺼이 실패를 인지하고, 미봉책으로 가리려 하지 않으며, 변화하고자 하는 의지를 필요로 한다. 그것은 실패에 대한 의도적이고 심지어는 강박적인 성찰과, 새로운 해법에 대한 지속적인 탐색에서 비롯된다.

— 아툴 가완디, 「Better」

상황

실패는 불가피한 것이다. 그것은 늦든 이르든 간에 모든 이에게 일어난다. 사실 무언가를 한 번도 실패해 본 적이 없는 사람이라면, 그는 자기 능력의 한계치까지 밀어붙이기를 피해 왔거나 자기 실수를 대수롭지 않게 여기도록 배운 사람이다.

문제

당신의 학습 역량으로 당신의 뛰어난 면은 더욱 강화됐지만, 실패와 약점은 그대로 남아 있다.

해결책

당신이 어떤 식으로 실패하곤 하는지 확인하고, 고칠 부분은 바로 잡아라.

이것은 과거의 실수에 대한 자기 연민에 빠져서 허우적거리거나 완벽을 추구하고자 연습하라는 말이 아니다. 이 패턴의 목표는 당신을 실패로 이끌어 가는 방식, 조건, 습관, 행동 양식이 무엇인지 스스로 인식하는 데 있다. 이런 자기 인식으로 무장하면, 스스로의 한계를 인지하면서 **자신만의 지도**를 그릴 때에 의식적으로 선택하고 이상주의로 기우는 경향을 조절할 수 있게 된다.

무엇이 자신의 발목을 잡는지 알게 되면, 그런 문제를 고치거나 그냥 털어 버리거나 선택할 수가 있다. 당신에게는 잘 못하는 일, 좀 더 잘하려면 너무 많은 시간과 노력을 투자해야 하는 일들도 있다는 사실을 받아들여라.

이렇게 하면 당신의 자기 평가는 엄밀해지며 목표에 현실적인 한계선을 그을 수 있게 된다. 자신이 모든 것에 뛰어날 수는 없고, 이런 한계를 받아들이는 일이 방해하는 요소들을 의식적으로 인지하며 목표에 집중하도록 한다는 점에서 중요하다. 이 한계라는 것은 당신이 시간제 박사 과정을 이수할 시간을 결코 내지 못할 거라는 현실을 받아들이는 일일 수도 있고, 오랫동안 해왔지만 계속 유지할 시간을 내기가 힘든 전문 영역을 포기하는 일일 수도 있다.

예를 들면, 애디는 사적으로 쓰는 위키에다 자신이 보유한 기술들, 자기 한계 같은 것을 적은 페이지를 유지하고 있다. 이것은 그에게 어떤 한계선을 바깥쪽으로 더 밀어붙이고 (예를 들어 동적 타입 검사형 언어로 된 대규모 코드를 유지보수하기), **어떤 경우에 헛된 노력을 그만둘 것인지를** (예를 들어 코모도어 64(Commodore 64)[33] 용 6502[34] 어셈블러가 대대적으로 부활하는 일은 없을 거라는 것을 인정하

---

[33] (옮긴이) 코모도어 인터내셔널사에서 1982년 발매된 8비트 가정용 컴퓨터. 개인용 컴퓨터로는 가장 많이 팔린 모델로 알려져 있다.
[34] (옮긴이) MOS 테크놀로지사의 8비트 프로세서. 애플 II의 CPU로 사용되었으며 코모도어 64에도 후속 모델인 6510이 탑재되었다.

기) 선택할 수 있게 한다.

실천 방안

프로그래밍 언어를 하나 선택하고, 간단한 텍스트 편집기를 써서 이진 탐색 binary search 알고리즘을 단숨에 구현해 보라(IDE를 쓰지 않는 것이 왜 중요한지는 나중에 알게 된다). 그런 다음 아직 컴파일하거나 실행시키지 말고, 올바르게 구현했는지 여부를 검증하는 데 필요하다고 생각되는 모든 테스트 프로그램을 작성하라. 이 단계에서 발견한 버그와 문제점들을 전부 기록해 두라. 이제 이 단계에서도 컴파일이나 실행은 하지 말고, 코드로 다시 돌아가서 이때까지 발견한 모든 문제점을 수정하라. 코드와 테스트가 둘 다 완벽하다는 생각이 들 때까지 반복해 수정하라. 그 다음에 최종적으로 컴파일하고 테스트를 수행하라. 대다수 사람들은 미처 생각하지 못했던 예외적인 경우나 사소한 오류들을 발견하게 될 것이다. 이런 오류를 수정하기 전에, 완벽하다고 확신했던 곳에서 어떻게 그런 오류들이 발생할 수 있었는지 곰곰이 생각해 보라. 그것이 당신 자신에 대해서 시사해주는 바는 무엇인가? 완벽한 코드라고 생각했던 것과 실제 컴파일되고 모든 테스트를 통과한 코드 사이에 있었던 그 반복적인 과정에서 배우게 된 것을 적어 보라. 당신이 제법 용감하다고 생각되면 친구에게 그 코드를 리뷰해 달라고 하고, 그 사람이 또 어떤 다른 것을 발견해 내는지 보라.

관련 항목

자신만의 지도를 그려라(131쪽)

장을 마치며

끊임없는 학습은 축복으로도 저주로도 생각할 수 있다. 새로운 것을 배우는 일은 고통스러울 수 있으며, 특히 의무적으로 배워야 하거나 지도해줄 이가 없을 때 더욱 그렇다. 하지만 격렬한 연습 후에 오는 근육통을 참고 견뎌야 하는 운동 선수처럼, 소프트웨어 개발자는 새로운 것을 배울 때 따라오는 정신적인 부조화[35]를 견뎌내야만 한다. 그런 부조화는 일이 잘 진행되고 있다는 표시일 수 있다. 자기 성찰, 피드백 루프를 통한 실패의 분별, 자신의 약한 점에 대해 알게 되는 것, 이런 것들은 모두 표면상으로는 부정적으로 보이지만, 이 패턴들을 이용해서 당신의 무지함을 줄여갈 수 있다. 무지를 줄이는 다른 대안은 당신이 이미 알고 있는 것에만 오로지 집중하는 것인데, 이것은 소프트웨어 장인정신으로 향하는 길이 아니라 전문적인 어떤 영역에 특화되는 길이다. 논문 「The Five Orders of Ignorance」에서 필립 아머Phillip Armour는 소프트웨어를 개발하는 데 무지와 지식의 역할에 주목한다.

> 소프트웨어는 제품이 아니며, 지식을 저장하기 위한 매개물이다. 그러므로 소프트웨어 개발은 제품 생산 활동이 아니라 지식을 습득하는 활동이다. 지식은 무지란 동전의 다른 면일 뿐이다. 따라서 소프트웨어 개발이란 무지를 줄이는 행위라 할 수 있다.

---

[35] (옮긴이) 새로 배운 지식과 기존 지식을 융화시키는 것에 대해서는 2장의 **흰 띠를 매라** 패턴을 참조하라.

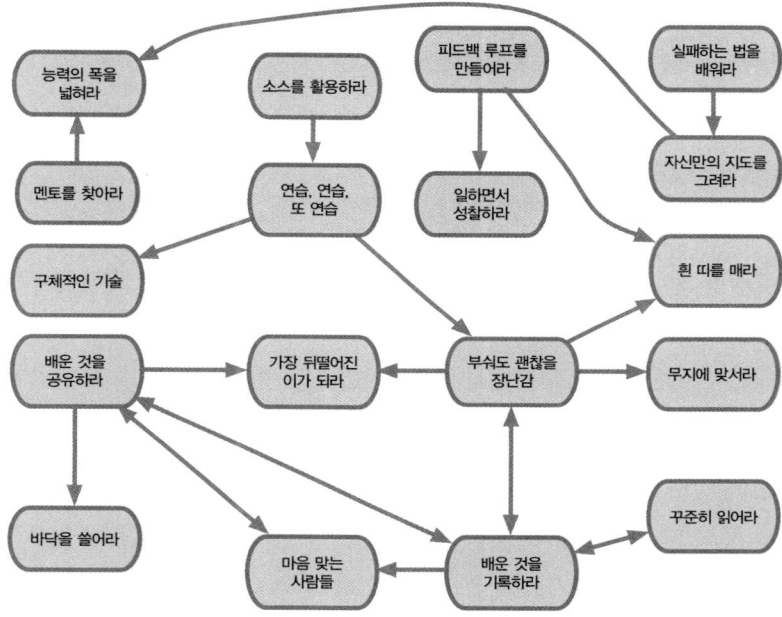

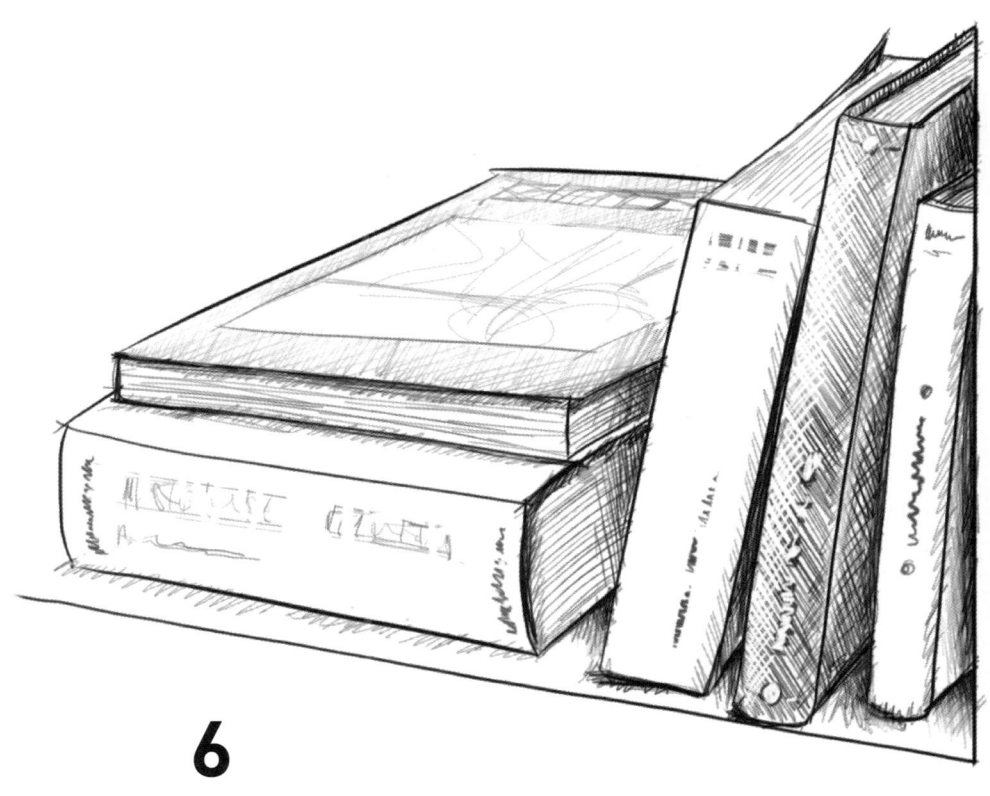

6

학습 과정의 구성

이제 그는 평가가 아니라 지식에 의해 동기를 얻는 사람이 될 것이다. 그가 학습하는 데 외부의 압력 같은 것은 필요하지 않다. 압력은 오히려 그의 내부에서 생겨난다. (중략) 일단 한번 자리를 잡으면, 이런 유의 동기 부여는 맹렬한 기세로 타오른다.

— 로버트 퍼식, 『Zen and the Art of Motorcycle Maintenance』

우리는 정보가 차고 넘치는 시대에 살고 있다. 인쇄기의 발명은, 사회의 가장 가난한 계층이라 해도 주변 환경을 변화시킬 지식과 힘을 획득하는 것이 가능한 시대를 열었다. 계속해서 확장되는 월드 와이드 웹과 끝없이 이어지는 기술 혁신 덕분에, 우리가 얻기 원하는 어떤 정보라도 그것을 둘러싼 장벽은 지속적으로 낮아지고 있다. 인터넷의 대역폭이 늘어나고 휴대용 기기에 거의 무한정의 데이터가 저장 가능하게 되면서, 우리는 언제 어디서든 고해상도 미디어를 접할 수 있게 되었다. 좋은 견습생이면 누구나 그러듯이 당신도 가장 멋진 최신형 기기와 미디어 플랫폼을 사용하고 있겠지만, 세상에는 아직도 구닥다리 방식의 책에서 주로 얻을 수 있는 정보도 존재한다. 블로그가 읽을거리를 제공해 주는 훌륭한 수단이기는 해도, 제리 와인버그나 프레드 브룩스Fred Brooks, 스티브 맥코넬Steve McConnel, 켄트 벡 같이 경험 많은 이들이 쓴 책에서 얻을 수 있는 방대한 지혜는 대역폭이 더 큰 정보로도 대신할 수 없다. 당신이 비록 책벌레는 아니더라도, 성공적인 견습과정의 요건에는 학습에 전념하는 시간뿐 아니라 몇 권의 책도 포함되어 있어야 한다. 지금 당신이 학교에 다니는 중은 아니기에, 읽기 숙제 같은 것은 아무도 내주지 않는다. 추천 도서를 찾고 학습 과정을 구성하는 것은 당신 스스로 할 일이다.

독서 목록

누구라도 한 번에 모든 것을 배울 수는 없다. 하지만 오늘은 이것 조금 내일은 저것 조금 한다든지, 전에는 아무도 생각하지 않았던 순서로 학습해 간다든지, 마음 내키는 데까지 공부한 다음에 다른 주제로 옮겨간다든지 하는 견습생을 제지하는 어떤 규칙이나 원칙이 있는 건 아니다. 견습생이 뭔가 배우고자 할 때는 일정상 미리 조율된 시간이 될 때까지 기다릴 필요는 없다. 그리고 배울 준비가 아직 안 됐거나 재미 없거나 두렵거나 불필요하다고 생각되는 것들을 배울 필요도 없다. 배우는 사람은 자기만의 학습 계획을 스스로 세운다.
– 하워드 S. 베커(Howard S. Becker), 「A School Is a Lousy Place to Learn Anything In」

상황

첫 언어에 능숙해질 정도로 기술과 역량을 발전시키고 나서 주위를 둘러보니, 여전히 배워야 하는 정보의 양이 엄청나다.

문제

읽어야 할 책 수가 당신이 책을 읽는 속도보다도 더 빠르게 늘어만 간다.

해결책

읽기로 한 책들을 추적해 갈 **독서 목록**을 유지하고, 다 읽은 책은 기억해 두라.

 배운 것을 공유하라 정신에 따라서, 공개된 장소에 당신의 독서 목록을 올려두는 것을 한번 고려해 보라. 이렇게 해서 당신이 배운 것을 다른 사람들에게 베풀 수가 있다. 우리는 http://bookshelved.org의 (로랑 보사비가 2002년에 시작한) 위키를 이용하지만, 목록을 공개해 둘 수 있다면 어디라도 괜찮다. 그 목록에다 책을 순서에 따라 나열하고, 그중에서 어떤 책을 언제 읽었는지 구별할 수 있는 정도면 훌륭하다.

이 패턴은 읽을 책을 관리하기 위한 것일 뿐 아니라 과거의 독서 습관을 성찰하는 방법이기도 하다. 여러 해에 걸쳐 쌓인 데이터를 이용하면, 당신이 공부하기로 선택했던 주제들에 나타나는 패턴과 동향, 빠진 부분 같은 것을 알 수 있게 된다. 이렇게 돌이켜 보는 일은 다음 읽을거리를 정할 때 더 나은 결정을 하게 해 준다. 만약 이런 정보를 공개해 두면 다른 사람들에게서 앞으로 쌓아 둘 읽을거리에 대한 조언을 얻을 수도 있고, 책과 책 사이의 숨겨진 연관성이나 드러나지 않은 보석을 발견하게 될 수도 있다.

책에서 얻는 가장 귀중한 것 중에 하나는 읽을 가치가 있는 다른 책의 목록이다. 시간이 지나면서 특정한 책이 계속해서 참고 문헌에 나타나는 것을 발견하면, 그 책을 독서 목록의 가장 위에다 올려놓아라. 다른 책들은 그에 따라 목록에서 아래로 밀리게 될 것이다. 독서 목록이란 실제로는 우선순위 큐priority queue이므로, 결국 어떤 책들은 순위에서 너무 많이 밀려서 아마도 결코 읽지 않게 될 거라는 사실을 깨달을 것이다. 이것은 좋은 일이다. 이 패턴은 잠재적인 지식의 홍수 속에서 우선순위를 매기며 걸러내는 방법을 제시하는 것이 목적이기 때문이다.

이 패턴을 실천할 때 가장 어려운 점은, 어떤 책들을 어떤 순서로 읽을지 정하려면 해당 주제를 깊이 이해하고 있어야 한다는 것이다. 이런 모순을 해결하는 방법 하나는, 우선 그 주제에 대해 개괄적으로 이해할 수 있도록 해 주는 책을 한 권 골라서 읽고, 그 다음에 흥미를 끄는 세부 주제에 대해서 더 자세히 다룬 책들을 고르는 것이다. 또 다른 방법은 당신의 **마음 맞는 사람**들과 멘토들에게 의지하는 것이다. 멘토들은 필독서를 추천해 줄 것이고, 동료 견습생들과의 토론은 그 책들을 어떤 순서로 읽을지 정하도록 해줄 것이다. 그리고 이 패턴을 실천하고 있는 사람들이 인터넷에 공개해 둔 독서 목록을 활용하는 방법도 있겠다.

어디서부터 시작할지 정하는 것도 또 다른 어려움이다. 당신의 **독서 목록**을 채워줄 훌륭한 책들을 『Code Complete』[1]의 35장과 『The Pragmatic Programmer』의 참고 도서 목록에서 찾을 수 있다. 그리고 이 책의 참고 도서 목록에서도 어떤 책들이 우리에게 영감을 주었는지 볼 수 있다.

이 패턴은 라비 모한Ravi Mohan의 'Book Chain' 아이디어[2]와 조슈아 케리에브스키의 스터디 그룹을 위한 패턴 언어 중 **순차 학습**Sequential Study 패턴[3]의 덕을 보았다. 'Book Chain'이 사람들에게 새로운 주제를 접할 수 있는 책을 추천해 달라고 부탁하는 것이라면, **독서 목록** 패턴은 당신이 흥미를 느끼는 책의 목록을 계속 유지하는 것을 중요시한다. 또 이 패턴은 **순차 학습**과도 달라서, 책들이 어떻게 서로 영향을 미치는지 이해하자고 출간 순으로 읽기를 강조하지는 않는다. 이 패턴에서 다음으로 읽어야 하는 책은 곧 당신을 이 여정에서 더 멀리 내딛도록 해주는 책이다.

이것은 '당신의' 독서 목록임을 기억하라. 다른 사람의 제안에 귀 기울이는 것은 좋은 일이지만, 당신의 현재 상황은 당신만이 올바르게 알고 있다.

---

[1] (옮긴이) 번역서로 『Code Complete (2판)』 (2005, 정보문화사)가 있다.

[2] http://ravimohan.blogspot.com/2005/08/apprenticeship-pattern.html

[3] http://www.industriallogic.com/papers/khdraft.pdf

그러므로 다음에 무엇을 학습할지 결정하는 사람은 바로 당신이어야 한다. 그리고 적절한 책을 적절한 시점에 읽는 것 역시 중요하다. 그렇게 하는 것이 현재의 경험과 지식으로는 제대로 이해하지 못할 책들을 쌓아 놓고 우왕좌왕하는 것보다 훨씬 효과적이다. 많은 사람들이 학습 과정에서 너무 일찍 『Design Pattern』을 읽곤 하는데, 사실 패턴에 대해서 공부하려면 『Refactoring』 같은 책이 더 적당하다고 본다. **멘토를 찾고**, 다음에 어떤 책을 읽으면 좋을지 조언을 구하라. 책을 읽는 적절한 타이밍은 당신의 경험에 큰 영향을 미친다.

실천 방안

가능하다면 소스 관리 시스템을 사용해서, 텍스트 파일을 하나 만들어라. 지금 현재 읽고 있는 모든 책의 목록을 타이핑해 넣어라. 이것이 당신의 **독서 목록**이며, 이 패턴의 가장 단순한 구현 형태다. 이제 당신은 이 텍스트 파일을 최신 상태로 유지하기만 하면 된다.

관련 항목

멘토를 찾아라(158쪽), 마음 맞는 사람들(163쪽), 배운 것을 공유하라(212쪽), 첫 번째 언어(63쪽)

꾸준히 읽어라

좋은 프로그래밍 책을 두 달에 한 권, 즉 일주일에 대략 35페이지 정도만 읽어도, 당신은 이내 이 분야에 대해서 확실한 감을 갖게 될 것이며 주변의 거의 모든 이들과 구별되는 수준으로 올라설 것이다.
– 스티브 맥코넬, 「Code Complete」

상황

당신은 **열정을 드러내었고** 수없이 많은 문을 열었다.

문제

당신이 **첫 언어**에 능숙하긴 하지만, 당신에게 보이지 않는 심오하고 더욱 근본적인 개념들이 어디선가 끝없이 흘러가고 있는 것 같다.

해결책

배움을 향한 당신의 갈증을, 문자로 쓰인 정보를 흡수하는 데에 최대한 집중시켜라.

긴 여정 중에는 상당한 양의 책을 읽을 기회가 있다. 데이브에게는 2002년에서 2003년까지가 그런 기간이었는데, 이때는 프로그래밍을 시작한 지 두어 해 지난 뒤였으며 첫 언어인 펄에 관해 어느 정도 고지에 올랐다고 생각하던 무렵이었다. 그 기회는 대중교통 덕분에 가능했는데, 하루 한 시간 반가량을 열차 안에서 보내는 동안 그는 원하는 것은 무엇이든 읽을 수 있었다. 그가 얼마나 집중해 있었던지 열차에서 내려 사무실까지 1마일 가량을 걸어가는 동안에도 읽기를 계속했다. 우리 분야의 고전과 기본적인 주요 자료에 몰두하는 것은, **멘토를 찾아라** 패턴과 마음 맞는 사람들과 나누는 빈번한 소통이 함께 할 때 더할 나위 없는 교육의 기회가 된다.

이처럼 몰두할 때는, 학계學界라는 광대한 지식의 창고를 탐구하는 것이 어느 정도 필요하다. 정기적으로 발간되는 연구 논문집을 읽으면 당신의 정신세계가 확장되고, 전산학의 최첨단 이슈에 계속 접할 수 있으며, 도전적인 새 아이디어의 원천이 되기도 한다. 이런 아이디어를 구현하려고 노력한다면, 장차 그 기술이 주류가 되기도 전에 몇 년이나 앞서서 당신의 도구 상자를 새로운 알고리즘이나 자료구조, 디자인 패턴으로 확장할 수 있을 것이다.

실천 방안

이 책을 읽는 것으로 당신은 이미 이 패턴을 적용하기 시작한 셈이다. 이 패턴을 계속해서 성공적으로 적용하기 위한 요령은, 책을 다 읽은 후에도 그 추진력을 유지하는 것이다. 이 다음에 무슨 책을 읽을지, 지금 결정하라. 그 책을 사든지 빌리든지 해서 이 책을 끝내자마자 바로 그 책으로 넘어갈 수 있도록 하여라.

그리고 두껍지 않은 책을 한 권 늘 지니고 다녀라. 이렇게 해서 일상생활 중에 (열차를 타거나 줄 서서 기다릴 때) 잠깐씩 비는 시간을 학습에 활용할 수 있다.

관련 항목

멘토를 찾아라(158쪽), 마음 맞는 사람들(163쪽), 독서 목록(233쪽), 긴 여정(112쪽), 열정을 드러내라(81쪽), 첫 번째 언어(63쪽)

고전을 공부하라

당신의 직업이나 관심 분야에서 위대한 저작들, 즉 지금까지 있었던 가장 훌륭한 책과 기사, 연설문 등을 찾아서 그것을 진지하게 공부하기 시작하라.

– 조슈아 케리에브스키, 'Knowledge Hydrant: A Pattern Language for Study Groups'[4]

상황

당신은 독학으로 공부했거나 이론보다 기술 훈련을 더 중요시하는 상당히 실무 중심적인 교육을 받았다.

문제

같이 일하는 경험 많은 사람들은 당신이 이미 읽었을 거라고 생각하는 책에 나오는 (그리고 자존심 있는 소프트웨어 개발자라면 누구든지 알 거라고 보는) 개념들, 예컨대 브룩스의 법칙[5] 같은 것을 계속해서 언급한다.

해결책

무지를 드러내서 잘 모르는 개념이 어떤 뜻이며 어떤 책에서 비롯되었는지 물어보라. 그 책을 당신의 독서 목록에 추가하라.

조슈아 케리에브스키가 언젠가 제리 와인버그에게, 어떻게 하면 쏟아져

---

[4] http://www.industriallogic.com/papers/khdraft.pdf

[5] (옮긴이) 프레더릭 브룩스가 『The Mythical Man-Month』에서 주장한 법칙으로, 대체로 '지체된 소프트웨어 프로젝트에 인력을 더 투입해 봤자 완료일이 더 늦춰질 뿐이다'는 내용이다.

나오는 그 모든 책들을 따라잡을 수 있느냐고 물었다. 제리가 대답했다. "그건 쉽습니다. 나는 제일 훌륭한 것들만 읽지요." (『Refactoring to Patterns』, p. 33) **꾸준히 읽고, 일하면서 성찰**함으로써, 당신은 (제리처럼) 결국 '좋은 것만 읽을' 수 있게 될 것이다. 책을 집었을 때 제일 먼저 궁금한 것이 이게 얼마나 시대에 뒤쳐졌는가 하는 물음이라면, 당신은 잘못된 책을 읽고 있는 것이다. 성공적인 견습생들은 '수명이 긴 책'에 집중하는 경향이 있으며, 웹이나 실험을 통해서 그 정보가 어떻게 발전했는지를 배운다. 데이브가 컴퓨터 분야로는 자기에게 첫 고전이었던 『The Psychology of Computer Programming』을 읽었을 때, 펀치 카드와 방만한 크기의 컴퓨터가 나오는 이야기였음에도 불구하고 그 책이 얼마나 와 닿는지 경탄하던 일이 지금도 생생하게 기억난다. 이런 고전에서 얻는 지혜는 당신이 **긴 여정**에서 올바른 방향을 향하도록 하는 결정적인 정보가 된다.

고전에 집중할 때 생길 수 있는 위험 중 하나는, 너무 거기에만 몰두한 나머지 일상에서 장인정신을 발전시킬 실용적인 지식과 정보를 등한시하는 것이다. 자신의 **독서 목록**에 고전뿐 아니라 현대적이고 실용적인 책과 기사 article도 섞어두기를 잊지 말라.

실천 방안

당신이 소장한 책 중에서 가장 오래된 것은 어떤 책인가? 그 책을 먼저 읽어라. 나중에 다른 개발자의 소장 도서를 훑어볼 기회가 생기면, 가장 오래된 책들이 어떤 건지 메모해 두고 그 사람에게 왜 그 책을 아직도 가지고 있는지 물어보라.

관련 항목

무지를 드러내라(89쪽), 꾸준히 읽어라(237쪽), 독서 목록(233쪽), 일하면서 성찰하라(207쪽), 긴 여정(112쪽)

더 깊이 파고들어라

실무에서는 대형 프로젝트의 초반에 알고리즘 때문에 문제가 생기지는 않는다. 오히려 프로그래머가 더 이상 어떻게 진행해야 할지 모르게 되거나 현재 짜 놓은 프로그램이 부적합하다는 사실이 갑자기 명백해질 때, 하위 문제로 모습을 드러내곤 한다.

– 스티븐 S. 스키에나(Steven S. Skiena), 「The Algorithm Design Manual」

상황

당신은 빠듯한 마감 기한과 수많은 도구가 사용되는 복잡한 소프트웨어 프로젝트의 세계에 살고 있다. 당신의 고용주들은 모든 역할마다 전문가를 넉넉히 고용하는 사치를 누릴 여유가 없다. 당신은 각종 도구들을 겨우 지금 하는 작업을 완료하는 데 필요한 정도로만 배우고 있다. 우선 오늘의 작업에 사용할 언어나 라이브러리에 관련된 튜토리얼을 한 움큼 고른다. 그리고 시간을 들여 거기에 내재된 이슈를 이해하지도 않은 채 이런 결정을 내리고, 튜토리얼에 함께 제공된 장난감 예제를 그냥 복사해다 써 버린다. 이런 방식은 당신이 여러 분야로 손을 뻗칠 수 있는 한도까지는 먹혀들 것이다. 당신은 새로운 기술 분야에 뛰어들어서 아주 빨리 해결책을 찾아내는 능력을 지녔다. 당신은 자기가 맡은 부분이 동작하는 데 필요한 것만 공부하고, 그 나머지는 팀의 다른 멤버들에게 의존하고 있다. 예를 들면 당신은 서버쪽 자바 개발자인데, 사용자 인터페이스가 어떻게 구성되는지는 거의 또는 완전히 모르고 있다.

문제

당신은 자기 코드를 유지보수 하면서도 계속 난관에 봉착하는데, 당신이 공부했던 튜토리얼들이 실은 필요한 절차도 대충 건너뛰었으며 복잡한 이슈를 단순화했었다는 사실이 드러났기 때문이다. 수많은 도구들에 대한 피상적인 지식만 있다면, 미묘한 버그가 발생하거나 깊은 지식이 필요한 일을 할 때 늘 어쩔 줄 몰라 허둥대야 한다는 것을 알게 되었다. 기존 웹 서비스를 확장한 몇 주 정도의 경력을, 상호 운용적이며 고도의 확장성을 갖춘 대규모 시스템 유지보수 중에 나온 이슈에 대해 깊이 있게 아는 것과 구분하지 않았기 때문에, 사람들은 종종 당신의 이력서에 오해의 소지가 있다고 비난한다. 더 나쁜 상황은, 당신의 지식이 너무나 피상적이라서, 어떤 계기나 누군가 때문에 시험에 들기 전까지는 자기가 아는 바가 얼마나 없는지 자각조차 못하는 것이다.

해결책

도구나 기술 분야, 각종 기법 같은 것을 깊이 파고드는 법을 배워라. 왜 그런 식으로 되어 있는지 알게 될 때까지 지식의 깊이를 더해 가라. 여기서 깊이라 함은 세부적인 설계보다는 그런 설계에 이르게 한 요인을 이해하는 것을 의미한다. 예를 들어 타입 이론 type theory[6]에 대해서 다른 사람들이 하는 얘기를 뜻도 모르고 흉내내기보다 (적어도 간략히 http://c2.com/cgi/wiki?TypingQuadrant에 정리한 정도로라도) 이해하려고 노력하는 일처럼 말이다.

---

[6] (옮긴이) 프로그래밍 언어에서 프로그램 내의 값들을 종류(예를 들어 정수, 문자열 등)에 따라 나누는 체계에 대한 이론. http://en.wikipedia.org/wiki/Type_system 참고.

우리의 예전 동료 중 어떤 이가 다음과 같이 말했다.

> 동시성의 다양한 형태 (및 그 한계)에 대해서 아는 것이, 'subclass Thread나 implement Runnable' 보다 더 유용한 지식이다.
>
> (라비 모한과 나눈 대화 중에서)

어떤 분야에 깊이 있는 지식을 가졌다는 사실은 당신에게 자신감을 주며, **바닥을 쓸어라** 패턴의 적용 방식을 결정할 때 안내자 역할을 한다. 이것은 새로운 팀에 들어갔을 때 어떤 역할을 맡아야 빠른 시일 안으로 팀에 도움이 될 수 있을지 보여주기 때문이다. 더 중요한 것은, 이런 지식의 깊이가 새로운 분야에 도전할 때 기댈 언덕이 되어주며 앞으로 나갈 힘을 부여한다는 것이다. 당신은 언제라도 이렇게 얘기할 수가 있다. "EJB도 마스터했으니, 메타클래스도 문제없을 거야."

어떤 기술 분야를 깊이 파고들 때 얻을 수 있는 또 다른 이점은, 당신이 작업하고 있는 시스템의 물밑에서 무슨 일이 일어나고 있는지 설명할 수 있게 된다는 것이다. 이런 깊이 있는 지식은 채용 면접 때 자기가 만든 소프트웨어도 의미 있게 설명하지 못하는 다른 지원자들 사이에서 당신을 돋보이게 해줄 것이다. 그들은 전체 중의 작은 일부분만을 이해하고 있기 때문이다. 일단 팀의 일원이 된 이후에, 내키는 대로 돌무더기를 쌓는 (『The Pragmatic Programmer』 에서는 이것을 '우연의 일치에 의한 프로그래밍'으로, 스티브 맥코넬은 '화물 숭배 cargo cult 소프트웨어 공학'으로 부른다) 사람들과 대성당을 짓는 사람들을 구분하는 것은 이 패턴을 실천했는지 여부다.

어떻게 대성당을 짓는 이들을 분간할 수 있을까? 그들은 바로 당신의 팀 내에서 디버깅하고, 역컴파일하고, 리버스 엔지니어링하는 사람들이며, 당신이 사용하는 기술 분야에 대한 명세서, RFC[7], 표준 문서 같은 것을 읽는 사람들이다. 이런 사람들은 자기 관점에 변화를 경험했으며, 사용하는 도구에 대해 숙련되게 이해하고 있다.

관점이 변화하면, 시스템의 여러 층위를 뚫고 문제를 쫓아가서 '모든 것이 뜻이 통하는' 수준의 지식을 얻으려는 태도가 생겨난다. 이를테면 싱글코어에서 멀티코어로 노트북을 바꾼 뒤에 자바로 짠 동시성 테스트의 동작이 달라질 수 있다. 어떤 이들은 그저 어깨 한번 으쓱하고서 이제 그 테스트는 예측할 수 없게 동작한다고 생각하고 말 것이다. 하지만 다른 이들은 동시성 라이브러리, 자바 메모리 모델, 물리적 하드웨어 명세 같은 것을 통해 CPU 수준까지 문제를 쫓아갈 것이다.

당신이 친숙해져야 하는 도구들로는, 실행 중인 프로그램의 속을 들여다볼 수 있게 해주는 (GDB, PDB, RDB 같은) 디버거들과 네트워크 트래픽을 볼 수 있는 (Wireshark 같은) 통신 레벨 디버거들, 그에 더해서 명세서를 기꺼이 읽고자 하는 태도가 있다. 코드뿐 아니라 명세서를 읽을 수 있게 된다는 것은, 이제 당신에게 모든 것이 드러나게 되었음을 의미한다. 이렇게 해서 당신이 사용하는 라이브러리에 관해 호된 질문을 던질 수 있게 되며, 만약 거기에 대한 대답이 마음에 들지 않는다면 스스로 재구현하거나 표준을 좀 더 준수하는 다른 대안을 찾아서 옮겨갈 수 있게 된다.

---

[7] (옮긴이) Request for Comments. 인터넷 및 관련 시스템에 적용할 수 있는 새로운 연구 내용이나 기법 등을 담아서 제출한 문서를 말한다. RFC 중 일부는 인터넷 표준으로 받아들여져서 국제 인터넷 표준화 기구(IETF)의 관리를 받는다.

이 패턴의 사용 방법 중 하나는 근원적인 곳으로부터 정보를 얻는 것이다. 이 말은, 다음번에 혹시 누가 Representation State Transfer 즉 REST에 대해 얘기하면, 이 경험을 REST의 원 개념이 정의된 로이 필딩Roy Fielding의 박사 학위 논문을 읽을 이유로 생각해야 한다는 것이다. 이렇게 알게 된 것을 명확히 하거나 공유하기 위해서, 그리고 다른 이에게도 원 문서를 읽도록 격려하기 위해서 블로그에 글로 정리해 보라.

원래의 IETF[8] RFC 문서를 링크하고 있는 위키 백과Wikipedia 페이지, 그것을 다시 언급한 기사 글을 알기 쉽게 풀어서 써 놓은 책을 인용하는, 그런 사람의 말을 그대로 받아들이지 말라. 어떤 개념을 정말로 이해하려면 그 개념이 최초로 언급된 당시의 전후 맥락을 재구성해 볼 필요가 있다. 이렇게 해야 개념의 정수精髓가 그 모든 중간자를 거치고도 살아남았음을 확인할 수 있다.

그 아이디어를 누가 처음 생각해 냈는지 조사해 보고, 그들이 풀려고 했던 문제가 무엇이었는지 이해하라. 이와 같은 맥락에 관한 내용은 보통 그 개념이 전달되는 과정에서 사라진다. 새로운 듯한 개념이지만 실은 오래 전에 폐기된 경우를 가끔 찾을 수 있는데, 거기에는 종종 합당한 이유가 달려있기도 하다. 하지만 본래의 맥락을 잃어버린 탓에 그 후로 오랫동안 그 개념은 모두에게 잊힌 채 지내왔다. 수년 간 서로서로 선택적으로 인용해 오고 있는 일련의 사람들보다는, 그런 개념의 원래 출처가 훨씬 나은 교사 역할을 한다는 사실을 앞으로 자주 깨닫게 될 것이다. 어떻든 간에, 유용한 개념들의

---

[8] (옮긴이) Internet Engineering Task Force. 국제 인터넷 표준화 기구.

근원을 따라가는 일은 중요한 연습이며, 앞으로 새로운 것을 학습할 때 많은 도움을 주는 습관이 될 것이다.

튜토리얼을 읽을 때는, 복사해서 갖다 쓸 코드를 찾지 말고 새로 습득한 지식을 마음 속 어디에 두면 좋을지 찾도록 하라. 당신의 목표는 그 개념의 역사적인 맥락이 어떤 것인지, 그것이 다른 무언가의 특별한 경우에 해당하는지 이해하는 것이 되어야 한다. 당신이 학습 중인 주제의 이면에 혹시 어떤 전산학적 개념이 깔려 있을지, 그리고 그 개념과 당신이 사용 중인 구현본 사이에는 어떤 절충이 이루어졌는지 알아보라. 이처럼 심도 있는 지식으로 무장하고 나면, 나중에 문제에 맞닥뜨렸을 때 처음의 튜토리얼 수준은 넘어설 수 있을 것이다.

예를 하나 들면, 사람들은 정규 표현식regular expression에 대해 피상적인 이해만 가지고 있어서 가끔 곤란한 처지에 빠지기도 한다. 당신은 DFA와 NFA[9]의 차이점을 확실히 알지 못하더라도 몇 년, 아마도 수십 년은 아무 일 없이 지낼 수 있을 것이다. 그러다가 어느 날 당신의 위키가 동작을 멈춰 버린다. 조사해 보니 정규 표현식 엔진이 재귀적으로 구현된 경우에, 백트래킹을 필요로 하는 특정한 입력값이 들어오면 아주 오랫동안 실행되다가 결국 StackOverflowException을 내고 만다는 것을 알게 된다. 애디는 이 사실을 힘들게 알아냈는데, 다행히도 실제 환경이 아니라 그가 만든 장난감 버전에서 일어난 일이었다.

---

[9] (옮긴이) 정규 언어를 받아들이는 오토마타에는 Deterministic finite automaton(DFA), nondeterministic finite automaton(NFA) 같은 것이 있다. http://en.wikipedia.org/wiki/Finite_state_machine 참고.

이와 같이 기술과 도구에 대한 심도 있는 이해에 초점을 맞출 때는, 뜻하지 않게 좁은 한 가지 분야에 대한 전문가의 길로 빠져 버리는 일이 없도록 주의를 기울여야 한다. 당신의 목표는, 소프트웨어 개발의 여러 측면이 지닌 상대적인 중요도에 대한 관점을 잃지 않으면서, 어떤 문제를 해결하는 데 필요한 전문 지식을 가능한 한 많이 습득하는 것이다.

이 패턴을 적용할 때 당신이 배우게 될 사실 한 가지는, 심도 있는 지식을 얻는 일은 힘이 든다는 것이다. 대부분의 사람들이 소프트웨어 개발을 받쳐 주는 아주 폭넓은 전산학적 지식을 갖고 있지만 그 깊이는 그토록 얕은 이유가 여기에 있다. 스스로 기초 지식을 애써가며 배우기보다는 다른 사람들에게 의지하는 편이 물론 더 쉽고 때로는 더 유리하기도 하다. 당신은 필요하면 언제라도 배울 수 있다고 말할지 모른다. 그러나 주말 전에 모든 것을 알아내야 하는데 사전 지식을 배우는 데만 한 달은 필요한 상황이 닥칠지도 모르는 일이다.

표면적인 지식만 가졌을 때 초래될 수 있는 또 다른 결과는, 풀려고 하는 문제에 대해 잘 알려진 해법이 있는지 혹은 실질적으로 해결이 불가능한 문제인지 전혀 모를 수가 있다는 것이다(후자의 경우 왜 그것이 불가능하며 해결 가능하게 만들려면 문제를 어떤 식으로 재정의해야 하는지에 대해 쓴 수많은 연구 논문들이 있을 것이다). 수박 겉핥기식으로만 해서는 지금 모르는 것을 앞으로도 모를 것이며, 자기 지식의 한계가 어디까지인지 이해하지 않고 새로운 것을 깨달을 수는 없다. 어떤 문제에 대해 모든 층위를 통틀어 조사하는 과정에서 밑바닥에 깔려 있던 전산학적 개념들이 드러나는 일이 흔하다. 전산학자들의 연구는 실용적으로 보이지 않을 수도 있다. 하지만 가장 진보된 이론을 현실 세계에 적용할 수 있다면, 다른 사람에게는 마법처럼 보이는 일을 할 능력을 얻게 된다. 단지 알고리즘이나 자료구조를 바꿨을 뿐인데, 몇 달씩 걸리던 배치batch 작업이 마우스 버튼을 다 누르기도 전에 끝날 수도 있다. List, Set, HashMap만 알던 사람이라면, 당면한 문제를 해결하기 위해서 트라이trie[10] 자료구조가 필요하다는 사실은 깨닫지 못한다. 그러는 대신에 '최장 일치 접두어 검색 longest-prefix matching'[11] 같은 문제는 원래 너무나 어려운 거라고 단정짓고서, 그냥 포기해 버리거나 그 기능의 우선순위를 낮출 수 있는지 알아보려 할 것이다.

이 패턴을 정기적으로 실천한다면, 당신은 자기 도구가 어떻게 동작하는지 진정으로 이해하는 사람들 중 하나가 될 것이다. 당신은 더 이상 코드 조각을 짜깁기 해놓고서 일이 되게 하려고 다른 사람들이 마법을 부려 주기를 바라지는 않을 것이다. 하지만 주의할 점이 있다. 당신은 같이 일하는 프로그래머들 대부분과 구별될 것이고, 그 논리적인 귀결로 가장 어려운 과제들을 맡게 될 것이라는 점이다. 그 결과 당신은 완전히 실패하거나 눈부시게 성공하거나 둘 중 하나가 될 가능성이 크다. 덧붙이자면, 이런 지식을 얻었다고 거만을 부려서는 안 된다. 그러는 대신에 **가장 뒤떨어진 사람**이 될 기회를 계속 찾아라. 사물을 분석적으로 보는 능력에 안주하지 말고, 그런 기초적인 구성 요소를 가지고 유용한 도구를 만드는 일에 한번 도전해 보라.

---

[10] (옮긴이) 주로 사전 등에서 문자열의 빠른 검색을 위해 쓰는 정렬된 트리 자료구조의 일종. Prefix tree라고도 부른다. http://en.wikipedia.org/wiki/Trie 참고.

[11] (옮긴이) 이 문제는 트라이 자료구조를 쓰면 쉽게 해결된다.

실천 방안

HTTP 1.1을 기술하고 있는 RFC 2616과, 1976년 1월 당시에는 최첨단이었던 원격 프로시저 호출RPC을 기술한 RFC 707을 찾아서 읽어라. HTTP에 대해 얻은 심도 있는 지식을 바탕으로, RFC 707에 의거해서 RPC 클라이언트와 서버 프로그램을 구현해 보라. 당신이 RFC 707의 저자들이 논했던 절충점에 대해 제대로 이해했다는 생각이 들면, 같은 개념을 현대에 와서 구현한 오픈소스 프로젝트들, 예를 들면 페이스북Facebook에 사용되고 있는 Apache Thrift 프레임워크 같은 것을 검토해 보라. 그렇게 상당히 정통해진 입장에서, 지난 30년간 원격 프로시저 호출과 분산 시스템 분야에서 우리 지식이 어떻게 발전해 왔는지를 주제로 블로그에 글을 써라.

이제, RPC에 대한 스티브 비노스키Steve Vinoski[12]의 글을 읽어라. 당신이 얼마나 깊이 이해하고 있는지 지금도 의혹이 드는가? 당신의 의구심과 현재 이해 수준에 대해 블로그에 글을 올려라.

관련 항목

가장 뒤떨어진 이가 되라(151쪽), 바닥을 쓸어라(173쪽)

---

[12] (옮긴이) 분산 컴퓨팅 분야의 전문가로 『Advanced CORBA Programming with C++』 등의 공저자다.

250

익숙한 도구들

바퀴 자국(rut)[13] 안에 빠지게 되면 아무리 바퀴를 돌려도 계속 제자리고, 유일한 진척이라고는 더 깊게 파이는 자국뿐이다. 홈(groove)은 다르다. 바퀴가 홈에 맞물리면 당신은 힘들이지 않고 앞으로 전진한다. (중략) 확실히 믿을 수는 있지만 당신과 세상이 어떻게 변했는지는 감안하지 않은 그런 방식들에 집착한다면 결국은 바퀴 자국에 빠지게 될 것이다.

— 트와일라 타프, 「The Creative Habit」

상황

모든 프로젝트가 새로 배워야 할 것들로 가득하다. 새로운 팀 멤버들, 새로운 팀 내 역할, 새로운 사업 분야, 새로운 기법, 새로운 기술 분야.

문제

이런 흐름의 한가운데서 그 무엇인가는 예전처럼 남아 있어야 한다. 그게 아니라면 당신도 공부하느라 바쁠지 모른다. 어떻게 고객에게 뭔가를 보장해 줄 수 있는가? 어떤 기능을 제공하려면 얼마만큼의 시간이 걸릴 거라고 얘기할 때, 고객이 그 말에서 확신을 얻으려면 무슨 근거가 있어야 할 것이다.

해결책

익숙한 도구들을 선별해서 거기에 집중하라. 이상적인 경우라면 이런 도구들을 쓸 때 당신은 더 이상 문서를 볼 필요도 없다. 모든 모범 사례와 우연

---

[13] (옮긴이) Rut은 보통 타성에 빠진 상태를 뜻하는 부정적인 의미로 쓰고, groove는 rut과 구분 없이 쓸 때도 있지만 본 인용문처럼 안내 역할을 한다는 긍정적인 의미로 쓰기도 한다.

히 발견한 팁들, FAQ 같은 것을 머릿속에 담아 두고 있든지 블로그나 위키 등 **배운 것을 기록할** 장소로 선택한 곳에 써놓았을 것이다. 이런 지식으로 무장했을 때, 이전에 없었거나 아직까지 검토되지 않은 부분으로 리스크를 한정시키면서 업무에 대해 믿을 만한 추정치를 제시할 수 있게 된다.

이런 도구들이 익숙하다고 해서 항상 다른 사람들에게까지 추천해야 하는 것은 아니다. 때로는 일을 하기에 가장 알맞은 도구와 당신에게 가장 익숙한 도구가 다를 수도 있다. 그럴 때는 당신 개인의 생산성이 팀 전체의 생산성보다 중요한지 결정해야 한다. 당신이 스트럿츠Struts를 손바닥 보듯이 꿰고 있다고 해서 꼭 사용하기가 쉬워지는 것만은 아니다.

그럼에도 불구하고 이런 도구들은 이 프로젝트에서 저 프로젝트로 옮겨 갈 때 당신과 함께 한다. 그리고 당신을 다른 면접 대상자보다 더 생산적이게 하는 요소의 일부분이다. 문제에 봉착했을 때, 답을 얻으려면 어디로 가야 하는지 당신은 이미 알고 있다. 이 도구들을 써서 어떤 문제를 해결할 수 있는지, 그리고 또 그것 때문에 무슨 다른 문제가 생기는지 잘 알고 있다. 그 결과로 당신은 이 도구들을 어디에 쓰지 말아야 하는지도 알게 되는데, 이것은 어디에 쓰는 것이 가장 좋은지 아는 것만큼이나 중요한 일이다.

시간이 흐르면서 당신은 이 몇 가지 도구들이 점점 더 편안하게 느껴질 것이다. 이것은 생산성이 높아진다는 점에서는 유익한 일이지만, 위험도 또한 존재한다. 조심하지 않는다면 당신은 이런 익숙한 도구들을 어떤 문제라도 해결할 수 있는 도깨비 방망이로 여기기 시작할지도 모른다. 또 다른 위험 상황은 이 도구들을 너무 잘 아는 전문가가 된 나머지 뗄래야 뗄 수가 없게 된다든가, 심지어는 더 나은 도구가 나왔음에도 불구하고 그 사실을 알아

차리지 못하게 되는 경우다.

정말 어려운 일은 도구상자의 많은 부분을 버려야 할 때 생긴다. 가끔 당신의 도구들은 구식이 되어 버리기도 하고, 더 좋은 대체품이 나타나기도 할 것이다. 드물게는 당신이 '최첨단'에 대해 정통한 결과, 전에 알던 도구를 소용없게 만들어 버리는 무언가를 발명하게 될 수도 있을 것이다.

> 극적으로 변화하는 시기에 미래를 계승하는 것은 배우는 자들이다. 이미 배운 사람들은 이제 더 이상 존재하지 않는 세계에서 영위되는 삶에 자신이 맞추어져 있음을 깨닫게 된다.
> — 에릭 호퍼Eric Hoffer, 『Reflections on the Human Condition』

애디는 서브버전Subversion이라는 중앙집중식 소스 관리 시스템을 아주 초기부터 사용했다. 그 시스템이 점점 대중화되어 가면서 고객들은 서브버전 전문가라는 이유 때문에 애디를 찾곤 했다. 그럼에도 불구하고 애디는 새로 떠오르던 분산 소스 관리 시스템들의 동향을 그 시초부터 쭉 따라가고 있었다.[14] 서브버전이 구식이 될 때쯤이면 애디의 도구상자에서 그것은 이미 Git이나 머큐리얼Mercurial[15]로 대체되어 있을 것이다. 친숙하고 소중한 도구를 떠나보내는 것은 고통스러운 과정이지만, 그것도 역시 당신이 습득해야 하는 기술 중 하나다.

장담하건대, 당신이 견습생 때 쓰던 도구들은 숙련공이 되고 나서는 더 이

---

[14] Subversion의 대안에 대한 애디의 연구. http://delicious.com/ade/source-control-renaissance?setcount=100

[15] (옮긴이) 파이썬으로 구현된 분산 버전 관리 시스템.

상 소용이 없다. 때가 되면 당신이 즐겨 쓰는 도구들은 모두 폐물이 될 것이다. 당신의 경력이 성공적이려면, 익숙한 도구들을 쉽게 얻고 쉽게 버리는 법을 배워야 한다. 이런 목표를 이루기 위해 무엇을 배워야 할지 정하는 것은 숙련공으로 이행하는 동안 모든 견습생이 마주쳐야 하는 도전 중 하나다.

실천 방안

당신에게 익숙한 도구의 목록을 적어 보라. 그 항목이 다섯 개가 안 된다면, 도구상자의 빈 곳을 메워줄 도구들을 찾아보라. 그 도구들은 이미 쓰고 있었지만 충분히 잘 알지 못하는 도구일 수도 있고, 다른 새로운 도구가 될 수도 있다. 어느 경우든, 그 도구를 학습할 계획을 세우고 오늘부터 실천하라.

만약 이미 다섯 개 이상의 익숙한 도구를 가지고 있다면 그것들을 신중하게 조사해 보라. 더 나으며 강력한 도구가 있는가? 이제는 구식이 되어버린 도구를 붙들고 있지는 않는가? 도구상자에 든 것들을 진부하게 만들 정도로 위협적으로 부상하고 있는 다른 도구들이 있지는 않는가? 위 질문에 대해서 하나라도 그렇다고 답했다면, 오늘 즉시 그 도구들을 교체하라. 그리고 새 도구를 가지고 안전하게 실험할 곳이 필요하다면 **부숴도 괜찮은 장난감** 패턴을 사용하라.

관련 항목

부숴도 괜찮은 장난감(194쪽)

장을 마치며

정규 교육을 받았을 때, 당신은 주어진 교과 과정에 익숙했을 것이다. 그리고 과연 이것이 가장 훌륭한 교재들이며 최선의 순서로 짜였는지에 대해서 전혀 또는 거의 고민하지 않고 그 안에서 왔다 갔다 했을 것이다. 정보를 조직하고 수집하는 강력한 도구를 휘두를 수 있는 개발자로 성장해 가기 위해서, 당신은 계속되는 자기 교육의 과정에 능동적으로 참여할 필요가 있다. 자신의 교과 과정을 구성하는 데 필요한 모든 것을 당신이 다 알지 못할 수는 있다. 하지만 당신에게 제언해 주는 많은 사람들의 지혜를 종합하는 능력은 갖추고 있을 것이다. 배우는 과정 자체를 즐기는 법을 배운다면, 우리의 방심을 허락하지 않고 끝없이 변화해 가는 이 세계에서 많은 도움을 얻을 것이다.

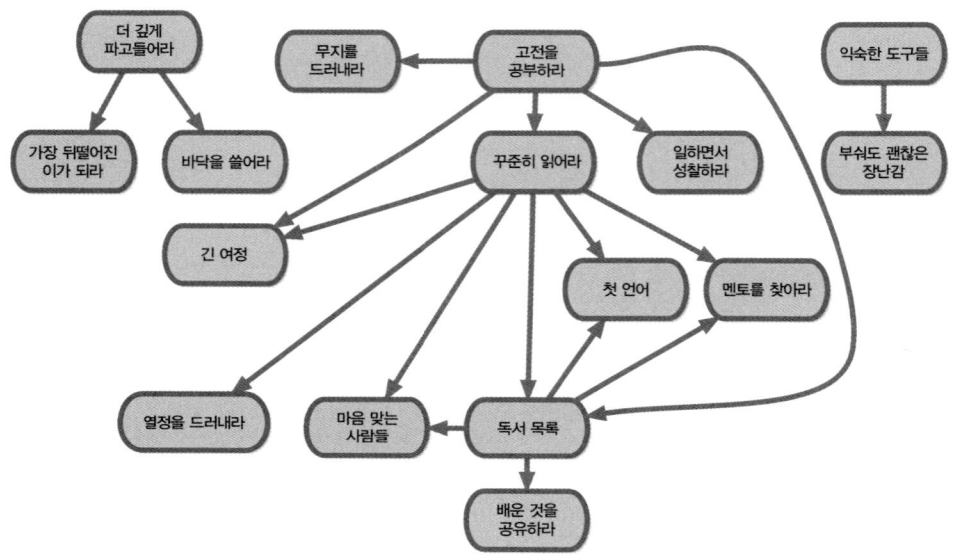

7

맺는 글

> 장인들은 원숙해지는 솜씨에 가장 자부심을 느낀다. 단순한 모방이 지속적인 만족을
> 줄 수 없는 것은 이런 이유 때문이다. 기술은 점차 발전해 가야만 한다.
> — 리처드 세넷, 『The Craftsman』

이 책을 쓰기 시작했을 때, 우리는 단지 장인이 되려는 포부를 품은 견습생들에게 조언을 해주고 싶었다. 그러나 장인정신 개념에 의한 접근법에는 기회뿐 아니라 한계 또한 존재한다.

17, 18세기 안토니오 스트라디바리Antonio Stradivari[1]의 공방에서 제작된 바이올린과 첼로는 지금껏 만들어진 것 중 최고의 악기로 불린다. 그 악기들은 보통 수백만 달러에 거래되며, 지난 300년간 그것을 재생산하려는 시도들이 숱하게 있어 왔다. 하지만 『The Craftsman』 (p. 75)에 다음과 같은 말이 있다.

---

[1] (옮긴이) 이탈리아의 현악기 장인. 그가 만든 악기는 스트라디바리우스(Stradivarius)라고도 부르며, 현존 최고의 현악기로 여겨져서 많은 연주자들이 사용하고 있다.

"안토니오 스트라디바리나 과르네리 델 제수Guarneri del Gesù[2] 같은 거장들의 비밀은 사실 그들과 함께 죽은 것이다. 산더미 같은 돈과 끝없이 이어진 실험도 이런 거장들의 비밀을 밝혀내는 데 실패했다. 이 공방들의 특성 중 무엇인가가 그 지식이 전달되지 못하도록 막았음에 틀림없다."

스트라디바리가 나이를 먹어 일상 생활에서 견습생들만큼 활동적이지 못하게 되면서 그의 공방에서 나온 악기들의 질은 떨어졌다. 공방이 '개인의 특출한 재능을 중심으로 돌아갔고', 스트라디바리가 자신의 천재성을 견습생들에게 전하지 못했기 때문에, 공방은 그와 함께 죽음을 맞이했다(『The Craftsman』, p. 76).

스트라디바리의 견습생 중에는 두 아들도 있었는데, 그가 아들들에게 뭔가를 숨겨서 이득을 얻을 일은 없었다. 우리가 아는 한 그는 아들들에게 자신이 아는 모든 것을 가르쳤다. 또는 그들이 알아야 할 모든 중요한 것을 가르쳤다고 할 수도 있겠다. 하지만 그가 신경조차 쓰지 않았던 그 모든 암묵적인 지식의 조각들이 실제로 그가 가진 기술의 일부를 이루고 있었기에, 결과적으로 그는 전수에 실패하고 말았다. 당시에는 중요한 것 같지 않아서 기록해 두지 않았던 모든 미묘한 연관성과, 견습생과 함께 사소해 보이는 작업을 할 때마다 적용했던 그 모든 암묵적인 지식 속에 공방의 몰락은 이미 내재되어 있었던 것이다.

스트라디바리는 그의 지식을 충분히 나누지 않았고, 고객들이 학생들의 작업에 대해서도 그 자신과 같은 기대 수준을 가지도록 하는 일을 등한시했

---

[2] (옮긴이) 스트라디바리와 같은 시대에 살았으며 그의 라이벌로 여겨지던 이탈리아의 현악기 장인. 원래 이름은 바르톨로메오 쥬세페 안토니오 과르네리(Bartolomeo Giuseppe Antonio Guarneri)다.

다. 결국 그가 일생을 바쳐 얻어 낸 경험은 그와 함께 사라졌다. 하지만 우리는 이런 몰락도 전체 맥락에 포함시켜야 한다. 음악가들은 여전히 스트라디바리의 제자들이 만든 악기에 대해 '훌륭하지만 그 이상은 아니다'라는 평가를 내린다(『The Craftsman』, p. 77). 최고의 기술을 지녔던 스트라디바리의 예에서 우리가 배워야 할 교훈은, '명장들의 침묵 속에 담긴 실마리들을 끄집어 내기 위해 그들 스스로 설명하도록 계속 졸라야 하며', 암묵적인 지식을 명시적인 형태로 드러내도록 독촉해야 한다는 것이다. 악착같다고 할 만큼 열성적인 견습생들이 없다면, 소프트웨어 장인정신은 특별히 재능 있는 개발자들을 중심으로 형성된 조그만 고립 집단 내에서만 존재할 것이다.

소프트웨어 개발은, 과학이나 공학처럼 엄밀한 법칙을 세울 수 있을 정도로 우리가 잘 이해하고 있지 못하므로 기예craft라고 볼 수 있다. Software Engineering Institute[3]나 Agile Alliance[4] 같은 그룹들이 최선을 다해 노력하고 있지만, 우리 분야에서 아직도 프로젝트의 성패를 결정하는 가장 중요한 요소는 개인의 역량이다. 역량skill이라는 단어를 사용할 때 우리는 단지 당신이 전산학에 대해 어느 정도의 지식을 가졌는지, 개발 과정은 효율적인지, 경험은 얼마나 많은지를 말하는 것이 아니다. 우리는 제대로 동작하는 소프트웨어를 출시하는 데 필요한 모든 것의 총합을 얘기하고 있는 것이다. 여기에는 당신이 이 책의 패턴들로부터 배운 것이 모두 포함된다.

누구든 적용할 수 있고 적용할 때마다 같은 결과를 얻을 수 있을 정도로

---

[3] (옮긴이) 미국 카네기 멜론 대학교(CMU)에 소재한 소프트웨어 공학 전문 연구 기관. CMMI(Capability Maturity Model Integration)를 만들어 낸 곳으로 잘 알려져 있다. 약칭 SEI.

[4] (옮긴이) 애자일 개발을 촉진할 목적으로 설립된 비영리 조직.

일관되게 잘 이해하고 있지는 못하기에, 역량이 중요한 것이다. 우리 고객은 소프트웨어 프로젝트가 무슨 과학 실험인 양 매번 동일하게 되풀이될 수 있기를 바랄 것이다. 어떤 팀이든 간에 최소한의 역량을 갖췄을 때 원하는 결과가 나올 것임을 확신할 수 있다면 얼마나 좋겠는가. 그러면 고객들은 바라는 시스템을 구축할 개발 팀을 대충 꾸린 다음에 안심하고 기다릴 수 있을 것이다. 하지만 고객들은 그런 대신, 팀을 구성하고서 팀 사람들이 일을 잘 해내기를 바라야 하는 현실을 마뜩잖게 받아들일 수밖에 없다. 만약 규모와 경험 수준이 비슷한 다른 팀이 과거에 뭔가 비슷한 것을 만들었다면, 고객들은 현재 팀도 그럴 수 있으리라 기대한다. 불행하게도 소프트웨어 개발의 역량 수준은 그 범위가 상당히 넓은데, 우리 중의 최고 수준 개발자는 우리 대부분이 불가능할거라 생각하는 일들을 일상적으로 해낼 정도다.

게다가 대부분의 프로그래머들은 자신이 평균 이상이라고 생각한다. 하지만 현실은, 그림에서 보듯이 비대칭적인 분포로 인해 대부분 평균 이하다. 언뜻 납득이 잘 가지 않을지 모르겠지만, 만약 우리(데이브와 애디)가 테이블에 같이 앉아 있는데 빌 게이츠가 합석한다면, 갑자기 이 테이블에 앉은 대부분의 컴퓨터 전문가들이 평균 이하의 급여를 받는 셈이 될 것이다. 말하자면, 역량 분포 곡선의 극단에 위치한 사람들이 전체 분포를 기울게 만드는 것이다. 이것을 **피드백 루프를 만들어라**에서 언급했던 더닝-크루거Dunning-Kruger 효과, 혹은 '인식하지 못하는 무능력' 효과와 결합해서 생각해 보면, 왜 그토록 많은 소프트웨어 프로젝트가 실패로 끝나는지 이해되기 시작할 것이다. 우리가 보유한 역량 수준과 당면 과제를 풀기 위해 필요한 역량 수준은 흔히 일치하지 않는다. 우리가 할 수 있는 일은 방법론을 개선하려고 노력하는 것뿐이다. 하지만 어떤 프로세스라도, 그것이 얼마나 애자일하거나 린 lean하거나 간에, 지금 하고 있는 일이 NP-Complete[5]라던가 CAP 추측[6] 위반이라고 당신에게 얘기해 주지는 않는다. 이런 것들이 당신에게 모호한 개념으로 다가갈지도 모르겠다. 하지만 세상에는 정규 표현식이나 HTTP, 유닉스 등에 대해서 그렇게 느끼는 프로그래머들이 있는 것이다. 만약 이런 지식과 기술이 프로젝트의 성공을 위해 필요하다면, 다른 무언가로 그것을 대신할 수는 없다.

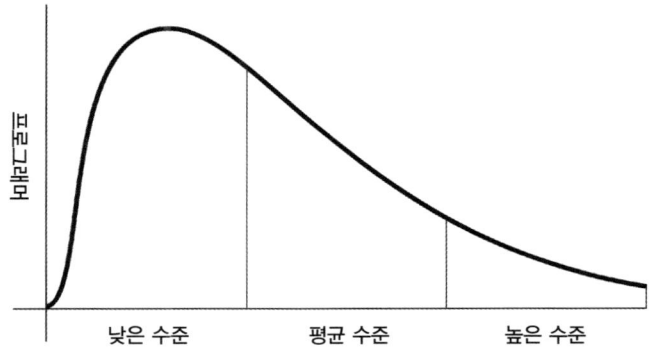

무언가를 기예라고 말할 때 우리가 의미하는 것 중 하나는, 그것이 기술에 큰 가치를 두는 분야이자 전통이라는 점이다. 이것은 기술을 습득하고, 발전시키고, 최종적으로 전수하는 것까지 포함한다. 진정한 마스터의 특징은,

---

[5] (옮긴이) 다항 시간에 풀 수 있는지(즉 알고리즘 복잡도가 $O(n^k)$인지) 여부가 알려지지 않아서 현재로서는 근사치를 구하거나 휴리스틱 알고리즘으로 풀어 보는 수밖에 없는 종류의 문제를 말한다. 잘 알려진 예로 여행하는 외판원(traveling salesperson) 문제, 그래프 색칠 문제 등이 있다.

[6] (옮긴이) 미국의 전산학자 에릭 브루어(Eric Brewer)에 의해 제시된 추측으로, 어떤 분산 컴퓨터 시스템이라도 일관성(Consistency), 가용성(Availability), 분할 허용성(Partition tolerance)의 세 가지를 동시에 제공할 수는 없다는 내용.

뛰어난 기술을 전수함으로써 다른 이들에게 미치는 영향 속에서 찾을 수 있다고 우리는 믿는다.

저서 『Better: A Surgeon's Notes on Performance』에서 아툴 가완디 박사는 외과 의사 이그나스 제멜바이스Ignac Semmelweis의 이야기를 들려준다. 1847년 제멜바이스는 병원에서 출산한 산모들의 주요 사망 원인이 '손을 깨끗이 씻지 않은 의사들의 탓'이라는 것을 밝혀냈다. 그는 의사들이 환자를 진료하는 사이사이 소독제로 손을 씻는 것처럼 간단하지만 치사율을 20%에서 1%로 낮출 수 있는 조치를 소개했다. 하지만 이런 뛰어난 결과를 얻어내는 과정에서 그는 동업자들 전부를 적으로 돌리게 되었다. 상황은 더욱 악화되었고 그의 동료들은 단지 그를 무시하기 위해서 일부러 손을 씻지 않기 시작했다. 제멜바이스가 자기 생각을 제대로 설명하지 못하고 다른 이들을 설득하는 데 실패하면서, 그 자신은 일자리를 잃었고, 나중에 조세프 리스터Joseph Lister가 같은 아이디어를 발견할 때까지 20년 동안 많은 사람들이 목숨을 잃었다. 가완디가 얘기했듯, "그는 천재였지만 광인이기도 했으며, 그것이 그를 실패한 천재로 만들었다."

같은 식으로, 이 책에 실린 패턴과 아이디어 중 많은 부분은 갈등과 저항을 불러올 것이다. 이것은 어느 정도는 현재 상황으로 이득을 보는 사람들, 상황이 개선됐을 때 뭔가 잃을 것을 두려워하는 사람들이 늘 있기 때문이다. 하지만 우리는 제멜바이스의 실패로부터 교훈을 얻을 필요가 있다. 우리는 사람들에게 우리 생각을 설명하면서 이런 방식으로 시도해 보자고 잘 설득할 필요가 있다. 또한 긍정적인 변화를 기꺼이 받아들이고자 하는 조직들을 엮는 공동체를 만드는 데 집중하고, 마스터가 되려는 포부를 품은 사람들을 찾아 나설 수 있다.

소프트웨어 개발 분야에서 무엇이 모여 숙달됨을 이루는지 우리가 정확히 알지는 못하지만, 어떤 것이 상관없는지는 알고 있다. 천재이거나, 운이 좋거나, 부유하거나, 유명해지는 것이 당신을 마스터로 만들어 주지는 않는다. 이런 것들은 장인정신에 꼭 필요한 것이 아니다. 소프트웨어 개발의 모든 측면을 아우르는 기술과, 그 기술을 전수해서 우리 분야가 앞으로 나아갈 수 있게 하는 능력, 그것이 장인정신의 핵심이다.

우리가 마스터들을 분간할 수 있는 방법 중 하나는, 그의 학생들이 야망과 성취라는 측면에서 마침내 스승을 능가하는지를 보는 것이다. 마스터들은 자신의 권위에 대한 무조건적인 복종이 위험하다는 것을 알 것이다. 그 이유는 이렇다.

"탁월함의 추구는 스트라디바리의 공방처럼 조직의 장기 존속에 관한 문제를 유발할 수 있다. 여기서 고품질 작업에 대한 경험은 마스터 자신의 암묵적인 지식 속에만 들어 있으며, 이것은 즉 그의 탁월성이 다음 세대로 전해질 수 없다는 것을 의미한다"(『The Craftsman』, p. 243).

한 사람의 견습생으로서 당신은 선생들보다 더 훌륭해지는 것을 목표로 해야 한다. 그리고 좋은 선생이라면 그 목표를 성취하도록 당신을 도우려 할 것이다.

마스터란 스스로 칭할 수 있는 성격의 것이 아니다. 사람의 허영심이 자기 평가의 엄밀성에 한계를 긋기 때문이다. 만약 누가 마스터라고 주장한다면 어떤 근거로 그렇게 얘기하는지 물어보라. 자신의 작업성과를 지목하는가? 당신보다 더 숙련된 사람의 성과물을 평가하는 일은 어렵기로 악명이 높다.

그는 그리도 쉽게 만드는데 당신에게는 왜 그토록 어려운지 당신은 이해할 수 없을 것이다. 기껏해야 이 사람은 나보다 더 숙련되었다고 말할 수 있을 뿐이다. 하지만 그것만으로는 충분하지 않다. 당신보다 앞서 있다고 해서 마스터는 아니기 때문이다.

그가 자신의 자격증을 지목하는가? 어찌되었든, '마스터 소프트웨어 장인'이라는 자격증은 없다. 마스터가 되려는 이가 주장할 수 있는 것은, 자기 동료들과 이미 마스터라 믿는 사람들이 그에게 이제 한 단계 올라설 준비가 되었다고 하는 것뿐이다. 이것은 명백히 재귀적인 정의다. 이미 마스터인 사람들만이 당신은 이제 마스터라고 얘기할 수 있는데, 그 사람들에게 과연 그런 영예를 수여하기에 충분한 자격이 있는지는 당신이 마스터가 되기 전까지는 말할 수가 없다. 유감스럽게도 새로운 기예의 분야가 생겨나는 데에 이 외의 다른 방법은 없다. 모든 기예는 만족스럽지 못한 정의와 불명확한 기준을 가지고 세상 속으로 뛰어들면서 시작되게 마련이다. 우리가 공동체를 구축하고 명확한 지식 체계를 갖출 때까지는 이런 상황을 받아들여야 한다.

그때까지는, 마스터를 찾아내려면 그의 작업과 견습생들이 생산해낸 성과물의 품질을 검사하는 것이 최선의 방법이다. 견습생들의 작업과 생활은 마스터의 재능과 행운보다는 역량을 돋보이게 해 준다. 천재성을 가졌다고 해서 곧 마스터인 것은 아니지만, 누군가가 다른 이들을 훈련시켜서 자신과 같거나 더 능가하는 수준으로 이끌 수 있다면, 그가 잠재적인 마스터라는 것은 분명해진다.

이 책의 저자들은 마스터가 아니다. 우리는 기껏해야 앞에 놓인 길에 대해서 배운 것을 나누고자 하는 숙련공 정도일 것이다. 1부터 10까지 놓인 눈금

위에서 우리는 스스로 9 정도라고 생각하지만, 가끔은 눈금이 100까지도 가겠구나 깨닫게 만드는 사람들을 만난다. 우리가 깊이 존경하는 전문가들은 많지만, 소프트웨어 개발이라는 기예에는 여전히 마스터가 없다. 이것은 문제가 아니다. 소프트웨어는 새로운 기예이고, 우리는 길어야 70년 정도 소프트웨어를 만들어 왔을 뿐이다. 그러니 우리는 벌써 마스터 소프트웨어 장인이 배출되리라고 기대해서는 안 된다.

그러면 진정한 마스터가 존재하지 않는다는 것을 어떻게 확신할 수 있을까? 그럴 수는 없다. 우리가 찾지 못했더라도 마스터들은 존재할 수 있다. 증명의 부재가 곧 부재의 증거는 아니다.[7] 그러나 우리는 소프트웨어 분야의 마스터가 존재한다면 우리 업계 전체에 걸쳐 파문을 일으킬 것이라고 생각한다. 이는 단지 그들이 만들어 낸 제품이나 도구가 월등하리라는 이유만이 아니라, 그 아래의 학생들도 역시 그럴 것이기 때문이다. 마스터가 존재한다면 특정한 근원지에서 비롯되는 탁월한 견습생과 숙련공의 흐름이 있을 것이다. 이 학생들은 단연 돋보일 것이다. 가르치고, '배우고 바꾸는, 그리고 다른 누구보다도 빨리 그렇게 하는' 그들의 능력은, 그들이 우리 나머지 사람들로부터 멀리 벗어나리라는 것을 의미한다(『Better』, p. 227). 가완디가 말한 '긍정적인 괴짜'처럼, 이런 마스터들의 작업장은 어쩐지 이상하게 여겨지겠지만 거기서 나오는 결과물은 명백히 탁월할 것이다. 단순히 그들의 사례를 베끼는 것만으로도 상당한 향상이 있겠지만, 그들이 계속해서 발전하는 동안 우리가 뒤처지지 않고 따라잡으려면 오로지 이런 마스터 아래에서 견

---

[7] '증거의 부재는 부재의 증거'. http://www.overcomingbias.com/2007/08/absence-of-evid.html

습생활을 하는 방법밖에는 없을 것이다.

  이 책의 도입부에서 마스터가 없다고 얘기했다면 당신은 낙담했을지도 모르겠다. 이제 우리가 짧은 몇 해 동안 수집한 패턴들을 보면서 우리 분야에 얼마나 배울 것이 많은지 알았으니, 당신이 이런 사실을 기회로, 혹은 도전으로까지 여기게 되기를 바란다. 우리는 우리 작업에 고무된 견습생들의 논쟁을 기대한다. 마스터는 없다...아직까지는.

부록 A

패턴 목록

- 가장 뒤떨어진 이가 되라Be the Worst : 주변의 모든 이들을 일찌감치 앞서버리면서 당신의 학습은 더디어졌다.
- 고전을 공부하라Study the Classics : 당신과 함께 일하는 경험 많은 사람들은, 당신이 이미 읽었을 것이라고 여기는 책에 나오는 개념들을 계속 언급한다.
- 구체적인 기술Concrete Skills : 뛰어난 개발 팀에서 일하고 싶지만, 당신에게는 아주 적은 실무 경험밖에 없다.
- 꾸준히 읽어라Read Constantly : 신속하게 숙련도를 끌어올렸지만, 당신에게 보이지 않는 심오하고 더욱 근본적인 개념들이 어디선가 끝없이 흘러가고 있는 것 같다.
- 긴 여정The Long Road : 당신에게는 소프트웨어의 명장이 되고자 하는 포부가 있다. 비록 사람들이 당신에게 기대하는 것은 그게 아닌 것 같지만.
- 깊은 쪽The Deep End : 당신은 자신의 경력이 안정 상태에 접어든 것이 아니라 실은 틀에 박힌 듯 정체된 것이 아닌가 두려워지기 시작한다.

- 능력의 폭을 넓혀라Expand Your Bandwidth : 소프트웨어 개발에 대한 당신의 이해는 좁으며 일상 작업에 관련된 저수준의 세부 사항에 맞춰져 있다.
- 독서 목록Reading List : 읽어야 할 책의 권수가 당신의 책 읽는 속도보다도 더 빠르게 늘어만 간다.
- 또 다른 길A Different Road : 당신이 가려는 방향은 소프트웨어 장인정신으로 향하는 길과 다르다는 것을 알게 되었다.
- 더 깊이 파고들어라Dig Deeper : 당신은 많은 도구와 기술이나 기법에 대해 피상적인 지식밖에 가지지 못했고, 좀 더 어려운 문제들과 씨름하면서 계속 장애물에 부딪히고 있다.
- 마음 맞는 사람들Kindred Spirits : 당신은 멘토도 없이 궁지에 빠져 있으며 당신의 포부와는 어울리지 않는 분위기 속에 놓여 있음을 알게 되었다.
- 멘토를 찾아라Find Mentors : 당신은 이미 있는 것을 다시 만들고 장애물에 부딪히느라 많은 시간을 소비하고 있지만, 어디쯤에서 안내를 받기 위해 방향을 틀어야 할지 확신하지 못한다.
- 무지를 드러내라Expose Your Ignorance : 당신의 지식에 큰 틈이 있음을 발견했고, 당신이 하고 있는 일에 대해서 잘 모른다고 사람들이 생각할까봐 두렵다.
- 무지에 맞서라Confront Your Ignorance : 당신의 지식에 큰 틈이 있음을 발견했고, 당신이 하는 일은 이런 주제에 대한 이해를 요구하고 있다.
- 바닥을 쓸어라Sweep the Floor : 당신은 미숙한 개발자이며 팀으로부터 신뢰를 얻고자 한다.
- 배운 것을 공유하라Share What You Learn : 주변의 사람들이 당신처럼 빠르게

학습하지 못하는 것 같아서 좌절하고 있다.
- 배운 것을 기록하라 Record What You Learn : 당신은 같은 교훈을 계속 되풀이해서 배우지만, 도무지 몸에 붙지를 않는 것 같다.
- 부숴도 괜찮은 장난감 Breakable Toys : 실패가 허용되지 않는 환경에서 일하지만, 당신에게는 여전히 안전하게 학습할 데가 필요하다.
- 소스를 활용하라 Use the Source : 주변에 좋은 코드와 나쁜 코드를 구별할 만한 사람이 없다면, 당신이 짜 놓은 것이 좋은지 어떤지 어떻게 알 수 있을까?
- 실패하는 법을 배워라 Learn How You Fail : 당신의 학습 역량은 성공적인 부분을 향상시켰지만, 실패와 약점은 그대로 남아 있다.
- 연습, 연습, 또 연습 Practice, Practice, Practice : 당신의 일상적인 프로그래밍 작업은 실패하면서 배울 수 있는 여지를 제공해 주지 않는다.
- 열정을 드러내라 Unleash Your Enthusiasm : 당신은 팀에 맞추기 위해서 소프트웨어 개발에 대한 흥분과 호기심을 숨기고 지내게 되었다.
- 열정을 키워라 Nurture Your Passion : 당신은 기예에 대한 열정을 질식시키는 환경에서 일하고 있다.
- 예술보다 기예 Craft over Art : 고객에게 해결책을 주기로 했는데, 단순하고 검증된 해법을 선택할 수도 있고 뭔가 새롭고 환상적인 것을 만들 기회로 삼을 수도 있다.
- 익숙한 도구들 Familiar Tools : 당신이 사용하는 도구와 기술들이 너무 급속히 바뀌어서, 작업을 추산하는 데 어려움을 느낀다.
- 일하면서 성찰하라 Reflect as You Work : 지금의 지위에서 보낸 햇수와 수행

한 프로젝트 개수가 늘어가면서, 당신은 마치 마법처럼 '경험이 쌓이게' 만들어 줄 계시의 순간을 기다리고 있음을 깨닫는다.

- 자신만의 지도를 그려라Draw Your Own Map : 고용주가 제시하는 어떤 경력 경로도 당신에게 맞지 않는 것 같다.
- 전장에 머물러라Stay in the Trenches : 승진 제안을 받았지만, 그 자리로 가면 프로그래밍과는 멀어지게 된다.
- 지속적인 동기 부여Sustainable Motivations : 당신은 계속 바뀌고 상충되는 요구사항을 가져오는 고객을 위해 아리송하게 명세된 프로젝트라는 좌절스러운 현실에서 일하고 있음을 깨닫는다.
- 직위를 지표로 이용하라Use Your Title : 공식적인 자리에서 자신을 소개할 때면 왠지 사과를 하거나 당신의 실제 기술 수준과 직무 내용간의 격차에 대해 변명을 해야 할 것 같은 생각이 든다.
- 첫 번째 언어Your First Language : 당신은 몇몇 언어에 익숙하지만, 그 어느 것에도 능통하지는 않다.
- 팔꿈치를 맞대고Rubbing Elbows : 뭔지 알 수는 없지만 더 상급의 테크닉과 접근 방식이 있을 것이란 느낌을 갖고 있다.
- 피드백 루프를 만들어라Create Feedback Loops : 당신은 자신이 '인식하지 못한 무능력'으로 고통 받고 있는지 알 수가 없다.
- 한발 물러서라Retreat into Competence : 너무나 광대한 자신의 무지에 직면하면서 당신은 압도됨을 느낀다.
- 흰 띠를 매라The White Belt : 당신이 가진 경험이 새로운 기술의 습득을 더 어렵게 하는 것 같아서 학습에 애를 먹고 있다.

부록 B

견습과정의 개설을 요청하다

데이브 후버

비고
이것은 2007년 8월 22일 내 블로그에 올린 글이다.[1] 이 행동 요청은 견습생을 고용하고 견습 과정 프로그램을 개설할 힘을 가진 이들을 대상으로 하고 있다. 혹시 당신에게 당장 이런 힘이 없더라도, 견습 과정을 거쳐 갈 때 이 이야기를 마음에 담아 갔으면 한다.

지난주에 열렸던 Agile 2007에서, 나는 '장인정신과 프로 근성'에 대한 엉클 밥의 강연이 30분쯤 남았을 때 살금살금 들어갔다. 엉클 밥은 장인정신에 대해 얘기하면서 대체로 특정한 훈련이나 도구 같은 핵심적인 세부 사항들을 논했지만, 그중 견습과정에 대한 슬라이드도 한 장 있었다. 그는 대부분의 대학이 졸업생들로 하여금 출근 첫 날에 양질의 소프트웨어를 납품할 정도로 충분한 기술을 갖추게 하지 않는 것에 대해 상당한 불만을 토로했다. (다른 분야에 있다가 소프트웨어 개발로 오게 되어서 밥이 언급하는 그런 불충분한 전산학 교육조

---

[1] 'Red Squirrel Reflections'. http://redsquirrel.com/cgi-bin/dave/craftsmanship/a.call.for.apprenticeship.html

차 받아본 적 없는 상당수의 사람들은 말할 것도 없다.). 밥은 우리가 이런 젊은이들, 이 졸업생과 신참들을 견습생으로 삼아야 한다고 주장했다. 또한 그는 가장 효과적인 학습 상황은 적은 수의 견습생들이 마스터의 지도를 받는 더 적은 수의 숙련공과 함께 일하는 환경이라고 주장했다. 이런 얘기들은 내 귀에 마치 음악처럼 들렸고, 이윽고 밥이 청중에게 이런 환경에서 일하는 사람이 있다면 한번 손을 들어 보라고 했다.

나는 자랑스럽게 손을 들었다. 하지만 주위를 둘러봤을 때 손을 든 사람이 나 혼자뿐이라는 사실을 깨닫고 가슴이 철렁했다.

컨퍼런스의 나머지 일정 동안, 나는 옵티바의 소프트웨어 스튜디오가 그토록 독특한 것임이 드러난 데 대해 일종의 자부심을 느꼈다. 하지만 우리 업계가 졸업생과 신참들에게 견습과정을 경험할 기회를 주지 못한다는 사실에, 슬프고 좌절스러운 느낌과도 싸워야 했다. 가장 큰 좌절은, 엄청나게 경험 많은 세계 수준의 개발자들과 코치들과 트레이너로만 온전히 구성된 작은(1~20명 정도의) 회사들에 대해서였다. 5년 이상의 전문적인 경력에 어느 정도 평판을 쌓은 사람들만 고용할 수 밖에 없는 그 형편이야 이해하지만, 나는 그런 회사들이 그러면서 몇 명이라도 견습생을 받아야 할 책임을 암묵적으로 거부함으로써 우리 업계에 해를 끼치고 있다고 믿는다.

졸업생과 신참들은 첫 일자리를 찾을 때 어디로 가는가? 당연히 초심자급의 직원을 고용하는 곳으로 간다. 이 부분에서 우리는 가장 큰 잠재성 중 일부를 잃어버리는데, 잠재적인 위대함을 가진 사람이 평범하고 비대하며 관료적인 개발 조직의 밑바닥에 앉아 있으면서 원기를 잃어버리기 때문이다. 만약 젊은 너새니얼 탤봇Nathaniel Talbott이 뭔가 흥미 있는 일을 하기에는 너무 미숙하고 자격이 없어서, 롤 모델 소프트웨어RoleModel Software의 첫 번째 견습생이 되는 대신 '초보자'를 위한 일자리를 얻었다고 상상해 보자. 물론 다른 누군가가 아마도 루비를 위한 test/unit을 만들었을 것이다. 그리고 너새니얼은 아마도 여전히 좋은 소프트웨어 개발자가 되었을 것이다. 하지만 나는 그의 견습과정이 우리 업계에 큰 영향을 주었고, 그 때문에 우리가 좀 더 나아졌다고 생각한다.

견습과정은 단순히 초심자들을 고용하는 것 이상의 일이다. 견습과정은 견습생과 숙련공을 연결시킨다. 이것이 항상 짝 프로그래밍을 한다는 뜻은 아니다. 이 말은, 숙련공은 늘 견습생의 진척 상황을 지켜보고 견습생에게는 즉각적인 지도를 요청할 수 있을 정도로 가까운 거리에 숙련된 개발자가 있다는 의미를 지닌다.

게다가 견습생들이라고 해서 꼭 초보 수준일 필요는 없다. 우리 첫 견습생들은 대체로 1~2년 가량의 경험이 있었다. 어떤 사람들은 대학 과정 중간쯤에 있었고, 어떤 사람들은 막 졸업한 상태였다. 한 사람은 인생 후반부에 자신의 IT 경력을 다시 시작하고 있었다. 견습생들은 학습 기회를 최대한으로 만들기 위해 하급 직원의 역할을 기꺼이 맡고자 하는 사람들이며, 금전적인 기회를 최대화할 수 있는 위치로 가능한 한 빨리 오르려 애쓰는 부류의 사람들과는 정반대라고 할 수 있다. 내 경험에 의하면, 재능과 올바른 태도를 갖춘 견습생이라면, 금전적인 성공은 그들의 성공적인 배움 뒤에 필연적으로 따를 것이다.

청컨대, 당신의 조직 내에 견습과정을 개설하는 것을 고려해 달라. 견습과정은 우리 업계의 재능 부족에 대처할 최선의 희망이라고 나는 믿는다.

나는 운이 좋아서 훌륭한 대학교에 다닐 수 있었고, 거기서 많은 이론을 배웠다(그 당시에는 이론의 개수가 지금보다 적었다). 하지만 그 당시의 경험을 정말로 빛나게 해준 것은 내가 수행했던 견습과정이었다. 대학원생 한 사람이 나를 챙겨 주었고, 비록 명시적으로 가르쳐 주지는 않았지만 훌륭한 프로그래머라면 어떻게 생각해야 하는지 나에게 예로서 보여 주었다. 한 달 한 달 그의 곁에서 일하면서, 나는 실무적인 설계, 코딩, 디버깅에 대한 지식을 어떤 교과목이 줄 수 있는 것보다도 더 많이 흡수했다.

나중에 나는 런던의 신생 기업에 합류해서 다른 종류의 견습과정을 수행했다. 새 상사는 나에게 소프트웨어 개발이 기술에 관련된 것만큼이나 사람과 관련되어 있다는 것을 보여 주었다. 그는 내가 방정식에 내재된 사업적 측면을 이해할 수 있도록 도와주었고, 뛰어난 개발이 어떻게 기술적인 튼튼함을 기초로 해서 개인적인 관계를 형성해 나가는지 가르쳐 주었다.

나는 이렇게 아주 다른 두 견습과정으로부터, 시작할 때보다 훨씬 더 나은 개발자로 '졸업했다'. 개인적인 경험을 바탕으로 해서 나는 믿게 되었다. 마스터들과 함께 일하는 것이 기예를 배우는 가장 좋은 방법이라는 것을.
— 피트 맥브린의 『Software Craftsmanship』, p. xiv에 인용된 데이브 토머스의 말

부록 C

옵티바 견습과정 프로그램의
첫 일 년을 회고하다

데이브 후버

비 고

이 글은 2008년 3월 23일에 블로그에 올린 글이다.[1] 이것은 그 전 해에 올린 행동 요청의 글[2] 이후에 실제의 예를 들면서 이끌어 가려는 시도였으며, 여기서 나는 옵티바사에서 견습과정 프로그램을 개설하려 시도했던 나 자신의 사례로부터 공과(功過)를 공유하고자 했다. 이 회고를 쓴 이후 우리는 기존에 있던 두 사람의 견습생을 승진시키고 다른 두 사람의 새로운 견습생을 맞이했다.

일 년 전쯤 나는 전일제 현장 컨설팅 일을 중단했다. 소트웍스사에 입사한 2004년부터 현장 컨설팅을 시작했고, 옵티바사에서 첫 번째 고객까지 그 일을 계속했었다. 2007년 봄 이래 여러 날짜리 사내 업무를 몇 건 처리하긴 했지만, 거의 대부분은 미국 일리노이주 휘턴의 내 집에서 1마일 가량 떨어진 자그마한 사무실에서 보냈다. 옵티바의 장인정신 스튜디오Craftsmanship Studio

---

[1] 'Red Squirrel Reflections'. http://redsquirrel.com/cgi-bin/dave/obtiva/apprenticeship.program.first.year.html
[2] (옮긴이) 부록 B의 글을 뜻한다.

와 그에 이은 견습과정 프로그램을 시작하는 것은 일종의 모험이었다. 하지만 엄청난 양의 힘든 작업과, 숱한 실수와 부주의 끝에, 지난 12개월 동안의 일은 그럴 만한 가치가 있었으며 앞으로의 미래 역시 밝다고 이제 자신 있게 얘기하게 되었다. 지금부터는 내가 무슨 얘기를 하고 있는지 설명하고, 왜 첫 해의 성공을 그토록 확신하는지 말하고자 한다. (이 주제에 대해 더 자세히 알려 달라고 요청해준 마이클 헝거(Michael Hunger)에게 감사를 전한다.).

장인정신 스튜디오란 무엇인가? 이것은 '옵티바의 장인정신 스튜디오란 무엇인가?'로 고쳐야 마땅한데, 나는 그 주제에 대해서만 권위 있게 얘기할 수 있기 때문이다. 그러면 첫 번째로, 그런 맥락에서 '장인정신Craftsmanship'은 무엇을 뜻하는가? 여기에 대해 내가 할 수 있는 최선의 대답은 피트 맥브린이 지은 『Software Craftsmanship』의 Part 3을 읽어 보라는 것이다. 독학한 프로그래머로서, 그리고 우뇌적인 배경을 가진 사람으로서, 장인정신이란 개념은 나에게 즉각적으로 공명해 왔다. 옵티바에서 나 자신의 사례를 만들어 갈 기회를 얻었을 때, 피트 맥브린의 책에서 영감을 받았던 이상적인 전형을 본뜨려고 했던 것은 그러므로 전혀 놀라운 일이 아니다.

두 번째로, 이 맥락에서 '스튜디오Studio'란 무엇인가? 사전을 찾아보면 스튜디오란 '예술가의 작업실' 또는 '예술을 가르치거나 공부하는 시설'이라고 나와 있다. 이런 정의는 타당하다고 생각되었으며, '예술로서의 컴퓨터 프로그래밍'이 우리 분야 리더들 사이에서 오랫동안 주요한 논제였다는 사실이 이런 타당성을 뒷받침한다.

위와 같은 아이디어들이 모여서 우리 장인정신 스튜디오에 대한 비전을 이루었다. 그것은 즉, 프로그래밍 신참들이 경험 있는 개발자들 곁에서 일하면서 실세계의 프로젝트를 대상으로 소프트웨어 개발의 기예를 배우러 올 수 있는 장소다. 하지만 현실은 우리의 비전보다 훨씬 더 지저분했고, 견습생들이 고립되거나 충분한 감독 없이 모여 일하는 상황이 너무 많이 발생했다. 이런 일은 나 자신이 마스터 아닌 숙련공이라는 사실에 기인할 것이고, 이 한 해는 그리하여 프로젝트 관리, 고객 관계, 용량 계획, 채용 등에 대해 (시행착오를 통해) 배워 가면서 내가 저지른 실수로 가득했다. 고맙게도 우리는 그 기간 동안 50회 가량의 회고를 진행하면서 우리의 애자일 원칙을 지속적으로 향상되는 프로세스에 매주 적용시킬 수 있었다.

그래서 우리 장인정신 스튜디오가 신참들과 고참자들이 일하고 배우며 멘토링하는 곳이라면, '견습생'이란 무엇인가? 피트의 책 Part 3에 있는 내용이 견습생이란 개념에 대해 잘 소개해주고 있다.

> 장인정신 모델의 중심 신조는, 어떤 기술에 대해 이야기를 듣는 것만으로는 몸에 익히기가 어렵다는 것이다. 당신은 그 기술을 현실적인 상황하에서, 또 한 피드백을 줄 수 있는 경험 있는 전문가의 주의 깊은 시선 하에서 실제로 연습해야만 한다.

이 말이 필요성과 관계에 대해서는 설명해 주지만, 현실에서 이 사람들, 신참이라고 하는 사람들은 그러면 대체 누구인가? 견습과정을 진행 중인 누군가에 대한 나의 현실적인 정의는 이렇다. '다른 기회를 희생하고서라도 자신의 학습 기회를 최대화하고자 하는 사람'. 흔히 이것은 자기 자신을 의도적으로 **가장 뒤떨어진** 처지에 둔다는 의미이며, 내가 소트웍스에 합류했을 때 했던 일이 바로 그것이었다. 옵티바에서 이것은 우리가 자격증이 아닌 잠재력과 태도를 본다는 의미였다. 이 사람들은 단기적으로야 다른 데서 더 많은 돈을 벌 수 있겠지만, 그러지 않고 장기적인 보상이 되는 배움에 투자를 하는 것이다.

나는 우리 견습과정 프로그램이 더 나은 피드백 과정과 마일스톤을 갖춘 더욱 공식적인 과정으로 성숙해지는 것을 보고 싶다. 그렇긴 하지만, 내가 관리자로서 부족했음에도 불구하고 우리 장인정신 스튜디오에 참여한 네 명의 견습생들은 대단히 성공적이었다고 말할 수 있다. 이 한 해는 내가 견습생이었을 때 배운 것을 확신하게 해 주었다.

"견습과정은 당신 하기 나름이다."

우리에게 왔던 어떤 펄 개발자는, 루비와 레일스와 자바를 배운 다음에, 현지 헤지펀드 회사를 위해 16-코어 장비를 풀가동시키는 멀티 스레딩 Ruby/JRuby/Java/JNI 애플리케이션을 작성하고 떠나갔다. 또 다른 사람은 자신의 경력을 재정비하려고 왔는데, Unix, MySQL, 펄, 루비와 레일스를 배우고 나서 지금은 우리 스튜디오의 제일 큰 고객을 위한 전자 상거래 프로젝트의 관리와 개발을 동시에 맡아 하는 중이다. 현지의 레일스 노동 착취 업체에서 온 어떤 사람은 Sphinx, rSpec, god, ActiveMerchant, CruiseControl.rb와 함께 펄을 배웠고 현재 팀 내에 Git를 소개하고 있으며, 조만간 그의 세 번째 레일스 전자상거래 프로젝트에서 기술지도 역할을 맡을 예정이다. 또 어떤 네트워크 관리자는 여기 와서 몇 개의 서로 다른 레일스 프로젝트를 신속히 납품한 후에, rSpec을 써서 대규모에다 혼돈 상태인 레일스 코드를 내가 아는 많은 경험 있는 개발자들보다도 더 훌륭하게 돌보고 있는 중이다.

이와 같은 우리의 성공은 어디에서 비롯되었는가?

- 같은 장소 : 얼굴을 마주하는 팀워크보다 나은 것은 없다.
- 짝 프로그래밍 : 나란히 앉아 개발하는 것이 제일이다.
- 테스트 주도 개발 : 짤막한 피드백 루프가 있는 핑퐁 프로그래밍이 최고다.
- 애자일 원칙 : 우리가 가진 원칙에 비추어 지속적으로 현실을 재평가하고 그에 따라서 프로세스를 재조정한다.
- 고객 존중 : 우리는 Goal Donor[3](종종 Gold Owner[4]와 같은 사람이다)와 직접 같이 일하며, 사용자 스토리를 구성하기 위해 그들의 언어를 사용한다.
- 훌륭한 도구들 : 우리는 듀얼 모니터가 달린 맥을 쓰며 생산성을 높이기 위해 정기적으로 새로운 테크놀로지를 도입한다.
- 열심히 일하기 : 어려운 조건 속에서도 목표로 삼은 결과물에 계속 집중한다.
- 문화 : 창의성이 샘솟게 하기에는 주차장에서 즉흥적으로 벌이는 팀 대항 눈싸움만한 것이 없다.

이 모든 것으로 인해 우리가 제공하는 서비스에 대한 요청은 지속적으로 증가했고 거기에 대한 관리도 점차 나아져서, 우리는 지속 가능한 페이스로 꾸준히 나아갈 수 있게 되었다. 여기에서 페이스는 중대한 요소인데, 우리에게는 다음 날의 팀워크를 위해 우리를 충전시킬 사무실 바깥의 삶도 있기 때문이다.

---

[3] (옮긴이) 프로젝트의 목표를 정의하는 책임을 맡은 사람.
[4] (옮긴이) 프로젝트에 자금을 대는 역할을 하는 사람.

부록 D

온라인 자료

- 이 책의 웹사이트
  http://softwarecraftsmanship.oreilly.com/wiki

- 오라일리 미디어에서 이 책의 카탈로그
  http://oreilly.com/catalog/9780596518387/

- '소프트웨어 장인정신' 메일링 리스트
  http://groups.google.co.uk/group/software_craftsmanship

- 애자일 선언
  http://agilemanifesto.org/

- 소프트웨어 장인정신 선언
  http://manifesto.softwarecraftsmanship.org/

- '소프트웨어 장인정신' 컨퍼런스
  http://parlezuml.com/softwarecraftsmanship/

- '소프트웨어 장인정신' 북아메리카 컨퍼런스

http://scna.softwarecraftsmanship.org/

- '소프트웨어 장인정신'에 대한 위키피디아 항목
  http://en.wikipedia.org/wiki/Software_Craftsmanship

- eXtreme Tuesday Club
  http://www.xpdeveloper.net/

- C2 위키
  http://c2.com/cgi/wiki?FrontPage

- C2 위키에서 애디의 페이지
  http://c2.com/cgi/wiki?AdewaleOshineye

- C2 위키에서 데이브의 페이지
  http://c2.com/cgi/wiki?DaveHoover

- Bookshelved 위키
  http://bookshelved.org/cgi-bin/wiki.pl?FrontPage

- Bookshelved 위키에서 애디의 페이지
  http://bookshelved.org/cgi-bin/wiki.pl?AdewaleOshineye

- Bookshelved 위키에서 데이브의 페이지
  http://bookshelved.org/cgi-bin/wiki.pl?DaveHoover

참고 문헌

[Alexander] Alexander, Christopher. The Timeless Way of Building. Oxford University Press, 1979.

[Alexander2] Alexander, Christopher, Sara Ishikawa, and Murray Silverstein. A Pattern Language: Towns, Buildings, Construction. Oxford University Press, 1977.

[Armour] Armour, Phillip G. The Five Orders of Ignorance. Communications of the ACM, October 2000.

[Beck] Beck, Kent. Extreme Programming Explained: Embrace Change. Addison-Wesley, 2004.

[Beck2] Beck, Kent. Test-Driven Development: By Example. Addison-Wesley, 2000.

[Becker] Becker, Howard S. A School Is a Lousy Place to Learn Anything In. American Behavioral Scientist, September/October 1972.

[Bentley] Bentley, Jon. Programming Pearls. Addison-Wesley, 1999.

[Bentley2] Bentley, Jon. More Programming Pearls: Confessions of a Coder. Addison-Wesley, 1998.

[Brooks] Brooks, Frederick P. The Mythical Man Month: Essays on Software Engineering. Addison-Wesley, 1995.

[Brown] Brown, Jr., H. Jackson. Life's Little Instruction Book. Thomas Nelson, 2000.

[Coplien] Coplien, James, and Neil Harrison. Organizational Patterns of Agile Software Development. Prentice Hall, 2004.

[Constantine] Constantine, Larry. The Peopleware Papers: Notes on the Human Side of Software. Prentice Hall, 2001.

[DeMarco] DeMarco, Tom, and Timothy Lister. Peopleware: Productive Projects and Teams. Dorset House Publishing, 1999.

[Dweck] Dweck, Carol S. Mindset: The New Psychology of Success. Ballantine Books, 2007.

[Dweck2] Dweck, Carol S. Self-theories: Their Role in Motivation, Personality, and Development. Psychology Press, 2000.

[Ericsson] Ericsson, K. Anders, Ralf Th. Krampe, and Clemens Tesch-Romer. The Role of Deliberate Practice in the Acquisition of Expert Performance. Psychological Review, 1993.

[Farleigh] Farleigh, John. Fifteen Craftsmen on Their Crafts. The Sylvan Press, 1945.

[Fowler] Fowler, Martin, Kent Beck, John Brant, William Opdyke, and Don Roberts. Refactoring: Improving the Design of Existing Code. Addison-Wesley, 1999.

[Gamma] Gamma, Erich, Richard Helm, Ralph Johnson, and John M. Vlissides. Design Patterns: Elements of Reusable Object-Oriented Software. Addison-Wesley, 1994.

[Gawande] Gawande, Atul. Better: A Surgeon's Notes on Performance. Metropolitan Books, 2007.

[Graham] Graham, Paul. Hackers & Painters: Big Ideas from the Computer Age. O'Reilly Media, 2004.

[Highsmith] Highsmith, Jim. Agile Software Development Ecosystems. Addison-Wesley, 2002.

[Hoffer] Hoffer, Eric. Reflections on the Human Condition. Hopewell Publications, 2006.

[Hunt] Hunt, Andy. Pragmatic Thinking and Learning: Refactor Your Wetware. Pragmatic Bookshelf, 2008.

[Jeffries] Jeffries, Ron, Ann Anderson, and Chet Hendrickson. Extreme Programming Installed. Addison-Wesley, 2000.

[Kerievsky] Kerievsky, Joshua. Refactoring to Patterns. Addison-Wesley, 2004.

[Kerth] Kerth, Norman L. Project Retrospectives: A Handbook for Team Reviews. Dorset House Publishing, 2001.

[Knuth] Knuth, Donald. Computer Programming as an Art. Communications of the ACM, 1974.

[Kruger] Kruger, Justin, and David Dunning. Unskilled and Unaware of It: How Difficulties in Recognizing One's Own Incompetence Lead to Inflated Self-Assessments. Journal of Personality and Social Psychology, 1999.

[Lammers] Lammers, Susan. Programmers at Work: Interviews With 19 Programmers Who Shaped the Computer Industry. Tempus Books, 1989.

[Lave] Lave, Jean, and Etienne Wenger. Situated Learning: Legitimate Peripheral Participation. Cambridge University Press, 1991.

[Leonard] Leonard, George. Mastery: The Keys to Success and Long-Term Fulfillment. Plume, 1992.

[Lewis] Lewis, C. S. The Weight of Glory and Other Addresses. HarperOne, 2001.

[McBreen] McBreen, Pete. Software Craftsmanship: The New Imperative. Addison-Wesley, 2001.

[McConnell] McConnell, Steve. Code Complete: A Practical Handbook of Software Construction. Microsoft Press, 2004.

[Meyer] Meyer, Bertrand. Object-Oriented Software Construction. Prentice Hall, 2000.

[Peter] Peter, Laurence J, Raymond Hull, and Robert I Sutton. The Peter Principle: Why Things Always Go Wrong. HarperBusiness, 2009.

[Pirsig] Pirsig, Robert. Zen and the Art of Motorcycle Maintenance: An Inquiry into Values. Harper Perennial Modern Classics, 2008.

[Postrel] Postrel, Virginia. The Future and Its Enemies: The Growing Conflict over Creativity, Enterprise and Progress. Free Press, 1999.

[Rogers] Rogers, Carl, and Peter D Kramer. On Becoming a Person: A Therapist's View of Psychotherapy. Mariner Books, 1995.

[Sennet] Sennet, Richard. The Craftsman. Yale University Press, 2009.

[Skiena] Skiena, Steven S. The Algorithm Design Manual. Springer, 2008.

[Sudo] Sudo, Philip. Zen Guitar. Simon & Schuster, 1998.

[Surowiecki] Surowiecki, James. The Wisdom of Crowds. Anchor, 2005.

[Suzuki] Suzuki, Shunryu. Zen Mind, Beginner's Mind. Shambhala, 2006.

[Tharp] Tharp, Twyla, and Mark Reiter. The Creative Habit: Learn It and Use It for Life. Simon & Schuster, 2005.

[Thomas] Thomas, Dave, and Andy Hunt. The Pragmatic Programmer: From Journeyman to Master. Addison-Wesley, 1999.

[Tractate] Tractate Avot(f (http://www.jewishvirtuallibrary.org/jsource/Talmud/avot4.html)).

[Vlissides] Vlissides, John M. Pattern Hatching: Design Patterns Applied. Addison-Wesley, 1998.

[Wall] Wall, Larry, Tom Christiansen, and Jon Orwant. Programming Perl. O'Reilly Media, 2000.

[Weick] Weick, Karl E, and Karlene H. Roberts. Collective Mind in Organizations: Heedful Interrelating on Flight Decks. Administrative Science Quarterly, 1993.

[Weinberg] Weinberg, Gerald M. Becoming a Technical Leader: An Organic Problem-Solving Approach. Dorset House Publishing, 1986.

[Weinberg2] Weinberg, Gerald M. More Secrets of Consulting: The Consultant's Tool Kit. Dorset House Publishing, 2001.

[Weinberg3] Weinberg, Gerald M. The Psychology of Computer Programming: Silver Anniversary Edition. Dorset House Publishing, 1998.

[Wetherell] Wetherell, Charles. Etudes for Programmers. Prentice Hall, 1978.

[Williams] Williams, Laurie. Pair Programming Illuminated. Addison-Wesley, 2002.

[Whitehead] Whitehead, Alfred North. An Introduction to Mathematics. BiblioLife, 2009.

찾아보기

가장 뒤떨어진 이가 되라 151
견습과정 37
　개념들의 원래 출처를 찾아보기 246
　겸손함의 중요성 178
　배운 것을 기록하기 212
　소프트웨어 업계에 있어서의 중요성 271
　의미 52
　지식을 공유하기 216
　지식의 깊이를 더하기 242
　학습 과정 구성하기 233
견습과정 패턴 54, 146
겸손 178
경력을 쌓아 가는 방향 131
　직장 그만두기 134
구스타프 말러 109
구체적인 기술 85
　성장 98
　연습 189
　이력서 88
　진전을 기록하기 101
　학습의 속도를 올리기 184
긴 여정 112
깊은 쪽 98
끊임없는 학습 182

나의 습관 도표 208
노엄 커스 207
능력의 폭을 넓혀라 184
다도 60

더 깊이 파고들어라 242
데시 맥애덤 134
데이브 토머스 72, 190, 274
데이브 후버 24
　어느 개발자의 성장 과정 39
데이비드 더닝 220
데이비드 우드 125
도널드 커누스 194
독서 목록 233
　고전을 찾아보기 239
동기 부여 121
　승진 제안 140
　심술궂고 사악한 문제들 122

라비 모한 235
랄프 존슨 68
래리 콘스탄틴 145
로랑 보사비 118, 191
로버트 마틴 191
로버트 퍼식 102, 231
로이 필딩 246
론 제프리즈 112
리누스 토발즈 197
리뷰 213
리처드 세넷 170, 257
리처드 스톨만 117

마스터 51

마음 맞는 사람들 163
마음을 다잡아라 103
　　수료증 110
마이클 페더스 76
마튼 구스타프슨 48, 124
마틴 파울러 55
멘토 68, 158
멘토를 찾아라 158
모한 라다크리슈난 131
무지
　　드러내기 89
　　맞서기 94
무지를 드러내라 89
무지에 맞서라 94
미셸 그랑몽 61

바다을 쓸어라 173
배운 것을 공유하라 216
배운 것을 기록하라 212
벤더 테스트 67
복권 번호 생성기 78
부숴도 괜찮은 장난감 194
빌 게이츠 200

상황 학습 47
새로운 직업 141
서브버전 253
선사 이야기 60
성장 마인드세트 45
성찰 207
소스코드 200
　　코드 리뷰 202
소스를 활용하라 200
소프트웨어 개발자 문화
　　동지애 163
　　멘토 158
　　협업 169
소프트웨어 견습과정 see also 견습과정
소프트웨어 디자인 패턴 56
　　소스 56
소프트웨어 장인정신 42
　　가치 기준들 45

숙련공 43, 50
순류 스즈키 74
스트라디바리우스 바이올린과 첼로 257
스티브 맥코넬 244
스티브 베이커 195
스티브 스미스 76
스티브 잡스 125
스티브 투크 164
스티븐 S. 스키에나 242
승진과 당신의 목표 140
실수 파악하기 224
실패로부터 배우기 225
실패하는 법을 배워라 225

아툴 가완디 212, 262
안데르스 에릭슨 189
애디 오시나이 24, 67
앤디 헌트 72, 182
에릭 메리트 71
에릭 호퍼 253
에티엔 웽거 175
엔리케 콤바 리펜하우젠 100
연습 189
　　토이 시스템 구축하기 195
열정 81, 127
오비 페르난데스 124
온라인 자료 281
와이어트 서덜랜드 160
워드 커닝햄 55
이그나스 제멜바이스 262
이력서를 계획 수립 도구로 활용하기 88
익숙한 도구들 251
인정 138

자기 평가 106, 150
　　성찰 207
　　피드백 루프로 객관성 확보하기 221
자신만의 지도를 그려라 131
잔을 비우다 60
잘 몰랐던 개념을 고전에서 찾아라 239
장기적인 계획 세우기 113
장인정신 42

찾아보기 287

열정을 보호하고 성장시키기 127
예술과 기예 117
의욕에 대한 확신 121
장인정신에 의한 접근법의 한계 257
장인정신 스튜디오 275
저스틴 크루거 220
전장에 머물러라 140
제리 와인버그 77, 123, 220
제이미 자원스키 154
제이크 스크루스 89, 155
제임스 서로위키 82
조슈아 케리에브스키 235, 239
조지 레너드 75, 112, 130, 140, 159, 189
직위 137
직위를 지표로 이용하라 137
진 레이브 175
짝 프로그래밍 209

첫 번째 언어 배우기
   멘토 68
   언어 명세 72
   한 걸음씩 나아가기 66

카타 190
칼 로저스 94
칼 와익 83
칼린 로버츠 83
캐롤 드웩 45, 48, 90
커뮤니티
   배운 것을 공유하는 습관 217
켄 아우어 119
켄트 벡 55
코드 리뷰 202
크리스 맥맨 135
크리스 모리스 17, 152
크리스 원스트라스 205
크리스토퍼 알렉산더 22, 55

테스트 주도 개발 66
트와일라 타프 216, 251
팀

기술 습득하기 85
유용한 존재 되기 173
자기 계발 152
팀 오라일리 185

팔꿈치를 맞대고 168
패턴 18
패턴 목록 267
패턴 언어 20, 55
패턴의 형태 20
패트릭 큐어 224
팻 메스니 152
폴 그레이엄 122, 128, 163, 194
폴 파젤 175
프레더릭 브룩스 127
프로그래밍 언어
   관용적인 표현 68, 69, 73
   여러 언어의 강점과 약점 파악하기 71
   이전 지식 위에 다른 지식 쌓기 74-79
   첫 번째 언어 배우기 63